M000234730

INTERCESIÓN
con
fundamento

Intercesión con fundamento
George Otis, Jr.

Publicado por
Editorial Peniel
Boedo 25
Buenos Aires C1206AAA - Argentina
Tel. (54-11) 4981-6178 / 6034
e-mail: info@peniel.com

www.editorialpeniel.com
Diseño de cubierta e interior: arte@peniel.com

Copyright © 1998 George Otis, Jr.
Originally published in the USA
under the title: *Informed Intercession*
by **Regal Books,**
A Division of Gospel Light Publications, Inc.
Ventura, CA 93006 U.S.A.

Ninguna parte de esta publicación puede ser reproducida en
ninguna forma sin el permiso escrito de Editorial Peniel.

Copyright © 2006 Editorial Peniel

Salvo que se indique lo contrario, las citas de las Escrituras han sido tomadas
de la La Santa Biblia Nueva Versión Internacional (NVI).

Impreso en Colombia
Printed in Colombia

Otis, George
Intersección con fundamento. - 1a ed. - Buenos Aires : Peniel, 2005.
Traducido por: Ester Barrera
ISBN-10: 987-557-096-6   ISBN-13: 978-987-557-096-2
1. Vida Cristiana-Oración I. Barrera, Ester, trad. II. Título CDD 248.32
240 p. ; 21x14 cm.

INTERCESIÓN
con
fundamento

GEORGE OTIS, JR

BUENOS AIRES - MIAMI - SAN JOSÉ - SANTIAGO

www.editorialpeniel.com

∾⁑⁑⁂
Reconocimientos para
INTERCESIÓN CON FUNDAMENTO

George Otis Jr. muestra en forma clara y apelativa que el mapeo espiritual puede acelerar la capacidad de la Iglesia para impactar una ciudad para Cristo. Este libro tiene que ser leído por pastores, evangelistas, intercesores, líderes laicos y guerreros de oración que quieran ver a su ciudad cambiada por el Evangelio de Jesucristo.

JIM HERRINGTON
Facilitador de la ciudad, Misión Houston
Houston, Texas

George Otis Jr. es un pionero en la extensión del Reino de Dios a través de la oración informada, estratégica. *Intercesión con fundamento* es, innegablemente, una de las grandes herramientas para que las iglesias de todo el mundo utilicen, con el propósito de abrir las puertas espirituales de sus comunidades y desatar las bendiciones de Dios. Este libro es único en su tipo.

FRANK DAMAZIO
Pastor Titular de la Iglesia City Bible
Portland, Oregon

Este libro se ha transformado en la medida decisiva para vivir para nosotros en Japón, con el fin de dar pasos seguros hacia el avivamiento. Ahora esperamos con gran expectativa la transformación que barrerá con todo.

PAUL K. ARIGA
Presidente de la Misión Avivamiento para todo Japón

Este libro sacudirá los fundamentos del movimiento de oración intercesora. Aquí, por primera vez, tenemos una investigación abarcadora del mapeo espiritual y de qué forma esta herramienta ayuda a los intercesores para transformar una comunidad para Cristo.

DUTCH SHEETS
Autor de *La oración intercesora*
Colorado Springs, Colorado

Una vez más George Otis Jr. ha logrado una guía efectiva para los ministerios que quieren cambiar el destino de su nación. La Iglesia ha entrado en una fase inigualable de madurez. Los líderes que aprovechen esa madurez poniendo en práctica los principios de este libro, producirán un impacto imperecedero para el Reino de Dios.

HAROLD CABALLEROS
Pastor, Iglesia El Shaddai
Ciudad de Guatemala, Guatemala

Si solamente leyera un libro sobre mapeo espiritual, ¡tendría que ser *Intercesión con fundamento*! Informativo, práctico e inspirador, los principios de este libro son un instrumento para orar con tal precisión que su ciudad se transformará.

CINDY JACOBS
Cofundadora de Generales de Intercesión
Colorado Springs, Colorado

Palabras como agudo, desafiante y revelador, son todas apropiadas, pero inadecuadas para describir este notable libro. Creo que cada pastor, líder de iglesia y cristiano en forma individual que estén comprometidos para llevar adelante la Gran Comisión, será desafiado y motivado al considerar en oración los conocimientos profundos y prácticos enseñados por George Otis Jr.

PAUL A. CEDAR
Director de Misión América
Palm Desert, California

En dieciocho ciudades de cinco continentes, George Otis Jr. ha visto lo que tantos de nosotros deseamos: comunidades transformadas por el poder y la presencia de Dios. A lo largo de este libro el autor describe las señales innegables de la presencia transformadora de Dios en una ciudad. Pero es más que un informante de hechos observables, pues concentra la atención en los factores espirituales invisibles que pueden impedir o llevar a la transformación de una comunidad. Su pregunta es simple: ¿Por qué las cosas están como están y qué hay que hacer en lo celestial y sobre la Tierra para cambiarlas? ¡La respuesta cambiará su vida y su ciudad! *Intercesión con fundamento* es un conjunto de herramientas de diagnóstico espiritual que llevará a los intercesores hacia un mayor fervor y a un objetivo más claro. Tenga la seguridad de que la Iglesia del siglo XXI peleará con una mucha mayor efectividad espiritual por el aporte de George Otis Jr.

JACK DENNISON
Ministerios Amanecer
Colorado Springs, Colorado

CONTENIDOS

PRÓLOGO
PREFACIO

Capítulo 1
Instantáneas de gloria...............17
Capítulo 2
El camino hacia la transformación de la comunidad...............51
Capitulo 3
La naturaleza y los beneficios del mapeo espiritual...............69
Capítulo 4
Niveles y límites de la investigación...............89
Capítulo 5
Más allá de los primeros pasos...............105
Capítulo 6
Dejemos al descubierto las tinieblas...............115
Capítulo 7
Ubicando el espacio y entretejiendo el tiempo...............125
Capítulo 8
Obtengamos hechos comprobados...............147
Capítulo 9
Saquemos conclusiones...............173
Capítulo 10
Informemos a las tropas...............189

RECURSOS PRÁCTICOS
Apéndice 1
Preguntas de diagnóstico...............199
Apéndice 2
Escala para la valoración de la comunidad...............211
Apéndice 3
Mapeo espiritual y transformación de la comunidad
(un glosario de términos relacionados)...............213
Apéndice 4
Otros recursos...............223

Notas...............229

PRÓLOGO

El más significativo adelanto para los líderes cristianos que ha surgido en la década de 1990, es que el pueblo de Dios está ahora en una posición en la que puede completar la Gran Comisión de Jesús en el término de vida de esta presente generación. Ninguna generación previa podría haber dicho esto. Una razón es que no existió una generación previa que haya tenido las herramientas tecnológicas para medir las dimensiones precisas de la tarea que falta hacer.

He disfrutado del notable privilegio, durante esta década, de estar en un puesto desde el cual he podido observar de primera mano muchas de las significativas maneras por medio de las cuales Dios ha estado equipando a su pueblo para esta hora tan especial. Uno de los hechos más alentadores para una persona que como yo está en el conjunto de los adultos, es ver que Dios ha levantado un grupo tan extraordinario de líderes para su reino en la generación siguiente. A riesgo de que pueda parecer que dejo de lado a otros que también deben estar en esta lista, pienso en algunos de mis asociados más cercanos como John Dawson, Cindy Jacobs, Ed Silvoso, Bob Beckett, Ted Haggard, Alice y Eddie Smith, John Robb, David Cannistraci, y en particular el autor de este libro, George Otis, Jr. Puedo decir con gran confianza que el Cuerpo de Cristo está en buenas manos para el futuro.

A través de estos y muchos otros como ellos, el Espíritu Santo ha hablado algunas cosas nuevas a las iglesias. Ellos tienen los "oídos para oír" de los que Jesús habló en sus cartas a las iglesias en Apocalipsis dos y tres. Estas cosas, por supuesto, no son nuevas para Dios. Son escriturales y, sin duda, unos pocos miembros del Cuerpo de Cristo se pusieron en sintonía con ellas mucho tiempo antes de que el resto de nosotros comenzáramos a hacerlo. Pero parece que esta es la década que Dios ha elegido para encomendar estos poderosos principios espirituales a líderes en varias tradiciones cristianas, de modo que todos podamos participar al máximo, haciendo discípulos en todas las naciones o grupos de pueblos que aún faltan alcanzar.

A principios de la década muchos comenzamos a conversar con otros de la guerra espiritual a nivel estratégico, confrontando los principados de alto rango y los poderes asignados para mantener a los grupos de pueblos, países, ciudades, vecindarios u otros territorios, en tinieblas espirituales. La pregunta que apareció rápidamente fue si sería posible y, de serlo, hasta qué punto era factible identificar esos poderes y aprender cómo operaban. Esto trajo el mapeo espiritual a la superficie. A través del mapeo espiritual pronto quedó claro que algunas de las fortalezas que el enemigo utilizaba se encontraban profundamente enraizadas en las acciones de las generaciones anteriores. ¿Qué pasaría si no podíamos hacer nada al respecto? Una parte significativa de la respuesta a esa pregunta vino cuando los conceptos que rodeaban al arrepentimiento de identificación comenzaron a ser explorados alrededor de la mitad de la década. Cuando, arrepentidos, comenzamos a pedir a Dios que "¡sane la Tierra!" (2 Crónicas 7:14), comenzamos a darnos cuenta de lo poco que sabíamos sobre administración de la Tierra y del aumento de la autoridad espiritual que se desata cuando los líderes se comprometen sinceramente con la esfera geográfica a la cual han sido asignados.

Esto resume en pocas palabras los más grandes avances de los años pasados, en cuanto a armas espirituales. En el centro de todos ellos está el tema de este libro, *Intercesión con fundamento: transforme su comunidad a través del mapeo espiritual y la oración estratégica*. El título refleja una observación con la cual estoy totalmente de acuerdo: la intercesión informada con exactitud es un componente crítico en la transformación de comunidades enteras para Cristo. Todos sabemos y practicamos este principio cuando, por ejemplo, oramos por un amigo. Si nos piden oración, nuestra primera pregunta es: "¿Sobre qué quieres que ore?" Y a partir de allí comenzamos. Pero solo recientemente hemos aprendido cómo hacer tales preguntas a nuestra comunidad y obtener las respuestas que necesitamos. George Otis, Jr. ha sido el pionero de esta importante disciplina que ahora llamamos "mapeo espiritual".

Como es de esperar, la novedad de una actividad tal como el mapeo espiritual atrae ciertas imprecisiones. Mientras que para algunos de nosotros ellas pueden desconcertarnos, admiro su celo. Es más, al acompañar a algunas de ellas he considerado este tema, y todavía tengo que encontrar a una que sea imprecisa. Serán ustedes los primeros en admitir que les encantaría tener más modelos para copiar y mejor instrucción.

El libro que tienen en sus manos logrará ese cometido. Este es un notable documento que levantará al movimiento de mapeo espiritual entero a nuevos niveles de integridad y utilidad. No me gustaría intentar usar por primera vez una máquina para hacer pan o una computadora, o un serrucho eléctrico, sin tener un manual para el operador. Estoy agradecido que ahora tenemos un manual del operador para aquellos que desean intentar el mapeo espiritual

¿Para qué es el mapeo espiritual? Esto puede tan fácilmente transformarse en algo fascinante que pareciera un fin en sí mismo. Pero George Otis ¡no acepta eso! La meta no es simplemente reunir información para lograr un más profundo conocimiento de las armas de Satanás. La meta no es otra que la transformación de la comunidad. ¿Le parece un estándar muy alto? Lo es, y al leer este libro estará cada vez más agradecido, como lo estuve yo, por las demandas de excelencia que persisten de principio a fin. Para aquellos de nosotros que profundamente deseamos servir y agradar al Señor de señores, nada menos que eso resultaría aceptable.

C. PETER WAGNER
SEMINARIO TEOLÓGICO FULLER

PREFACIO

¡BIENVENIDO A LAS LÍNEAS DE FUEGO DE LA GUERRA ESPIRITUAL!

L a guía que ahora tiene en sus manos es parte de una nueva generación de recursos prácticos, que han sido desarrollados para los intercesores y evangelístas de la actualidad que toman su tarea en serio. Cualquiera que sea su máxima tarea ministerial asignada, es mi esperanza –y convicción– que estas páginas serán un beneficio práctico muy grande.

Desde hace cerca de diez años el Grupo Centinela ha abierto nuevas tierras en los campos de mapeo espiritual y transformación de la comunidad. Bajo la dirección del Espíritu Santo hemos expandido el moderno diccionario de guerra espiritual, y enseñado a miles de cristianos internacionales a discernir las dinámicas sociales y espirituales que obran en sus vecindarios. Y lo hemos hecho con un énfasis en el equilibrio espiritual y en los resultados medibles.

Por último, este no es un libro sobre ideas. Mientras que no hay nada malo en las ideas en sí, el mundo del mercado está inundado de nociones sin identificar y sin probar. Está lleno de repentinas ideas que surgen de inspiraciones súbitas y adaptaciones de teorías. Sin embargo, lo que necesitamos son informes históricos, ejemplos del mundo real sobre la obra manual de Dios. Y eso es lo que aquí ofrecemos. La información contenida en las páginas siguientes derivan de las comprobaciones de toda una década del Grupo Centinela sobre casos de estudio, tanto bíblicas como contemporáneas. Familiarícese con estas historias de éxito, y discernirá importantes principios y modelos. Aplique estos principios y su ciudad se agregará a la creciente lista de comunidades transformadas divinamente.

POR QUÉ SE CREÓ ESTA GUÍA

En estos últimos años el interés en la oración y la guerra espiritual ha hecho explosión. A lo largo de América del Norte, y sin dudas a través del mundo, cientos de iglesias locales, agencias de misión y comunidades de oración, han descubierto de manera renovada el poder asombroso de la intercesión bien enfocada.

Junto con este renovado interés en la oración, se ha producido una demanda creciente por herramientas que permitan a los creyentes mantener una ferviente intercesión. La disciplina del mapeo espiritual, al aumentar la visión acrecienta el fervor, y resulta así perfectamente adecuada.

Construidos con interesantes preguntas de investigación y estudios de casos, miles de proyectos de mapeo espiritual han surgido recientemente en comunidades a través de todo el mundo. La mayoría de estas iniciativas han sido realizadas con genuino cuidado y resolución, aunque motivos cuestionables y metodologías descuidadas han desacreditado muchas otras.

Otras campañas han caído presas de individualismos. La metodología de adquisición de datos, los estándares analíticos y la forma de presentación de los informes, nos hacen acordar a una canasta de fruta mezclada. Por esta razón, el actual conjunto de mapeo espiritual de investigación no se presta para un análisis comparativo.

Reconociendo este problema, el Grupo Centinela ha desarrollado un abordaje estándar para el mapeo espiritual, que permite las dos cosas: coherencia y utilización. Esta forma, que se presenta en los siguientes capítulos, ha sido completamente probada en el campo y es fácil de aprender y mantener. Ayuda adicional, cuando fuera necesaria, está disponible a través de videos, seminarios y servicios en línea (vea el Apéndice 4, página 223).

Es el tiempo de reparar los altares rotos de su comunidad, para que el fuego del cielo pueda descender. Es tiempo de prepararnos para una visitación del Espíritu Santo.

GEORGE OTIS, JR.
Lynwood, WA. Enero de 1999

Capítulo 1

INSTANTÁNEAS
DE GLORIA

Desde hace algún tiempo hemos escuchado informes de conversiones a gran escala en lugares como China, Argentina y Nepal. En muchas instancias estas conversiones han sido acompañadas con cantidades de sanidades, sueños y liberaciones. Confrontados con estas demostraciones del poder e interés divino, miles de hombres y mujeres han elegido abrazar la verdad del Evangelio. En un creciente número de lugares y ciudades, la casa de Dios tiene el lugar que tiene que tener.

En algunas comunidades a través del mundo, este crecimiento rápido de la iglesia también ha llevado a una transformación sociopolítica dramática. Economías deprimidas, niveles altos de delincuencia y estructuras políticas corruptas han sido reemplazadas por integridad institucional, calles seguras y prosperidad financiera. Impresionados por la obra de las manos del Espíritu Santo, las agencias de noticias seculares han comenzado a propagar estas historias en artículos de primera página y en noticieros de horarios centrales.

Aún cuando estas comunidades transformadas no son comunes todavía, verdaderamente están creciendo en número. Por lo menos una docena de estudios han sido documentados en los años recientes, y es posible que otros hayan quedado sin informar. De los que están en archivo, la mayoría se ubican en África y las Américas. El tamaño de estas comunidades oscila entre los quince mil y los casi dos millones de habitantes.

Dada la extensión de estas historias extraordinarias –y manteniendo en mente la función de este manual– he limitado mi informe a una selección de los más destacados. A pesar de su brevedad, estos relatos resumidos, con todo ofrecen gloriosas "instantáneas" del obrar del Espíritu Santo en nuestros días. Los lectores interesados en más detalles pueden encontrarlos en libros como *Compromiso para la conquista*

(Bob Beckett, Chosen Books, 1997), *El laberinto oscuro* (George Otis, Jr., Chosen Books, 1997) y *Oración de poder* (C. Peter Wagner, Regal Books, 1997).

MILAGRO EN MIZORAM

Una de las primeras y más grandes comunidades transformadas del siglo XX se encuentra en Mizoram, un Estado montañoso del noreste de la India. El nombre de la región traducido es "La tierra de los montañeses". Es una descripción apropiada, ya que la mayoría de los habitantes locales, conocidos como mizos, viven en aldeas rodeadas de montañas cubiertas de bosques y desfiladeros pintorescos.

Sin embargo, la flora no es enteramente alpina, y no es extraño ver las colinas cubiertas de bambú, bananas salvajes y orquídeas. Los mizos son agricultores dedicados que se las arreglan para hacer crecer una cantidad de cultivos como arroz, trigo, tapioca, jengibre, mostaza, caña de azúcar, sésamo y papas (patatas).

Pero no es la habilidad como granjeros la que hace especiales a los setecientos cincuenta mil ciudadanos. Ni tampoco su ganado. Más bien es el tamaño de la iglesia nacional, estimada entre el ochenta y noventa y cinco por ciento de su actual población. Este logro es de los más notable a la vista, del hecho de que Mizoram está rodeada precariamente por el Bangladesh islámico al oeste, el Myanmar budista al este y al sur, y los Estados hindúes de Asma, Maniipur y Tripura al norte.

Antes de la llegada de los misioneros cristianos al final del siglo XIX, las tribus locales creían en un espíritu llamado Pathan. También les gustaba cortar las cabezas de sus enemigos. Pero en cuatro generaciones Mizoram ha pasado de ser una sociedad feroz cazadora de cabezas, a una comunidad modelo, y posiblemente el lugar totalmente cristiano de mayor tamaño sobre la Tierra. Ciertamente en India no hay otra ciudad o Estado que pueda sostener que no tiene gente sin hogar, ni mendigos, ni muerte por hambruna y un cien por ciento de alfabetismo.

La iglesias de Mizoram actualmente envían mil misioneros a las regiones circundantes de la India y a otros lugares a través del mundo. Los fondos para esta misión de evangelización son generados básicamente a través de la venta de arroz y leña donados por los creyentes.

Cada vez que una mujer mizo cocina arroz, pone una medida de su mano en una "vasija misionera". Este arroz luego se lleva a la iglesia local, donde se junta y se vende en el mercado.

Aún los medios de comunicación seculares de la India han reconocido al cristianismo como la fuente de la dramática transformación social de Mizoram. En 1994 Mizoram celebró su centenario de contacto con el cristianismo, que comenzó con la llegada de dos misioneros, William Frederick Savage y J. H. Lorraine. En ocasión de la celebración de su centenario, *El telégrafo* de Calcuta (4 de febrero de 1994) declaró:

> La mayor influencia del cristianismo fue la expansión de la educación (...) El cristianismo les dio a los religiosos un lenguaje escrito y dejó su marca en el arte, la música, la poesía y la literatura. Un misionero, incluso, fue el responsable de la abolición de la tradicional esclavitud. No sería demasiado decir que el cristianismo fue el precursor de la modernidad para la sociedad mizo.

Un testimonio un poco menos medible, pero no menos palpable de la transformación cristiana de Mizoram, es el gozo transparente y la calidez del pueblo mizo. Los visitantes no pueden dejar de observar "los ojos alegres y las caras sonrientes", según las palabras de un periodista, en los rostros de los niños y los otros residentes de Mizoram. Y en ninguna otra parte el espíritu de este gozo divino se nota más que en las iglesias, donde el tradicional amor mizo por la música y la danza ha sido incorporado a la adoración. La generosidad del pueblo también se ve en los esfuerzos comunales para reedificar las cabañas de bambú del vecindario, que anualmente son destruidas por los vientos monzones.

Ochenta por ciento de la población de Mizoram asiste a la iglesia por lo menos una vez a la semana. Las congregaciones están tan llenas en Mizoram que, desde un cierto lugar en la ciudad e Izol, es posible contar treinta y siete iglesias. La mayoría de las comunidades tienen tres servicios los domingos y otro la noche de los miércoles.[i]

El estado de Mizoram es gobernado por una asamblea de cuarenta miembros que se reúne en la capital de Aizawl. Aunque hay diferentes partidos políticos, todos están de acuerdo con las demandas éticas de la oficina política de Mizoram. Específicamente, todos los candidatos deben ser:

- Personas de buena reputación
- Diligentes y honestas
- Limpias y no corruptas

- No bebedores
- Moral y sexualmente intachables
- Leales a la ley del país
- Fervientes trabajadores por el bienestar de la gente
- Leales a su propia iglesia

¿Cuántos de nuestros líderes podrían pasar este examen? En cuanto a eso ¿cuántos de nuestros líderes religiosos podrían pasar?

ALMOLONGA, GUATEMALA

Alrededor de 1975 la ciudad de Almolonga era una más de las típicas comunidades mayas de las montañas: idólatra, dada a la bebida y económicamente en depresión. Cargado de temor y pobreza, el pueblo buscaba sostén en el alcohol y en el ídolo local llamado Maximón. Decididos a darle pelea un grupo de intercesores local se puso a trabajar, clamando a Dios durante las vigilias de oración de la tarde. Como consecuencia de su compañerismo con el Espíritu Santo, Almolonga, al igual que Mizoram, se ha transformado en una de las comunidades más completamente transformadas del mundo. El noventa por ciento de los ciudadanos se consideran cristianos evangélicos. Al haber rechazado pactos ancestrales con los mayas y el sincretismo con otros dioses, su economía ha comenzado a florecer. Las iglesias ahora son el rasgo dominante del paisaje de Almolonga, y muchos establecimientos públicos se enorgullecen de la nueva actitud de la ciudad.

Almolonga está ubicado en un valle volcánico alrededor de quince minutos hacia el oeste de la capital de Quetzaltenango (Xela). La ciudad serpentea durante varios kilómetros a lo largo del camino principal hacia la costa del Pacífico. Ordenados campos de agricultura se extienden ladera arriba detrás de los bloques de edificios de cemento y yeso, pintados con vívidos colores turquesa, mostaza y rojo fuego. La mayoría tiene techos de hojalata acanalada, aunque unos pocos, esperando una mejor historia, brotan sin ningún revoque. Los ciudadanos de porte radiante comparten las angostas calles junto con burros, cerditos y unos cuantos perros callejeros.

Aunque muchos visitantes cristianos comentan sobre la "limpia" atmósfera espiritual, existe un desarrollo relativamente reciente.

– Hace solo veinte años –informa el pastor de la ciudad de Guatemala, Harold Caballeros– la ciudad sufría pobreza, violencia e ignorancia.

Por las mañanas se encontraban muchos hombres simplemente tirados por las calles, totalmente borrachos de la noche anterior. Y, por supuesto, esta forma de beber trajo otros problemas serios como violencia doméstica y pobreza. Fue un círculo vicioso.

Donato Santiago, el anciano jefe de policía, me dijo durante una entrevista en octubre de 1998 que él y una docena de ayudantes vigilaban las calles regularmente a causa del aumento de la violencia.

– La gente estaba siempre peleaba –dijo–. Nunca podíamos descansar. La ciudad, a pesar de su pequeña población, tuvo que edificar cuatro cárceles para contener a los peores delincuentes. Siempre estaban llenas –recuerda Santiago–. Con frecuencia teníamos que enviar en micro el exceso de prisioneros a Quetzaltenango.

Había falta de respeto hacia la mujer y descuido de la familia. El Dr. Mell Winger, que también visitó Almolonga en varias ocasiones, habló con los niños que dijeron que sus padres se iban a veces durante semanas seguidas a beber.

– Hablé con una mujer –recuerda Winger–, cuyo esposo explotaba si no le gustaba la comida. Con frecuencia le pegaba y la echaba del hogar.

El pastor Mariano Riscajché, uno de los líderes claves en el giro espiritual de Almolonga, tiene recuerdos parecidos:

– Fui criado en la tristeza. Mi padre algunas veces tomaba durante cuarenta a cincuenta días consecutivos. Nunca teníamos una gran comida, solamente una pequeña tortilla con una taza chica de café. Mis padres gastaban el poco dinero que conseguían en el alcohol.

En un esfuerzo para aliviar sus penas, muchas personas de la ciudad hacían pactos con las deidades locales como Maximón –un ídolo de madera adoptado por los católicos sincretistas bajo el nuevo nombre de San Simón– y el patrón de la muerte, Pascual Bailón. Este último, de acuerdo a Riscajché, "es un espíritu de muerte cuya imagen esquelética una vez fue guardada detrás de la iglesia católica. Muchas personas iban a él cuando querían matar a alguien por medio de la brujería". El igualmente potente Maximón controlaba a la gente a través del dinero y el alcohol. "No es solamente una máscara de madera", insiste Riscajché, "Sino un poderoso hombre fuerte espiritual". Las deidades eran sostenidas por bien financiados sacerdotes conocidos con el nombre de cofradías."[2]

Durante estos oscuros días el Evangelio no era bien recibido. Los evangelistas extranjeros eran comúnmente corridos con palos o piedras, mientras que las pequeñas iglesias locales en los hogares eran igualmente apedreadas. En una ocasión seis hombres le pusieron el cañón de un revolver sobre el cuello de Mariano Riscajché. Mientras procedían a mover el gatillo, él silenciosamente comenzó a pedir al Señor su protección. Cuando soltaron el disparador no funcionó. Un segundo intento. Y aún así no se produjo ningún disparo.

En agosto de 1974 Riscajché dirigía un pequeño grupo de creyentes en una serie de vigilias de oración que duraban desde las 7 de la tarde hasta la medianoche. Aunque era la oración la que dominaba las reuniones, estos intercesores de vanguardia también se tomaban tiempo para declarar libertad sobre la ciudad. Riscajché recuerda que Dios los llenaba de fe. "Comenzábamos a orar, 'Señor, no es posible que seamos tan insignificantes cuando tu Palabra dice que somos cabeza y no cola' ".

En los meses siguientes, el poder de Dios liberó a muchos hombres poseídos de demonios asociados con Maximón y Pascual Bailón. Entro los más notables se encontraba un líder del culto de Maximón, José Albino Tazej. Despojados de su poder y los asistentes, las cofradías de Maximón hicieron la decisión de quitar el santuario y llevarlo a la ciudad de Zunil.

Al mismo tiempo Dios estaba sanando a muchas personas que tenían enfermedades en situación desesperante. Algunas de estas sanidades llevaron a muchos a entregar sus vidas a Cristo, incluyendo a la cuñada de Mariano, Teresa, que fue en realidad resucitada de entre los muertos, luego de sucumbir a las complicaciones asociadas a una operación cesárea.

Esta ola de conversiones ha continuado hasta el día de hoy. Al finalizar 1998 había cerca de dos docenas de iglesias evangélicas en esta ciudad maya de diecinueve mil habitantes, y por lo menos tres o cuatro de ellas tenían más de mil miembros. La iglesia de Mariano Riscajché, El Calvario, tiene mil doscientos asientos, y casi siempre está colmada. Entre los líderes de la iglesia hay varios hombres que años atrás eran conocidos apedreadores de creyentes.

El mover de Dios en Almolonga no se ha limitado al crecimiento de la iglesia. Si uno hace una caminata en el distrito comercial encontrará evidencia en todo lugar de las vidas y las instituciones sociales transformadas. En una calle puede visitar una farmacia llamada "La bendición del Señor". En otra puede comprar en otro negocio llamado "Los Ángeles". ¿Siente hambre? Simplemente entre a "Paraíso de los pollos", la panadería "Jireh" o "La viña del Señor", un kiosco de bebidas. ¿Necesita ayuda para edificar? Pase por "Ferretería el Pequeño Israel" o "El Shaddai" fabricación de metales. ¿Le duelen los pies por hacer compras? Simplemente llévelos a los baños minerales "Jordán" para sumergirlos un rato.

Si los extranjeros encuentran extraordinaria esta demostración de la fe, Mariano la ve perfectamente natural:

– ¿Cómo puede uno demostrar su amor por Dios si no lo expone? ¿No dijo Pablo: "No me avergüenzo del evangelio"?

El contenido de los negocios también ha cambiado. Mell Winger recuerda haber visitado una pequeña tienda donde el propietario cristiano señaló a una estantería muy llena de comida que le dijo:

– Esto una vez estuvo lleno de alcohol.

A los bares de la ciudad no les ha ido mejor. Harold Caballeros explica:

– Una vez que la gente dejó de gastar su dinero en alcohol, en realidad varias tabernas en destrucción fueron compradas y transformadas en iglesias. Esto sucedió una y otra vez.

Solamente un bar nuevo abrió durante el avivamiento, pero duró apenas un par de meses. El propietario se convirtió y ahora toca en una banda cristiana.

Al parar la bebida sucedió lo mismo con la violencia. Durante veinte años el nivel de delincuencia de la ciudad ha declinado permanentemente. En 1994 se cerró la última de las cuatro cárceles de Almolonga. El edificio remodelado ahora se llama el "Hall de honor" y es utilizado para las ceremonias municipales y casamientos. Apoyado contra la puerta, el jefe de policía, Donato Santiago, hace un gesto de conocedor:

– No pasa nada por estos lados –dice.

Aún la base agrícola ha vuelto a la vida. Durante años las cosechas alrededor de Almolonga disminuyeron a través de una combinación de tierra árida y pobres hábitos de trabajo. Pero a medida que la gente se ha vuelto a Dios han visto una notable transformación de su tierra.

– Es algo glorioso –exclama un radiante Caballeros–. Los campos de Almolonga se han vuelto tan fértiles que dan tres cosechas por año.

De hecho, algunos granjeros con los que hablé informaron que aún el ciclo de crecimiento normal de sesenta días de ciertos vegetales ha descendido a veinticinco. Por lo tanto, antes exportaban cuatro camiones llenos de carga del producto por mes, y ahora ven salir del valle como cuarenta cargas por día.

Con el sobrenombre de "El Jardín de los vegetales de América", la producción de Almolonga es de proporciones bíblicas. Al caminar a través del hall de exhibición local vi –y he filmado– remolachas de dos kilos y medio, zanahorias más largas que mi brazo y zapallos que superaban la medida de una pelota de básquetbol.[3] Al observar las dimensiones de estos vegetales y el aplastante aumento del mil por ciento de la productividad agrícola, los investigadores universitarios de los Estados Unidos y otros países extranjeros han desfilado por Almolonga.

– Ahora –dice Caballeros– estos hermanos tienen el gozo de comprar grandes camiones Mercedes, y en efectivo.

Y no pierden tiempo para publicar el secreto por todas partes sobre sus vehículos resplandecientes. Grandes autoadhesivos metálicos y carteles de cerámica dicen: "El regalo de Dios", "Dios es mi fortaleza" y "Creciendo siempre en la fe".

Algunos granjeros actualmente dan empleo a otros, rentando tierras y desarrollando campos en otras ciudades. Juntos a otros líderes cristianos también ayudan a los recién convertidos a salir de sus deudas. Este es un gesto que impresiona profundamente a Mell Winger:

– Me hace pensar en las palabras de Pablo a los Tesalonicenses cuando dijo: "No solo el evangelio de Dios, sino también nuestras propias vidas".[4]

Caballeros confirma y dice:

– Eso es lo que hace esta gente. Es un hermoso espectáculo ir y ver el efecto del evangelio, porque efectivamente allí puede verse, y eso es lo que queremos para nuestras comunidades, ciudades y naciones.

&

LOS CREYENTES EN ALMOLONGA
NO TIENEN INTENCIÓN DE RENDIRSE.
EL DÍA DE HALLOWEEN EN 1998, UNOS
12.000 A 15.000 CREYENTES SE REUNIERON
EN LA PLAZA DEL MERCADO PARA ORAR.
MUCHOS QUE NO PODÍAN ENCONTRAR
ASIENTOS, SALÍAN A LOS BALCONES
Y SE AMONTONABAN EN LAS
ESCALERAS DE CEMENTO.
&

No obstante su éxito, los creyentes en Almolonga no tienen intención de rendirse. Muchos ayunan tres veces a la semana y continúan asaltando a las fuerzas de las tinieblas con oración y evangelismo. El día de Halloween de 1998, unos doce a quince mil creyentes se reunieron en la plaza del mercado para orar y derribar barreras contra el evangelio en las ciudades vecinas y alrededor del mundo.[5] Muchos, al no poder conseguir asientos, se asomaron, salían a los balcones y se amontonaban en las escaleras de cemento. Guiados por el Intendente y varios dignatarios cristianos, oraron tomados de la mano para que Dios tome autoridad sobre sus vidas, su ciudad y cualquier espíritu que estuviera obstaculizando.

¿Hasta qué punto son significativos estos acontecimientos? En un artículo de tapa de 1994 se describían los sucesos dramáticos de Almolonga, en la destacada revista de noticias de Guatemala *Crónica Semanal* que concluía diciendo: "La Iglesia Evangélica constituye la fuerza más significativa para el cambio religioso en la región montañosa de Guatemala desde la conquista española".[6]

EL PUEBLO UMUOFAI DE NIGERIA

El pueblo Umuofai está distribuido en varias villas situadas cerca de la ciudad Umuahia en el Estado de Abia al sudeste de Nigeria.[7] Un importante ferrocarril une el área con Port Harcourt, ubicada cerca de ciento veinte kilómetros hacia el sur. Como la mayoría de las partes de la costa de África, se distingue por la densa flora tropical y la humedad mortal.

Es posible, aún probable, que los viajeros veteranos no hayan escuchado de los Umuofais o acerca de su tierra de origen. Esto no es raro, dado que lo que los hace famosos no tiene virtualmente nada que ver con el tamaño o la ubicación. Mientras que su historia sí sostiene que sus raíces tienen siglos, los verdaderos sucesos que los transforman en noticia aún son recientes.

Sin dudas, el capítulo interesante de la historia Umuofai comenzó tan recientemente como el año 1996. Dos hermanos cristianos, Emeka y Chinedu Nwankpa, se habían afligido mucho por la condición espiritual de su pueblo. Mientras que no sabían todo sobre el pueblo Umuofai, o el clan inmediato Ubakala, conocían lo suficiente como para estar preocupados. No solamente había pocos cristianos, sino que también había una casi orgánica conexión con las ancestrales tradiciones de hechicería, adivinación y el apaciguar a los espíritus. Hasta algunos practicaban el arte demoníaco de cambiar de aspecto.

Al llevar esta carga al Señor, el hermano más joven, Chinedu Nwankpa, fue guiado a pasar un tiempo haciendo mapeo espiritual. Luego de dirigir un ayuno parcial de ochenta días, supo que su primera asignatura –que le tomaría buena parte de un año– era pasar un día a la semana con el clan de los ancianos, investigando las raíces de la idolatría que prevalecía, incluyendo el rol de los ancestros y los altares. Buscaría entender cómo y cuándo el clan Ubakala había entrado en esta atadura animista. De acuerdo al hermano mayor Emeka, un abogado practicante y maestro internacional de La Biblia, este entendimiento era crítico. Cuando le pregunté por qué, Emeka me respondió:

– Cuando un pueblo públicamente renuncia a su atadura con dioses y filosofías falsos, hacen que para el enemigo su estadía en esa comunidad se vuelva totalmente indeseable.

El estudio fue finalmente completado cuando finalizaba 1996. Llevó sus descubrimientos a la oración, y los hermanos pronto se sintieron impulsados a invitar a los líderes del pueblo y otras partes interesadas a asistir a reuniones especiales. "¿Cuál será nuestro tema?" se preguntaron. El Maestro les respondió en forma rápida y directa:

– Quiero que les hables sobre la idolatría.

El día de la reunión, Emeka y Chinedu llegaron inseguros de qué tipo de multitud iban a enfrentar. ¿Serían cinco o cincuenta? ¿El pueblo estaría abierto u hostil? Lo que encontraron los dejó asombrados. El lugar de reunión no solamente estaba lleno por la presencia de trescientas personas, sino que entre la audiencia también había varios líderes prominentes del clan y los doctores hechiceros.

– Luego de que hice la apertura en oración –recuerda Emeka– este joven predicó durante exactamente cuarenta y dos minutos. Trajo un mensaje claro del evangelio. Dio una enseñanza bíblica sobre la idolatría y le dijo al pueblo exactamente lo que produce en una comunidad. Cuando terminó, directamente hizo un llamado al altar. ¿Y saben qué sucedió? Sesenta y un adultos respondieron, incluyendo personas cuyas líneas familiares habían manejado el sacerdocio tradicional durante ocho generaciones.

– Permítanme que les dé una idea de lo que hablo. Hay un espíritu local que se supone le da fertilidad a la tierra. El pueblo de la comunidad cree que este espíritu en particular favorece a los granjeros que plantaban camotes (batatas, boniatos). Un hombre de cada generación era dedicado a este espíritu para asegurar su bendición. Cuando este sacerdote estaba listo para morir, tenía que ser sacado afuera, de modo que el alineamiento celestial pudiera deshacerse. Era enterrado durante la noche con su cabeza cubierta por un recipiente de arcilla. Después de un año de estar enterrado, la calavera era exhumada y puesta en el lugar sagrado. Estas calaveras y otros objetos sagrados no podían jamás tocar la tierra. Por supuesto, se realizaban sacrificios de tiempo en tiempo. Esta fue la forma de vida en nuestra comunidad durante ocho generaciones.

Cuando el ministro terminó el llamado al altar, los hermanos Nwankpa quedaron sobresaltados al ver a un hombre pasar con la calavera sagrada en sus manos. Allí frente a ellos estaba el símbolo y receptáculo del poder ancestral del clan.

– Cuando terminó la reunión –se maravilla Emeka– otros ocho custodios espirituales también habían pasado adelante. Si no hubiera estado allí presente, no lo hubiera podido creer.

Cuando Emeka fue llamado adelante para orar por estos individuos, el Espíritu Santo descendió en la reunión y todos los líderes del clan fueron convertidos profundamente. A los nuevos conversos se los instruyó para que se dividieran en unidades familiares individuales –la mayoría vivían cerca de la aldea de Mgbarrakuma– y que entraran en un tiempo de arrepentimiento con su familia. Esto llevó casi otra hora y veinte minutos. Durante este tiempo la gente estuvo bajo una convicción profunda, muchos rodaban sobre la tierra, llorando.

– Tuve que persuadir a algunos de ellos para que se pusieran de pie –recuerda Emeka.

Luego de liderar este arrepentimiento corporativo, Emeka escuchó que el Señor decía: "Ahora es el momento de renunciar a los pactos hechos por y para esta comunidad en los últimos trescientos años". Siguiendo el ejemplo de Zacarías 12:10-13:2, los Nwankpas guiaron esta segunda fase de renuncia.

– Estábamos a punto de ponernos de pie –recuerda Emeka– y el Señor me habló nuevamente. Creo que lo tenía todo escrito. Ahora es el momento de ir y tratar con los diferentes altares, así que le pedí al pueblo: "Ahora que hemos renunciado a las viejas formas, ¿qué hacen estos altares aquí?" Y sin dudarlo un solo instante, contestaron: "¡Tenemos que quitarlos!"

Una vez que habían renunciado públicamente a los pactos que sus ancestros habían hecho con los poderes de las tinieblas, la comunidad entera avanzó hacia los nueve lugares de adoración de la aldea. Los tres sacerdotes jefes salieron con sus varas de caminar. Era tradicional que debían ir primero. Nadie más tenía la autoridad para tomar una acción tan drástica. De manera que el pueblo se levantó, los jóvenes siguieron a los ancianos y las mujeres se quedaron atrás en la plaza de la aldea. Bajando sus anteojos, Emeka dice:

– No tiene idea cómo esto me afectó personalmente. Trate de entender que estoy viendo a mi propio jefe. Estoy viendo generaciones de hombres que he conocido, gente que no le habló a mi padre por treinta años, gente con toda clase de problemas. ¡Y ahora habían nacido de nuevo!

Uno de estos sacerdotes, un anciano llamado Odogwu-ogu, se paró delante de un altar de un espíritu particular llamado Amadi. Él era el más anciano representante viviente del sacerdocio ancestral. De pronto comenzó a hablar a los espíritus. Dijo:

– Amadi, quiero que me escuches bien lo que digo. Tú estabas allí en la plaza de la aldea esta mañana. Escuchaste lo que sucedió.

Y luego hizo un anuncio que Emeka jamás olvidará:

– Escucha, Amadi, el pueblo que posee la tierra ha llegado para decirte que acaban de hacer un nuevo pacto con el Dios de los cielos. Por lo tanto todos los pactos previos que hiciste con nuestros patriarcas ahora quedan anulados. Los ancianos me dijeron que cuidara de ti y lo he hecho durante todos estos años. Pero hoy te he dejado, por lo tanto es el momento de que regreses desde cualquier lugar donde hayas venido. Además, también he dado mi vida a Jesucristo y desde ahora en adelante, mis manos y pies ya no están más aquí.[8]

Mientras lo decía saltó hacia un costado, levantó sus manos y gritó:

– ¡Aleluya!

– Con lágrimas en mis ojos –dice Emeka al revivir el momento– di un paso adelante y ungí ese altar y oré. Cada objeto y fetiche fue quitado. Y luego fuimos a otros ocho altares más, recolectando todos los objetos sagrados y haciendo una pila con ellos.

Luego, cuando nos reunimos nuevamente en la plaza dijo:

– Los que tengan fetiches en sus hogares, sáquenlos afuera porque Dios visitará este lugar hoy. No dejen que Él los pase de largo.

Ante esto, uno de los sacerdotes se levantó y trajo un recipiente con siete aberturas. Le dijo al pueblo:

– Hay suficiente veneno en este pequeño recipiente para matar a todos los que están aquí. Hay un cuerno de un animal muerto, la bilis de un tigre y el veneno de una víbora mezclados. –Y les advirtió a los jóvenes–. No lo toquen. Llévenlo con un palo –porque generalmente está suspendido sobre el lugar de cultos.

Este también fue apilado en la plaza junto con las calaveras ancestrales. Pronto otros jefes de familias trajeron varios objetos rituales –incluyendo ídolos, tótemes y fetiches – para una quema pública. Muchos de estos elementos habían ido pasando de unos a otros por diez generaciones.

Entonces Emeka leyó un pasaje de Jeremías 10 que enjuicia a los espíritus asociados con estos artefactos. Les recordó a los poderes que la gente los había rechazado; dijo:

– Ustedes, espíritus que no hicieron los cielos y la Tierra en el día de su visitación, es tiempo de que abandonen este lugar.

El pueblo entonces prendió fuego a la pila de objetos. La encendieron a tal velocidad e intensidad que los aldeanos tomaron esto como una señal de que Dios había esperando que esto sucediera durante muchos años. Cuando el fuego se apagó, Emeka y su hermano oraron por las necesidades individuales y proféticamente vistieron a los sacerdotes con nuevas vestiduras espirituales. Considerando todos estos sucesos el pueblo pasó nueve horas de intensa guerra espiritual a nivel estratégico.

Emeka recuerda cuando terminó:

– Se podía sentir cómo iba cambiando la atmósfera de la comunidad. Algo más que un avivamiento se había producido.

Recientemente dos jóvenes ministros llenaron la tradicional iglesia anglicana con cerca de cuatro mil jóvenes. Y en mitad del mensaje, según dijeron, ¡los demonios salieron volando por la puerta! Al haber renunciado a viejos pactos, el pueblo Umuofai ha hecho una decisión colectiva de que nadie jamás regresará al animismo.

– Hoy –dice Emeka,– todos van a la iglesia. Hay un estudio bíblico formal, y las mujeres tienen un equipo de oración que dirige mi madre. Otras se reúnen a orar luego de completar su trabajo de barrido comunal.[9]

En términos de lo político y económico, las cosas buenas han comenzado a suceder, pero no en forma tan dramática como en Almolonga. Con todo, hay evidencias de que Dios ha tocado la Tierra en muchos aspectos, de la misma manera que lo hizo en la zona montañosa de Guatemala. Poco tiempo después del arrepentimiento público, varios aldeanos descubrieron que sus terrenos estaban perneados con minerales que podían ser comercializados. Uno de ellos fue el de la propia madre de Emeka, una mujer piadosa cuya propiedad se ha transformado en depósitos de valioso barro de arcilla.

HEMET, CALIFORNIA

Durante años este reseco valle del sur de California fue conocido como el cementerio de pastores. Enredadas en la desunión, las iglesias locales estaban estancadas o a punto de declinar seriamente. Hubo un caso en que las prostitutas callejeras transformaron el techo de una iglesia en un burdel al aire libre. La comunidad entera tenía en las palabras del pastor Bob Beckett, "una especie de sentimiento espiritual de desagrado".

Cuando Beckett entró en escena en 1974, la personalidad de Hemet era la de una comunidad somnolienta ideal para los jubilados, un lugar donde la gente que había cumplido su tiempo de responsabilidades venía para vivir una vida reposada.[10] Como ya habían logrado la mayoría de sus metas, las personas simplemente querían que las dejaran tranquilas. Aunque un buen número asistía a la iglesia, no tenían ningún apetito por nada que fuera en progresión, mucho menos lo evangelístico. Los religiosos –espiritualmente en letargo– estaban contentos simplemente con seguir así.

Pero las cosas no eran lo que parecían. Debajo de la superficie de esta quieta comunidad había un lado espiritual oscuro que no era para nada letárgico.

– Descubrimos –dijo Beckett– que la actividad ilegal y oculta prosperaba en nuestra comunidad. Fue un duro despertar.

El Valle de Hemet estaba transformándose rápidamente en un refugio de cultos.

– Teníamos a la Iglesia de Moon, a los Mormones. Estaba "El Pueblo de los Corderos", un culto que si bien proclamaba a Cristo, también manejaba drogas. La Iglesia de la Cientología había establecido un estudio de arte y multimedios llamado ´Era Dorada', y el Maharishi Mahesh Yogi compró una propiedad para enseñar a la gente cómo encontrar sabiduría.

Este último, de acuerdo a lo que Beckett dice, tenía incluso una propiedad de doscientas sesenta hectáreas para jóvenes, donde se instruía

a los estudiantes en un nivel superior de meditac
no hablaban sencillamente de sentirse bien; sir
dio de las cuales la gente puede realmente sal⁄

Estos descubrimientos hicieron que Beckɛ
el Maharishi decidió comprar una propiedad en esᴜ
curo valle, y por qué estaría ubicada en las cercanías de ᵼ
gos y la reserva espiritualmente activa de los indios soboba. Sᴜ
que algo siniestro podría estar ocultándose debajo de la transparenᴛ
película exterior de la ciudad, Beckett sacó un mapa y comenzó a marcar ubicaciones donde hubiera actividad espiritual identificable.[11] Al
observar que estas marcas estaban concentradas en una zona específica, continuó con más preguntas de sondeo.

– Comencé a preguntarme –dijo– si tal vez existía una dimensión
de las tinieblas que yo no había podido reconocer. No me di cuenta en
ese momento, pero fui guiado a entrar en lo que ahora llamamos mapeo espiritual.

Cuando más profundamente miraba este pastor novato, menos le
gustaba lo que veía. Parecía que el valle, además de albergar un nido
de cultos, era también un notable centro de brujería. Y, desafortunadamente, esto no era algo nuevo. Los viejos habitantes aún recordaban
que en anteriores celebraciones de Halloween podían mirar hacia las
montañas cercanas y verlas iluminadas por docenas de fuegos rituales.
En Hemet y la comunidad vecina de Idyllwild, era frecuente encontrar
restos de sacrificios animales mucho antes de que esas cosas formaran
parte del lenguaje común.

No solamente los cultos eran el único problema existente. Las pandillas del vecindario habían plagado el suburbio de San Jacinto, en Hemet, durante más de un siglo. Cuando el pastor Gordon Houston llegó en 1986, la situación era extremadamente inestable. Su iglesia, la
Asamblea de San Jacinto, está asentada exactamente en la calle que hace mucho tiempo albergó la conocida Primera Pandilla Callejera.

– Estos eran muchachos cuyos padres y abuelos los habían precedido en las pandillas. El estilo de vida había pasado de generación en generación.

El peligro era tan grande alrededor de la zona principal de las pandillas, que la policía se negaba a ir sin un buen respaldo.

– Cierta vez estaba caminando en frente de mi iglesia –recuerda
Gordon- y tres de los más importantes callejeros venían detrás de mí,

ras que otros cuatro se me cruzaron en la calle. Me movieron hacia el centro de la calle, y me preguntaron: "¿Quién es usted y qué hace aquí?" Era una escena atemorizante. Fuimos uno de los primeros distritos escolares que tuvieron que implementar un código de uniforme escolar para evitar la vestimenta como pandilleros. Era un gran problema. Había cantidades de armas en las universidades, y los muchachos eran atacados con regularidad. Las pandillas estaban relacionadas con uno de los más grandes centros de producción de drogas en el Condado de Riverside.

Resultó ser que el adormecido Valle de Hemet era también la capital de la fabricación de metanfetamina de la Costa Oeste. Un cocinero de drogas con el que hablé en junio de 1998 –que llamaremos Sonny– me dijo que el área albergaba al menos nueve laboratorios de gran producción. El clima seco, la ubicación remota y el cumplimiento "amistoso" de la ley lo hacía un lugar ideal para establecerse.

– Era bastante asombroso –me dijo Sonny–, en realidad vi a oficiales de la ley transportar narcóticos para mí en sus coches policiales. Así era antes por aquí.

Sony cocinó metanfetamina en Hemet desde 1983 hasta 1991. Su cuota mínima eran cinco kilos cada dos semanas, una cantidad capaz de abastecer a más de un cuarto de millón de personas. Y había temporadas cuando él y sus colegas duplicaban esta producción. La mayoría de los despachos iban al sur de California, Arizona o Utah. Con frecuencia el polvo mortal atravesaba la ciudad en camiones disimulados, oculto bajo planchuelas.

– Era fascinante ver cómo se hacía –recuerda Sonny–. Aún el papel que servía para envolverlo era despedazado y se vendía luego a las personas que estaban en prisión.

El giro espiritual de Hemet no vino fácilmente. Ni los Beckett ni los Houston estaban entusiasmados con el Valle al principio.

– Yo directamente no quería estar ahí –recuerda Bob con énfasis–. Durante unos cuántos años al principio mi esposa y yo tuvimos las valijas emocionales hechas todo el tiempo. No veíamos la hora en que Dios nos sacara de este valle.

Por empezar, los Houston no deshicieron sus valijas. Cuando apareció la posibilidad en San Jacinto, en 1984, llegaron a la ciudad en mitad del verano. Gordon recuerda que fue un día de calor excesivo.

– Teníamos a nuestro bebé de seis meses en un pequeño auto con asientos de plástico y sin aire acondicionado. Fuimos manejando hasta la calle, dimos una mirada a la iglesia y dijimos: "No, gracias". Ni siquiera nos detuvimos para dejar un currículo.

Tres años tardaron los Houston para persuadirse de regresar al Valle de Hemet.

– Aún en ese momento –dice Gordon–, lo veíamos como una posibilidad para ganar experiencia, lograr un buen currículo y luego buscar otras oportunidades. Dios, por supuesto, tenía otra cosa en mente. Me acuerdo que Él me dijo: "Tengo un plan y lo compartiré contigo, si haces un compromiso con este lugar" .Y les seré honesto. Aún así fue una elección difícil.

Durante un tiempo el mapeo espiritual de Bob Beckett produjo cierto estímulo. Luego también eso llegó a un callejón sin salida.

– El fluir de información parecía haberse secado –recuerda–. Ese fue el momento cuando Dios preguntó si estaríamos dispuestos a pasar el resto de nuestras vidas en este valle. No podría haber hecho una pregunta peor. ¿Cómo podría yo pasar el resto de mi vida en un lugar que no amaba ni me preocupaba, y del cual no quería forma parte?

Con todo, Dios perseveró y los Becketts en su momento se rindieron a su voluntad.

– En el momento que lo hicimos –relata Bob–, el fluir de información volvió a abrirse. Al mirar retrospectivamente veo que Dios no iba a permitirnos conocer más de las raíces espirituales de la comunidad, a menos que estuviéramos comprometidos a actuar con el entendimiento. Ahora me doy cuenta que fue nuestro compromiso con el valle el que permitió que el Señor nos confiara la información.[12]

– Una vez que hicimos este pacto, Susan y yo nos enamoramos de la comunidad. Puede sonar un poco melodramático, pero en realidad me fui y compré una parcela en el cementerio. Dije: "A menos que Jesús regrese, esta es mi tierra. Estoy comenzando y terminando mi compromiso exactamente aquí". Bien, Dios vio eso y comenzó a dar una poderosa revelación. Todavía tenía mi investigación, pero ya no se trataba solamente de información. Era información importante para mí. Era información que había comprado; me pertenecía.

Una nueva comprensión estuvo relacionada a una reunión de oración a la que Bob había convocado quince años antes. Incapaz de interpretar su mapa espiritual o el sueño recurrente que mostraba una piel de oso extendida sobre el valle, les había pedido a doce hombres que se unieran a él en oración en una cabaña de la montaña cercana a Idyll-wild. Cerca de las dos de la mañana el grupo experimentó un dramático avance, no exactamente el que esperaban. En lugar que darles un entendimiento nuevo sobre el mapa espiritual o la piel de oso, la acción disparó una renovada hambre espiritual dentro de la comunidad.

Ahora que los Becketts habían hecho un pacto para quedarse, Dios comenzó a completar lo que faltaba para poder comprender. Comenzó a guiar a Bob hacia un libro que contenía una historia precisa de las montañas de San Jacinto que rodean Hemet y de la nación Cahuilla, que son los descendientes de los habitantes originales de la región.

– A medida que leía este libro, descubría que los nativos creían en un espíritu gobernador de la región llamado Tahquitz. Se pensaba que este era excesivamente poderoso, en ocasiones malévolo, asociado con el gran oso, y que sus cuarteles generales estaban en las montañas. Dejando a un lado el libro, sentí que el Señor decía: "¡Encuentra a Tahquitz en tu mapa!"

❧

LOS INTERCESORES DE LA COMUNIDAD
COMENZARON A UTILIZAR EL MAPEO
ESPIRITUAL PARA CONCENTRARSE EN LOS
TEMAS Y SELECCIONAR OBJETIVOS QUE
FUERAN SIGNIFICATIVOS, CON VERDADEROS
OBJETIVOS Y SIENDO OPORTUNOS,
PRÁCTICAMENTE PODÍAN VER LAS
RESPUESTAS A SUS ORACIONES.

❧

Y continúa:
– Al hacer eso, quedé conmocionado al descubrir que nuestra reunión de oración de ya hacía quince años se había realizado en una cabaña ubicada en la base de una montaña de rocas sólida de trescientos metros de altura llamada ¡"PicoTahquitz!" El hecho de que se extendía sobre la comunidad me recordaba el control que este hombre fuerte de siglos de antigüedad tenía, un control que fue estimulado entonces y lo era ahora, por las elecciones que hacían los habitantes locales. En ese momento supe que Dios nos había guiado.

Bob explicó que los intercesores de la comunidad comenzaron usando el mapeo espiritual para enfocar sobre temas y seleccionar objetivos significativos. Ver el desafío les ayudó a volverse espiritual y mentalmente comprometidos. Con objetivos verdaderos y siendo oportunos, pudieron ver en la realidad las respuestas a sus oraciones. Aprendieron que la visión aumentada incrementa el fervor.

Cuando le pedí que comparara la situación de Hemet en la actualidad con la forma en que las cosas sabían estar, no se tomó demasiado tiempo para responder:

– No somos una comunidad perfecta –dijo–, pero nunca lo seremos hasta que Aquel que es perfecto regrese. Lo que sí puedo contarles es que el Valle Hemet ha cambiado dramáticamente.

Los hechos hablan por sí solos. La membresía de los cultos, que en su momento fueron una seria amenaza, ahora se ha reducido a menos del cero coma tres por ciento de la población. La Cientología aún tiene que ser desalojada de su sitio en el extremo de la ciudad, pero muchos otros grupos hace ya largo tiempo que se han retirado. El centro de entrenamiento de Meditación Trascendental fue literalmente incendiado. Poco tiempo después de orar para que se mudaran, un incendio comenzó en las montañas del lado oeste del valle. Se desplazó desde la punta del cerro y luego hizo un arco con forma de dedo que incineró la propiedad del Maharishi. Dejando las propiedades adyacentes sin señales, las llamas se retiraron luego hacia la cima de la montaña y al rato se extinguieron.

El negocio de las drogas, de acuerdo con Sonny, ha decaído tanto como un setenta y cinco por ciento. Se ha retirado también la corrupción oficial que alguna vez acompañaba los viajes.

– Hubo un tiempo aquí cuando podías entrar en el departamento de policía y buscar tus archivos o asegurarte un acompañante para tu embarque de droga. La gente que te guardaba las espaldas tenía placas. ¡Cómo ha cambiado eso! Si quiebras la ley actualmente, la policía está allí para atraparte. Y la oración es la razón mayor. Los cristianos aquí tomaron un operativo de drogas multimillonario en dólares, y los hicieron salir corriendo con la cabeza gacha.

Las pandillas son otra historia de éxito. No hace mucho tiempo un líder de la primera pandilla callejera se abrió paso por el pasillo central de la Iglesia de Gordon Houston (Asamblea de San Jacinto) durante el servicio de adoración de la mañana.

– Iba por la mitad de mi mensaje –se ríe Gordon– y ahí venía este sujeto, todo cubierto de tatuajes, encarando directamente hacia la plataforma. No tenía la menor idea de lo que estuviera pensando. Cuando llegó al frente, me miró y dijo: "¡Quiero ser salvo en este momento!"

Este incidente y este joven, representaron el primer fruto de lo que Dios haría en la comunidad pandillera. En las siguientes semanas la familia entera de la primera pandilla callejera vino al Señor. Luego de eso, circuló la voz de que nuestra iglesia estaba afuera de todo límite: "No se marca esta iglesia con *graffitis*; ni se la ensucia de ninguna forma". En lugar de eso, los miembros de la pandilla comenzaron a juntar nuestras hojas y a pintar nuevamente las paredes que habían ensuciado.

Más recientemente, los residentes de una casa de pandilleros muy violentos, que vivía al otro lado de la calle de la Asamblea de San Jacinto, se mudaron. Entonces, mientras los miembros de la iglesia miraban, limpiaron la propiedad.

No solamente los miembros de las pandillas son los que se salvan en el Valle Hemet. Una reciente investigación reveló que la asistencia de los domingos por la mañana ahora es de catorce por ciento, el doble de hace una década. Durante una campaña de dieciocho meses, los obreros del altar en la Asamblea de San Jacinto vieron más de seiscientas personas entregar sus corazones a Cristo. Otra iglesia orientada a la oración ha crecido en un trescientos por ciento en doce meses.

Están surgiendo historias individuales. Sonny, el que fuera productor de droga, fue atrapado por el Espíritu Santo cuando iba de camino a hacer un asesinato. Mientras manejaba hacia donde estaba la víctima, sintió que algo tomaba el control del volante. Dio un giro hacia el estacionamiento de la Iglesia The Dwelling Place (El lugar para habitar) del pastor Bob Beckett. Eran las 08:00 y había comenzado una reunión de hombres.

– Antes de salir del auto –dice Sonny con pesar– miré a la silenciosa pistola que estaba sobre el asiento. Recuerdo que pensé: "Dios mío, qué estoy haciendo". Así que la cubrí con una manta y entré en esta reunión de oración. En el momento que hice eso, todo terminó. La gente oraba a mi alrededor y escucho a este hombre que dijo: "Alguien estaba a punto de cometer un asesinato esta mañana". Mis ojos casi se salen de mi cabeza. Pero ese fue el comienzo de mi vuelta al hogar. Tomó un largo tiempo, pero nunca experimenté más gozo en mi vida.

A partir de los 90, Hemet se enorgullece de tener un intendente, un jefe de policía, el jefe de bomberos y un gobernador de la ciudad, todos creyentes. Si esto no fuera lo suficientemente impresionante, Beckett cuenta que uno podría agregar aproximadamente un treinta por ciento de los oficiales de la ley y un alto número de maestros de secundaria, entrenadores y directores. De hecho, en los años pasados cerca del ochenta y cinco por ciento de todos los candidatos del personal escolar del distrito, son cristianos.

El resultado, dice Gordon, es que "Nuestro distrito escolar, luego de ser el hazmerreír del Sur de California, ahora tiene uno de los niveles de abandono escolar más bajos de la nación. En solamente cuatro años fuimos de cuatro punto siete a cero punto cero siete. Solamente la mano de Dios puede hacer eso".

¿Y que ha sucedido con la famosa pelea interna de la iglesia del Valle? "Ahora somos una pared de piedras vivas –Beckett declara orgullosamente–. En lugar de competir, intercambiamos los púlpitos. Hay bautistas en púlpitos pentecostales, y viceversa. Hay luteranos en los episcopales. La comunidad cristiana se ha transformado en una tela en lugar de hilos sueltos".

Houston agrega que las iglesias del valle se reúnen también en conciertos de oración cada tres meses, y avivamientos de oración de toda la ciudad, donde la tarea de llevar la palabra va rotando entre los pastores de la zona. "Diferentes equipos de adoración dirigen las canciones, y las tarjetas de los salvos se distribuyen por igual entre nosotros. Es una visión cooperativa. Intentamos hacer que los pastores entiendan que no existe una iglesia lo suficientemente grande, con talentos suficientes y dones, y unción y seguridad financiera o equipo, para encargarse sola de toda la ciudad. Sí. Dios me hará rendir cuentas por la manera en que traté a mi iglesia. Pero también me preguntará cómo pastoreé mi ciudad".

Una comunidad está tan dedicada a levantar el perfil de Jesucristo en el valle, que se ha unido al programa de edificación de otra. Para Bob Beckett todo tiene sentido:

– Se trata de la edificación de personas, no de una iglesia. De hecho, ni siquiera se trata de un tema de crecimiento de la iglesia, es el crecimiento del reino. Se trata de ver nuestras comunidades transformadas por el poder del Espíritu Santo.

CALI, COLOMBIA

Durante años Colombia ha sido el más grande exportador mundial de cocaína: enviaba entre setecientas a mil toneladas anuales a los Estados Unidos y Europa solamente.[13] El Cartel de Cali, que controlaba setenta por ciento de este negocio, ha sido llamado la más grande, rica y bien organizada organización criminal en la historia.[14] Empleando una combinación de chantaje y amenazas, ganó un poder maligno que corrompió individuos e instituciones por igual.[15]

Randy y Marcy MacMillan, copastores de la Comunidad Cristiana de Fe, han trabajado en Cali por más de veinte años. Por lo menos diez de estos lo han pasado en las sombras de los infames señores de la droga de la ciudad.

Marcy heredó el hogar de la familia de su fallecido padre, un diplomático colombiano. Cuando el dinero ilícito comenzó a derramarse en Cali, en 1980, los señorees de la cocaína se mudaron al vecindario de los MacMillan, compraron cuadras enteras de haciendas lujosas. Modificaron esas propiedades instalando elaborados sistemas de túneles subterráneos y enormes paredes de diez metros de altura, para protegerlos de los ojos curiosos y de las balas perdidas. Video cámaras cubiertas por burbujas de vidrio examinaban la zona circundante continuamente. También había vigilancia regular con perros guardianes.

– Esta gente eran paranóicos –recuerda Randy–. Exportaban cocaína por un valor de quinientos millones de dólares mensuales, y esto los tenía constantemente preocupados por el sabotaje o la traición. Tenían mucho parar perder.

Por esta razón las haciendas del Cartel estaban equipadas como pequeñas ciudades. Dentro de sus paredes era posible encontrar de todo, desde pistas de despegue y aterrizaje, y terrenos para la llegada de helicópteros a lugares para jugar bowling y estadios de fútbol en miniatura. Muchos también contenían una serie de boutiques, clubes nocturnos y restaurantes.

Cada vez que los enormes portales se abrían, era para dar salida a una flota de resplandecientes automóviles Mercedes color negro. Mientras se movían sinuosamente por las congestionadas calles, todo otro tráfico se hacía a un lado del camino. Los conductores que desafiaban esta etiqueta lo hacían corriendo su propio riesgo. Muchos eran detenidos y finalmente baleados. Tantas como quince personas diariamente eran asesinadas así.

– Uno no quería estar en el mismo semáforo con ellos –resumía Randy. Cierta vez fue detenido en su propio vecindario, recuerda Randy con terror.

– Sacaron sus armas y quisieron ver nuestros documentos. Vi cómo escribían la información en una computadora portátil. Afortunadamente, lo único que perdimos fue una película. Siempre recordaré la muerte en sus ojos. Esta es gente que mata para vivir, y les gusta hacerlo.

Roosevelt Muriel, director de la Alianza de Ministerios de la ciudad, también recuerda aquellos días:

– Era terrible. Si conducías en un coche y había una confrontación, eras afortunado si escapabas con vida. Personalmente vi cómo mataron a cinco personas en Cali.

Los periodistas pasaron un tiempo particularmente difícil. O informaban sobre una carnicería humana –coches bombas que brotaban por todas partes como pochoclo– o ellos mismos que eran el objetivo. La locutora de noticias Adriana Vivas, dijo que muchos periodistas fueron asesinados por denunciar lo que la mafia hacía en Colombia, y especialmente en Cali:

– Importantes decisiones políticas eran manipuladas por el dinero de la droga. Tocaban todo, absolutamente todo.

A comienzos de 1990 Cali se había transformado en una de las más absolutamente corruptas ciudades del mundo. Los intereses del Cartel controlaban virtualmente todas las instituciones importantes, incluyendo bancos, negocios, políticos y el cumplimiento de la ley.

Como todo lo demás en Cali, la iglesia estaba desordenada. Los evangélicos eran pocos y no se preocupaban demasiado unos por los otros.

– En aquellos días –Roosevelt Muriel recuerda con tristeza– la asociación de pastores consistía en una vieja caja de archivo que nadie quería. Cada pastor trabajaba solo, nadie deseaba unirse a otro.

Cuando los pastores-evangelistas Julio y Ruth Rubial vinieron a Cali en 1978, se sintieron desmayar ante las tinieblas que penetraban la ciudad:

– No había unidad entre las iglesias –explicó Ruth–. Aún Julio fue aislado por sus colegas, y lo echaron de la ya débil asociación ministerial.

Ruth relata que durante un tiempo de ayuno el Señor le habló a Julio: "No tienes derecho de sentirte ofendido, necesitas perdonar". Así que, volvió a ver a los pastores, uno por uno, y así Julio arregló las cosas. No podían darse el lujo de caminar desunidos, no cuando su propia ciudad enfrentaba tan apabullantes desafíos.

Randy y Marcy MacMillan estuvieron entre los primeros en unirse con los Rubial en la intercesión:

– Simplemente le pedimos al Señor que nos mostrara cómo orar –recuerda Marcy–. Y el Señor lo hizo.

Durante los próximos meses enfocaron en el poco apetito dentro de la iglesia por la oración, la unidad y la santidad. Cuenta que estas son exactamente las cosas que atraen la presencia de Dios, y le pidieron al Señor que estimulara una renovada hambre espiritual, especialmente en los ministros de la ciudad.

A medida que sus oraciones comenzaron a hacer efecto, un pequeño grupo de pastores propusieron reunir sus congregaciones para pasar una noche de adoración y oración juntas. La idea fue alquilar el auditorio cívico de la ciudad, el Coliseo El Pueblo, y pasar la noche en oración y arrepentimiento. Pedirían la activa participación a Dios al tomar una postura frente a los carteles de la droga y sus amos espirituales invisibles.

Ataron cuerdas para separar la mayor parte de la zona de asientos: los pastores planificaban tener unos miles de personas. Y aún así, en las mentes de muchos era algo excesivamente optimista.

– Escuchamos de todo –dijo Roosevelt Muriel–. La gente nos dijo: "Es imposible", "No va a venir nadie", "Los pastores no van a dar su apoyo". Pero decidimos continuar y confiar a Dios los resultados.

Cuando finalmente el evento se realizó en mayo de 1995, los negativos y aún algunos de los organizadores quedaron mudos por la sorpresa. En lugar del modesto resultado esperado, más de veinticinco mil personas llenaban el auditorio cívico, ¡casi la mitad de la población evangélica de la ciudad en esa época! En determinado momento, recuerda Muriel:

– El intendente subió a la plataforma y proclamó: "Cali pertenece a Jesucristo". Bueno, cuando escuchamos aquellas palabras, nos sentimos energizados. La multitud se entregó a la oración intensamente; permaneció hasta las 06:00 de la mañana siguiente. La famosa vigilia de toda la noche – la "Vigilia"– acababa de nacer.

Cuarenta y ocho horas después del evento, el diario _El País_, tenía el siguiente titular: "¡Ningún homicidio!" Por primera vez en tantos años que en la ciudad nadie podía recordar, había pasado un período de veinticuatro horas sin que ninguna persona fuera asesinada. En una nación maldecida con la tasa más alta de homicidio del mundo, esta era una noticia de sumo interés periodístico. La corrupción tuvo también un gran golpe cuando, en los siguientes cuatro meses, novecientos oficiales relacionados con el cartel fueron despedidos de la fuerza de policía metropolitana.[16]

– Al ver que sucedían estas cosas –Randy MacMillan se regocijaba–, tuvimos una fuerte sensación de que los poderes de las tinieblas estaban en camino de sufrir una significativa derrota.

En el mes de junio esta sensación de expectativa se aumentó, cuando varios intercesores relataron sueños en los cuales las fuerzas angélicas atrapaban a líderes del cartel de la droga de Cali. Muchos interpretaron esto como una señal profética de que el Espíritu Santo estaba por responder al aspecto más urgente del pedido unido de las iglesias.[17] Los intercesores oraban, y los cielos escuchaban. Los aparentemente invencibles señores de la droga estaban a punto de ser derrotados.

– A las seis semanas de esta visión –recuerda MacMillan–, el gobierno colombiano declaró una guerra sin cuartel contra los señores de la droga.

Fueron lanzadas operaciones militares de limpieza contra las propiedades del cartel en varias partes del país. Los seis mil quinientos comandos de elite que fueron despachados a Cali[18] llegaron con órdenes explícitas de encerrar a siete individuos sospechados de ser los líderes máximos del cartel.

– Cali estaba zumbando de helicópteros –recuerda Randy–. El aeropuerto estaba cerrado y había puestos policiales en cada punto de entrada de la ciudad. Uno no podía ir a ninguna parte sin probar su identidad.[19]

Las sospechas de que los señores de la droga consultaban mediums espiritistas se confirmaron cuando la pesquisa de los federales atrapó a Jorge Eliécer Rodríguez, en la antesala de la adivinadora Madame Marlene Ballesteros, la famosa "Pitonisa de Cali".[20] En agosto, solo tres meses después que vino Palabra de Dios a los intercesores, las autoridades colombianas habían capturado a todos los siete líderes del cartel que estaban en la mira: Juan Carlos Armínez, Phanor Arizabalata, Julián Murcillo, Henry Loaiza, Jose Santacruz Londono y los fundadores Gilberto y Miguel Rodríguez.

Claramente aguijoneado por estos asaltos a su base de poder, el enemigo dio un golpe a los intercesores. En lo más alto de la lista estaba el pastor Julio Cesar Rubial, un hombre cuyo ayuno disciplinado y fe inamovible seriamente erosionaban su cuartel de maniobras.

El 13 de diciembre de 1995 Julio entró en la ciudad con su hija Sarah y un chofer. Al ver que llegaba tarde a la reunión de pastores en la Iglesia Presbiteriana, le hizo un gesto al conductor para que se detuviera a un costado para bajar:

– Nos dijo que lo dejáramos allí –recuerda Sarah–, y esa fue la última vez que lo vi.

Fuera de la iglesia un tirador lo esperaba en una emboscada. Llevaba un arma escondida: el asesino descargó dos balas en el cerebro de Julio, a quemarropa.

– Estaba esperando que llegara a la reunión –recuerda Roosevelt–. A las 14:00 recibí una llamada telefónica. El hombre dijo: "Acaban de matar a Julio". Le contesté: "¿Qué? ¿Cómo pueden matar a un pastor?" Salí a toda velocidad, pensando que tal vez solamente estaba herido. Pero cuando llegué al lugar, estaba inmóvil. Julio, el ruidoso, el activo, el hombre que jamás se quedaba quieto, estaba simplemente tirado allí como un bebé.

– Lo primero que vi fue un charco de sangre rojo carmesí –recuerda Ruth–, y el versículo que vino a mi mente fue Salmo 116:15: *"Estimada es a los ojos de Jehová la muerte de sus santos"*. Sentada cerca del cuerpo de Julio, supe que me encontraba en tierra santa. Tenía que decidir cómo iba a manejar esta circunstancia. Una opción era responder con amargura, no solamente hacia el hombre que había hecho esto tan terrible, sino también contra Dios. Él había sido, después de todo, quien había permitido la muerte temprana de mi esposo, el padre de mis hijas y el pastor de mi iglesia. Julio nunca llegaría a ver realizada su visión para la ciudad. Mi otra posibilidad era descansar en los propósitos redentores del Espíritu Santo, darle una oportunidad para que hiciera algo duradero y maravilloso con esta situación. Mirando a Julio simplemente dije: "Señor, no entiendo tu plan, pero estoy bien en mi alma".

Julio Rubial fue asesinado en el sexto día de un ayuno cuyo propósito era reforzar la unidad de la inestable iglesia de Cali. Él sabía que aunque se había producido un progreso en la zona, no había sido suficiente. Sabía que la unidad es algo frágil. Lo que no podría jamás haberse imaginado es que el fruto de su ayuno se pondría de manifiesto en su propio funeral.

Conmocionados, y luchando para entender los propósitos de Dios ante esta tragedia, mil quinientas personas se reunieron en el funeral de Julio. Entre ellos había pastores que no se había hablado durante meses. Al finalizar el memorial estos hombres se reunieron aparte y dijeron:

– Hermanos, hagamos un pacto para caminar en unidad desde este día en adelante. Que la sangre de Julio sea el pegamento que nos una en el Espíritu Santo.

¡Resultó! En la actualidad este pacto de unidad ha sido firmado por cerca de doscientos pastores, y sirve de columna vertebral para las vigilias de oración de alto perfil de la ciudad. Con el ejemplo de Julio en sus corazones, han sometido sus propios planes a una visión más amplia, en común, para toda la ciudad.

Al tomar coraje por ese momento espiritual, los líderes de la iglesia de Cali ahora tienen concentraciones de oración de toda la noche cada noventa días. El entusiasmo es tal que estos gloriosos eventos se han tenido que cambiar al edificio más grande de la ciudad, el Estadio de Fútbol Pascual Guerrero, de cincuenta y cinco mil asientos.[21] Felizmente –o no, según como se vea el caso– la demanda de asientos continúa superando la oferta.

En 1996 Dios guió para que muchas iglesias se unieran en una campaña de mapeo espiritual. A fin de obtener la perspectiva de Dios sobre su ciudad, comenzaron a reunir información sobre fortalezas políticas, sociales y espirituales específicas en cada una de las veintidós zonas administrativas de Cali, una escena que recordaba a los cuarenta y un clanes hebreos que alguna vez reedificaron los muros de Jerusalén. Los resultados, unidos como paneles sobre una manta de retazos, le dieron a la iglesia un cuadro sin precedentes de los poderes que obraban en la ciudad.

– Con este conocimiento –explicó Randy–, nuestra intercesión unificada se volvió enfocada. Al orar con términos específicos, comenzamos a ver cómo el enemigo soltaba en forma dramática las fortalezas en nuestros vecindarios.

– Unas pocas semanas después utilizamos nuestros conocimientos de mapeo espiritual para dirigir grandes caravanas de oración que atravesaron Cali. La mayoría de los doscientos cincuenta automóviles establecieron un perímetro de oración alrededor de la ciudad, pero unos pocos desfilaron delante de las oficinas del gobierno o las mansiones de prominentes líderes del cartel. Mi propia iglesia se concentró en las oficinas centrales del millonario señor de la droga, José Santacruz Londono, que había escapado de la prisión llamada La Picota, de Bogotá, en enero.[22] Su hacienda estaba ubicada solamente a cuatro cuadras de mi casa. Al día siguiente escuchamos ¡que había sido asesinado en un enfrentamiento con armas por la policía nacional en Medellín!"[23]

En compañerismo con el Espíritu Santo, los cristianos de Cali han tomado control efectivo de la ciudad. Lo que hizo que este compañerismo resultara son las mismas cosas que siempre atraen la presencia del Señor: corazones santos, relaciones correctas e intercesión ferviente.

– Dios comenzó a cambiar la ciudad –de acuerdo a Ruth Rubial–, porque su pueblo finalmente se unió en oración.[24]

Cuando el Reino de Dios descendió sobre Cali, una nueva apertura al evangelio podía sentirse en todos los niveles de la sociedad, incluyendo los educados y ricos. Un hombre, Gustavo Jaramillo, negociante muy rico y anterior alcalde, me dijo:

– Es fácil hablar de Jesús con las clases más pudientes. Son respetuosos y tienen interés.

Otro exitoso hombre de negocios de Cali, Raul Grajales, agrega que el Evangelio ahora es visto como práctico antes que religioso. Como consecuencia, dice:

– Muchas personas de alto nivel han venido a los pies de Jesús.

Durante mi visita a Cali, en abril de 1998, tuve el privilegio de encontrar a varios prominentes convertidos, incluso a Mario Jinete, un abogado muy reconocido, personalidad de los medios y orador motivacional. Luego de buscar la verdad en la masonería y varios sistemas de la Nueva Era, finalmente ha vuelto al hogar, a Cristo. Cinco minutos después de comenzar nuestra entrevista Jinete se quebró. Con su cuerpo tembloroso, este brillante abogado, quien había enfrentado con gran coraje a algunas de las más corruptas y peligrosas figuras de Latinoamérica, sollozaba intensamente:

– He perdido cuarenta años de mi vida –lloraba sobre su pañuelo–. Mi deseo ahora es subordinar mi ego, para encontrar mi camino a través de la Palabra de Dios. Quiero entregarme a los planes que Cristo tiene para mí. Quiero servirlo.

Un crecimiento explosivo de la iglesia es una de las consecuencias visibles de los cielos abiertos sobre Cali. Si uno pide a los pastores que definan su estrategia, responden:

– No tenemos tiempo para planificar. Estamos demasiado ocupados sacando las redes y poniéndolas sobre el barco.

Y los números están aumentando. A principios de 1998 visité una comunidad, Centro Cristiano de Amor y Fe, donde la asistencia se ha elevado a cerca de treinta y cinco mil. Aún más, el estratosférico porcentaje de crecimiento es alimentado enteramente por los nuevos conversos. A pesar de las medidas enormes del edificio –fue un depósito de una gran firma, Costco– aún así se ven forzados a tener siete servicios los domingos. Mientras miraba el enorme santuario lleno, estallé con la pregunta occidental estándar: "¿Cuál es su secreto?" Sin dudar, un miembro de equipo de la iglesia señaló al cuarto de veinticuatro horas de oración que se encuentra inmediatamente detrás de la plataforma:

– Ese es nuestro secreto –contestó.

Muchas de las otras iglesias de Cali también experimentan un crecimiento robusto, y la afiliación denominacional y la ubicación tienen muy poco que ver. La pesca es buena para todos y es buena a lo largo de toda la ciudad. Mi conductor, Carlos Reynoso –no es ese su nombre real– quien antes era un pasador de drogas, dijo así:

– Hay hambre de Dios en todas partes. Puede verse en los ómnibus, en las calles y en los cafés. A cualquier lado que uno va la gente está dispuesta a hablar.

Aún los evangelistas callejeros espontáneos dan informes de múltiples conversiones diarias, casi todas son el resultado de encuentros no previstos.

Aunque el peligro aún está al acecho en esta ciudad de casi dos millones de personas, Dios ahora es visto como un protector. Cuando la policía de Cali desactivó un enorme coche bomba de ciento setenta y cuatro kilos en la superpoblada zona de San Nicolás, en noviembre de 1996, muchos observaron que el incidente sucedió justo veinticuatro horas después de que cincuenta y cinco mil cristianos tuvieron su tercera vigilia. Aún *El País* tituló: "Gracias a Dios, no explotó".[25]

Los guerreros de oración de Cali se sintieron gratificados, pero lejos están de terminar. Al mes siguiente los oficiales de la iglesia, molestos por el creciente libertinaje asociado con la *Feria* de la ciudad, un festival de fin de año acompañado de diez días de corridas de toros y fiestas explosivas, hicieron planes para tener adoración pública y campañas evangelísticas.

– Cuando nos acercamos a la ciudad con esto –Marcy recuerda–, Dios nos dio gran favor. El secretario de la ciudad no solamente nos aseguró el uso gratuito del velódromo que cuenta con veintidós mil asientos –un estadio para ciclismo– sino que lanzó publicidad sin cargo y apoyo en seguridad y sonido. ¡Quedamos asombrados! Lo único que pidieron las autoridades fue que las iglesias oraran por el Intendente, la ciudad y los ciudadanos.

Una vez comenzado, el testimonio callejero y las concentraciones trajeron inmensos resultados de almas. Pero aún una sorpresa mucho mayor sucedió durante el servicio final que, según cuenta Marcy, tuvo como tema el Espíritu Santo "reinando sobre todo" y "descendiendo como lluvia" sobre la ciudad de Cali. Mientras la multitud cantaba, comenzó a caer una llovizna afuera, algo excesivamente extraño en el mes de diciembre.

– En pocos momentos –recuerda Marcy–, la ciudad estuvo inundada por una lluvia tropical torrencial. No paró en veinticuatro horas, y por primera vez desde el tiempo que se recuerda, ¡los eventos de la *Feria* tuvieron que ser cancelados!

La tarde del 9 de abril de 1998, tuve el privilegio distintivo de asistir a la vigilia de toda la ciudad en el estadio de Cali, Pascual Guerrero; no fue nada pequeño, aún ante los ojos de la prensa secular. Durante los días precedentes a la vigilia los diarios locales habían estado llenos de historias relacionadas a los profundos cambios que se habían establecido sobre la comunidad. Los informativos de la noche miraban directamente a la cámara y alentaban a los televidentes, cualquier fuera su fe, a asistir al evento de toda la noche.

Cuando llegué al estadio, con noventa minutos de anticipación, descubrí que ya estaba lleno. Podía sentir mi cabello erizado cuando caminaba hacia el interior del campo para grabar un informe para la cadena de noticias de la CBN. En los tablones, cincuenta mil adoradores exuberantes estaban de pie listos para atrapar el fuego del Espíritu Santo. Unos quince mil que llegaron "retrasados", tuvieron que volverse desde las puertas del Coliseo. Intrépidos, formaron una marcha de adoración improvisada que rodeó el estadio durante horas.

Los equipos de adoración de varias iglesias estaban ubicados a intervalos de quince metros alrededor de las pistas de carrera. Los que danzaban vestidos con hermosas ropas blancas y púrpura, interpretaban la música con movimientos agraciados, acentuados por los estandartes, panderos y banderas. Tanto ellos como su ciudad habían sido liberados de una gran carga. Y en esas circunstancias uno no celebra como presbiteriano, bautista o pentecostal; uno celebra ¡como alguien que ha sido liberado!

A juzgar por la energía que circulaba en los tablones, estaba seguro que los celebrantes no tenían ninguna intención de vender su emancipación por nada. No estaban allí para alentar a un equipo campeón de fútbol o para absorber la sabiduría y capacidad de un orador cristiano de gran renombre. Su solo objetivo en esta tarde en particular era ofrecer una adoración desde el corazón, y pedir que Dios continuara la maravillosa obra que había hecho en su ciudad durante treinta y seis meses consecutivos.

– Lo que usted ve esta noche en este estadio es un milagro –declaró el pastor Colin Crawford, de visita en Bogotá–. Hace unos pocos años hubiera sido imposible que los evangélicos se reuniera así. Sin dudas, esta ciudad ha tenido una larga reputación como exportadora de muerte; ahora, en cambio, es mirada como modelo de transformación de una comunidad. Se ha cambiado al negocio de exportar esperanza.

En lo alto en la oficina de prensa del estadio alguien apretó mi brazo. Haciendo un gesto en dirección a un hombre vestido con ropa deportiva que estaba en el puesto de transmisión, susurró:

– Aquel hombre es el locutor deportivo más famoso de Colombia. Transmite todos los campeonatos.

Luego de una breve presentación, me enteré que Rafael Araujo Gámez también es un cristiano nacido de nuevo. Mientras miraba a la ferviente multitud, le pregunté si alguna vez había visto algo comparable en este estadio. Igual que Mario, comenzó a llorar.

– Nunca –dijo mientras le temblaba la barbilla–. Nunca jamás.

A las 02:30 mi cameraman y yo nos dirigimos a través de un túnel del estadio para irnos al aeropuerto. Fue un experimento de salida. En el portón del frente las multitudes que aún trataban de entrar nos miraron como si fuéramos locos. Podía casi leer sus mentes: "¿A dónde van? ¿Por qué dejan la presencia de Dios?" Eran preguntas duras de responder.

Mientras nos preparábamos para entrar en nuestro vehículo un rugido salió del estadio. Al prestar más atención, podíamos escuchar a la gente cantar, en inglés: *"Exalten a Jesús, exalten a Jesús"*. Las palabras parecían hacer eco atravesando la ciudad entera. Tuve que pellizcarme. ¿No era hace solamente treinta y seis meses este lugar el que la gente llamaba un violento, corrupto agujero del infierno? ¿Una ciudad cuya alianza ministerial consistía de una caja de archivos que nadie quería?

Al finalizar 1998 el intendente de Cali y el Consejo de la ciudad se acercaron a la alianza ministerial con un ofrecimiento, para hacer una campaña de toda la ciudad, con la intención de fortalecer a las familias. El ofrecimiento, que fue aceptado, les da a los cristianos una libertad de operación completa y ninguna obligación financiera. El gobierno ha aceptado abrir el estadio de fútbol, el campo de deportes y el velódromo, a cualquier seminario o evento de oración que pueda ministrar a las familias destruidas.

UN FENÓMENO GLOBAL

Tan notables como son los relatos precedentes representan, sin embargo, una fracción de los estudios de caso que podrían ser presentados. Varios otros valen la pena mencionar brevemente.

Al tope de esta lista está Kiambu, Kenia, que en cierta época fue un cementerio de ministros, ubicado a 14 kilómetros al noroeste de Nairobi. A fines de 1980, luego de años de licencioso abuso de alcohol, violencia sin límites y extremada pobreza, el Espíritu de Señor fue convocado a Kiambu por un puñado de intercesores que tenían como base de operaciones un almacén conocida como "La cueva de oración de Kiambu".

De acuerdo con el pastor de Kenia, Thomas Muthee, la verdadera apertura se produjo cuando los creyentes ganaron un encuentro de alto perfil con la bruja local llamada Mama Jane. Mientras que hubo un tiempo en que la gente estaba atemorizada de salir afuera por la noche, ahora disfrutan de uno de los porcentajes más bajos de delincuencia en el país. Prácticamente no se escucha de ninguna violación o asesinato. La economía también ha comenzado a crecer. Y nuevos edificios surgen por toda la ciudad.

En febrero, el pastor Muthee celebró el noveno aniversario en Kiambu. A través de la investigación y la guerra espiritual, ha visto crecer a su iglesia hasta llegar a cinco mil miembros, un crecimiento notable en una ciudad que nunca antes habían visto una congregación de más de noventa personas. Y otras congregaciones de la comunidad están creciendo del mismo modo.

– No hay dudas –declara Thomas– que esa oración quebró el poder de la hechicería sobre esta ciudad. Todos en la comunidad ahora tienen un alto respeto por nosotros. Saben que el poder de Dios echó a Mamá Jane fuera de la ciudad.[26]

La ciudad de Vitoria da Conquiste (Victoria de la Conquista) en el Estado de Bahía, en Brasil, del mismo modo, ha experimentado un poderoso mover de Dios desde la mitad de 1990. Tal como con otras comunidades transformadas, se ha recuperado en forma grandiosa de la extrema pobreza, violencia y corrupción.

Victoria de la Conquista también fue un lugar donde los pastores pasaban más tiempo en el púlpito desautorizando a sus colegas en el ministerio, que predicando la Palabra. Desesperados por ver un cambio, los intercesores locales fueron a orar. Dentro de unas semanas cayó convicción sobre los líderes de las iglesias. A fines de 1996 se reunieron para lavarse los pies unos a otros, con un espíritu de arrepentimiento. Cuando se acercaron al pastor más anciano de la comunidad –un hombre que había estado entre los más críticos– se negó a que sus colegas le lavaran los pies. Dijo que no era merecedor de este trato, y en lugar de eso se quedó postrado en el suelo, e invitó a los otros a que pusieran sus pies sobre su cuerpo mientras él les pedía perdón. Actualmente los pastores de Victoria de la Conquista están unidos por el deseo de una visitación completa del Espíritu Santo.[27]

Además de que fue levantada la opresión espiritual de larga data sobre la ciudad, esta acción también ha llevado a un crecimiento sustancial de la iglesia. Recientemente muchas congregaciones han pasado a tener servicios múltiples. Aún más, los votantes en 1997 eligieron a un hijo de padres evangélicos para que sirviera como intendente. La delincuencia ha caído precipitadamente, y la economía ha tomado una nueva fuerza en la exportación record de café e inversiones significativas del Banco Northeast.

Ed Silvoso, de Evangelismo de Cosecha Internacional, informa sobre crecimientos similares en San Nicolás, Argentina, una comunidad económicamente deprimida que durante años vio a las iglesias dividirse y a los pastores morir en circunstancias trágicas. De acuerdo con Silvoso, este manto de oscuridad vino por la Basílica de adoración de la Reina de los Cielos que anualmente atrae a un millón y medio de peregrinos.

Más recientemente, los pastores se han arrepentido por el pecado de la Iglesia y han lanzado caminatas de oración a través de toda la comunidad. Han hablado paz sobre cada hogar, escuela, negocio y estación de policía, e hicieron intercesión concentrada sobre diez "puntos oscuros" asociados con la hechicería, pandillas, prostitución y drogadicción. Los pastores también han hecho citas con los líderes políticos, de los medios y oficiales religiosos –católicos– para arrepentirse por rechazarlos y algunas veces maldecirlos.

Como resultado de estas acciones, el obispo católico está predicando a Cristo y concurre a las reuniones de oración de los pastores. El intendente ha otorgado un espacio en el Palacio Municipal para que los pastores oren por la ciudad. El diario local imprimió literatura cristiana. La estación de radio ha comenzado a derivar a las personas que llaman con problemas al servicio pastoral de capellanía. La estación de TV invita a los pastores a programas en vivo para que oren por las personas. Resumiendo: el clima en San Nicolás ha cambiado.

En otras partes del mundo Dios ha obrado en las siguientes aldeas: Navapur, India; Serawak, Malasia (los Selakau); y el Ártico de América del Norte; en los vecindarios urbanos: Ciudad de Guatemala; Sao Paulo, Brasil; Resistencia, Argentina; Guayaquil, Ecuador, y aún en países, como Uganda. Los Estados Unidos han sido testigos del toque especial de Dios en lugares tan distantes como la ciudad de Nueva York (Times Square); Modesto, California; y Pensacola, Florida.

En los comienzos de mi ministerio nunca pensé investigar sobre comunidades transformadas. Estaba demasiado preocupado con otras cosas. En días recientes, sin embargo, me he persuadido que algo extraordinario se desarrolla por toda la Tierra. Es, he llegado a darme cuenta, una expresión completa de las dimensiones del Reino de Dios. Encontrar ejemplos de este fenómeno ha transformado mi vida. Y este andar me ha llevado a los rincones más lejanos de la Tierra.

Sin embargo, este libro es más que historias. También es sobre principios y metodologías. Es sobre ayudar a otros a descubrir el camino hacia la transformación de una comunidad. Así que continúe leyendo, amigo, y permita que el Señor lo lleve a algún lado al que nunca ha estado, a algún lugar maravilloso.

Capítulo 2

EL CAMINO HACIA LA TRANSFORMACIÓN DE LA COMUNIDAD

L as comunidades transformadas no se materializan espontáneamente. Si lo hicieran podríamos preguntarnos legítimamente por qué un Dios omnipotente y ostensiblemente amante no hace ese truco más seguido. También nos quedaríamos considerando nuestro propio valor como intercesores.

Afortunadamente, tales pensamientos pueden disiparse inmediatamente. Y es así porque la transformación no es un suceso arbitrario, sino más bien el producto de un proceso de causa y efecto.

Mi seguridad en este aspecto deriva, en primer y principal lugar, de las enseñanzas de las Escrituras. La Palabra de Dios deja claro que la revelación y poder divinos son convocados por los corazones santificados, por las relaciones correctas y la intercesión unida, ferviente y desinteresada (leer 2 Crónicas 7:14; Jeremías 29:13; Juan 15:7; Santiago 5:16; 1 Juan 3: 21-22; 5:14). El pastor Dutch Sheets, de Colorado Springs, agrega que en la era del Antiguo Testamento el fuego de Dios venía en presencia de un altar apropiado y un sacrificio aceptable (leer Éxodo 24; Josué 8:30-31; Jueces 6:17-21; 1 Crónicas 21:25-26; Ezequiel 43:18-27). Para lograr este estándar algunas veces era necesario reconstruir altares destruidos o derribar los falsos (leer Jueces 6:25-26; 1 Reyes 18:30-38: 2 Reyes 23:3-15; Esdras 3:16).

En otras palabras, hay pasos definidos que podemos y deberíamos tomar para poner a nuestras comunidades en situación para una visitación del Espíritu Santo. Y si los pasajes mencionados anteriormente no son razón suficiente para creer esto, usted podría querer considerar evidencias recientes que muestran al pueblo de Dios que actúa sobre esta proposición con gran éxito. Lo sé porque he pasado varios de los últimos años analizando más de una docena de comunidades recientemente transformadas, incluyendo aquellas cuyo perfil mencionamos en el capítulo anterior.

IDENTIFIQUEMOS LOS HILOS COMUNES

Los estudios de casos de transformación son mucho mejor considerados en forma colectiva. Una historia aislada, más allá de lo notable o inspiradora que pueda ser, inevitablemente viene junto con una pregunta recurrente: ¿Será posible reproducirla? Nunca estamos del todo seguros.

Sin embargo, si se encuentra diez o doce veces con la misma historia, su confianza aumentará. Tiene entonces un modelo fijo, y los modelos son apelativos. Si les agregamos principios reproducibles, los modelos transforman a las historias inspiradoras en modelos potentes.

Mi propia investigación sobre los factores responsables de las comunidades transformadas ha producido varios "súper" resultados. Estos incluyen, pero no se limita a los siguientes cinco estímulos:

1. Liderazgo perseverante (leer Nehemías 5:1-16)
2. Oración ferviente, unida (leer Jonás 3:5-10)
3. La reconciliación social (leer Mateo 5:23-24; 18:15-20)
4. Encuentros públicos de poder (leer Hechos 9:32-35)
5. Investigación de diagnóstico/mapeo espiritual (leer Josué 18:8, 10).

Aunque cada uno de estos factores es lo suficientemente recurrente para ser considerado algo común, dos de ellos –liderazgo perseverante y oración ferviente unida– están presentes en *todos* los casos de transformación que hemos estudiado. Esta observación sugiere una posible distinción entre *factores centrales* y *contextuales*. Los centrales, dada su ubicación, aparentemente inician –o al menos son señal– de la participación divina. La transformación de la comunidad simplemente no sucede, a menos que estos estén presentes. Los factores contextuales, por otro lado, son medidas encomendadas por Dios sobre la base de la historia local, los hábitos e ideología[1]. Son únicos y un toque adicional que transforma lo potencial en victoria.

Con esta distinción en mente, quiero dar una mirada más detenida a los dos factores centrales de nuestra lista. Si ellos sin duda juegan un rol central en la transformación de la comunidad, me parece prudente que sepamos más al respecto.

LIDERAZGO PERSEVERANTE

Determinados líderes se destacan en el relato de Las Escrituras. Noé pasó décadas construyendo un arca enorme mientras sus vecinos se burlaban de él como de un necio excéntrico. Nehemías reconstruyó los muros de Jerusalén enfrentando amenazas persistentes de parte de Sambalat. Jesús ignoró las protestas de amigos bien intencionados para poder entregar su vida en el Calvario.

Por lo tanto, no debería sorprendernos que los líderes catalizadores asociados con recientes transformaciones de comunidades, también hayan batallado a través de una intensa oposición. Exhibiendo una característica que yo llamo *activismo determinado,* estos agentes de cambio espiritual se han negado a aceptar algo menor a lo máximo de Dios, aún cuando la presión haya venido de los miembros de su familia o ministros colegas.

Cuando las cosas se pusieron difíciles para el pastor/evangelista Robert Kayanja, durante su ministerio de transformación en un vecindario peligroso de Kampala, Uganda, sus propios padres estuvieron entre los que le exigían salir de allí.

– Dios quiere salvar a estas personas –le decían–, pero Él no quiere que tú mueras durante el proceso.

El ministerio activo cristiano en la ciudad de Cali, lo supo de una manera muy fuerte. Cuando el pastor Julio César Rubial fue asesinado a tiros en diciembre de 1995, los amigos bien intencionados empujaban a su viuda a dejar la ciudad antes de que ella corriera la misma suerte. Ignorando este consejo –y las persistentes amenazas de muerte– ella se transformó en un punto de fortalecimiento para los pastores de la ciudad.

Otras advertencias han tenido que ver con percepciones sobre actitudes de indiferencia o medios apropiados para ministrar. En Kenia, cuando Thomas Muthee anunció que iba a plantar una iglesia en Kiambu, sus colegas del ministerio lo único que le preguntaron fue "¿Cómo vas a hacer?" Un pastor de la zona directamente declaró:

– La gente no se salva. Predicamos, pero no responden.

Sin dejarse persuadir por estas declaraciones, Thomas continuó adelante y fundó la iglesia más grande de la historia de Kyambu.

Ya sea que veamos a estos activistas determinados como instrumentos de la soberanía divina, o como imanes para una divina intervención, su rol es obviamente decisivo en el proceso de la transformación de la comunidad. En cada caso su fe, sin dudas, demostrada por una oración incesante y un compromiso persistente con la comunidad, llevó a resultados dramáticos. Y mientras esto puede sorprendernos como algo extraordinario, ha sido durante mucho tiempo la promesa y el modelo de la Escritura.[2]

ORACIÓN UNIDA

El segundo factor central en la transformación de la comunidad, es la oración ferviente, conjunta. En cada uno de nuestros casos de estudio expuestos, la apertura se produjo cuando los intercesores mencionaron intereses específicos e hicieron causa común. Muchos de los esfuerzos de estos grupos tomaron una identidad única. En Cali, sesenta mil intercesores tuvieron vigilias de toda la noche de duración y rodearon la ciudad en caravanas móviles de oración. En Kampala, los guerreros de oración que unieron sus manos se refirieron a su disciplina diaria como "El muro de los lamentos". En Kiambu, los creyentes pedían a Dios desde el sótano de un comercio que lanzaron como la "Caverna de oración". El éxito los llevó a subsiguientes campañas de intercesión tales como "Gloria de la mañana" y "Operación tormenta de oración".[3]

En diciembre de 1995 el evangelista pakistaní Javed Albert estableció una rutina que llama "Noches en espera", para oponerse a poderosas influencias demoníacas asociadas con peregrinajes a los altares y brujería.[4] Estas oraciones y vigilias de alabanza comienzan los jueves y sábados a las 21:00, y continúan hasta el amanecer. Debido a que los participantes se quedan durante todo el encuentro, también son llamadas "Reuniones de los que se quedan". El programa, que comenzó en la modesta iglesia de Alberto en Faisalabad, desde entonces se ha extendido a veinticinco ciudades, y aumentó a cuatro mil personas.

La oración unida es una declaración a los cielos de que la comunidad de creyentes está preparada para tener compañerismo divino. Esta intercesión de bienvenida unida al conocimiento, se transforma en enfocada y orientadora, y es el sustento para el tipo de oración ferviente que produce resultados.

TRES NIVELES DE PROGRESIÓN

Los recientes casos de estudio sugieren que el camino a la transformación de la comunidad pasa a través de tres niveles distintivos y medibles (vea la Figura 2.1). Esto incluye:

1. *Cabeceras de playa espirituales,* una fase inicial en que los creyentes vivificados entran en oración conjunta.

2. *Apertura espiritual,* intervalo subsiguiente caracterizado por un crecimiento rápido y sustancial de la iglesia.

3. *Transformación espiritual,* un período con un ambiente que produce una renovación dramática a nivel socio-político.

El CAMINO A LA TRANSFORMACIÓN DE LA COMUNIDAD

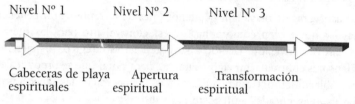

Nivel N° 1   Nivel N° 2   Nivel N° 3

Cabeceras de playa   Apertura   Transformación
espirituales   espiritual   espiritual

Figura 2.1

Fácilmente podríamos agregar a esta lista un cuarto nivel llamado *mantenimiento espiritual,* al que se entra cuando cualquier comunidad que haya sido liberada pone su atención en la tarea de preservar las victorias ganadas arduamente. Para los líderes cristianos esto significa continuar defendiendo las cosas que atraen la presencia de Dios: unidad, oración, humildad y santidad. Para los políticos, periodistas, hombres de negocios y educadores nacidos de nuevo, esto significa perpetuar los valores del Reino a través de las instituciones en las cuales sirven.

El ideal es que la transformación espiritual permanezca como una condición constante. Desafortunadamente, la historia muestra que el florecer del avivamiento –para utilizar una definición libre del término– dura un promedio de tres años.[5] Existen las excepciones –el avivamiento de la Argentina ha durado más de quince años– pero estos son pocos y no tan frecuentes.

– El éxito –según las palabras del pastor de Kenia Thomas Mutheeno es dónde comienza, sino dónde sigue. Es fácil levantar sus manos. Difícil es mantenerlas así.

Mi meta inmediata, sin embargo, no es extenderme sobre el tema del mantenimiento de las comunidades transformadas –esto llegará también a su tiempo– sino examinar el proceso para lograrlas. Como todos los verdaderos campeones han aprendido, solamente podemos mantener lo que primero obtenemos.

Comenzaremos nuestro andar investigando el rol de las cabeceras de playa espirituales. ¡Por favor, preste atención! La mayor parte de las más altas esperanzas se han estrellado aquí antes que en ningún otro lugar del camino hacia la transformación de la comunidad. Es durante este nivel inicial que deberá construir la atmósfera espiritual necesaria que lo hará superar montañas de apatía, orgullo e incredulidad.

ESTABLEZCAMOS CABECERAS DE PLAYA ESPIRITUALES

Las cabeceras de playa son pequeños lotes de terreno –con frecuencia playos– que sirven como zonas de estacionamiento para las fuerzas militares de invasión. Debido a su potencial estratégico, los ejércitos defensores contraatacan vigorosamente para evitar que se produzca este establecimiento. Como consecuencia, la mayoría de las cabeceras de playa son aseguradas a un costo muy alto.

Un ejemplo de este riguroso precio se ve en la secuencia de apertura de la aclamada película de Steven Spielberg sobre la Segunda Guerra Mundial, *Salvando al soldado Ryan*. Mientras cientos de jóvenes tocan las playas de Normandía, sufren el incesante fuego de los alemanes. La mayoría muere en el fuerte oleaje, y mientras sangran dan un nuevo significado al término "marea roja". Un mortal cóctel de alambres de púa, ametralladoras, minas enterradas y la artillería 88 de los alemanes espera a los pocos "afortunados" que logran llegar a las costas.

Cuando el personaje de Tom Hanks alcanza un punto de recuperación para las fuerzas, detrás de una protectora pared de concreto, se vuelve a un camarada y le pregunta:

– Sargento Horvath, ¿sabe dónde estamos?

Después de una pausa, Horvath responde:

– Exactamente dónde se supone que estemos, pero nadie más está.

Desde esta desdichada, humeante posición, una banda de andrajosos y bravos soldados va a establecer una de las más famosas cabeceras de playa de la historia militar. Cuando Spielberg vuelve a traer a la audiencia a esta tierra santa, pocas escenas después, está limpia de cuerpos y barricadas. En lugar de eso, hasta donde el ojo alcanza a ver, se encuentra la ordenada formación de cientos de barcos. Aún para el observador incidental es imposible no entender la importancia de estas infinitas líneas de ayuda. La liberación de Europa había comenzado.

Las cabeceras de playa también pueden ser establecidas en la dimensión espiritual. Al igual que su contrapartidas en el mundo material, estas áreas de establecimiento son la obra de guerreros, en este caso intercesores y evangelistas cuyo máximo propósito es lanzar asaltos para abrir paso en medio de las fortalezas enemigas.

Mientras que las cabeceras de playa pueden ampliarse rápidamente con hombres y materiales, sus ocupantes iniciales son pocos. Algunas cabeceras de playas espirituales han sido establecidas por apenas un puñado de intercesores. La transformación de Hemet, California, comenzó con doce hombres que oraron durante toda una noche en una cabaña en la montaña. El esfuerzo del plantado de iglesias en el "Beirut de Kampala" comenzó con cinco guerreros de oración. Thomas Muthee estableció la cabecera de playa en Kiambu, Kenia, solamente con una compañera, su esposa, Margaret. En cada uno de estos casos, los temores interiores, el fuego enemigo y la apatía pública disminuyeron dramáticamente las filas de guerreros espirituales tomadores de colinas, constructores de campamentos.

Aunque este modesto nivel de participación aparenta ser incompatible con las características básicas de las cabeceras de playa –fundamentalmente la oración unida– tres cosas hay que tener en mente. Primera, la población de las cabeceras de playa tiende a aumentar con el tiempo. Los recorridos hacia la apertura rara vez son lanzados antes de que se hayan acumulado suficientes tropas. Segunda, en algunos casos aún un modesto grupo de intercesores pueden representar un alto porcentaje de la iglesia. Eso es especialmente cierto en zonas de frontera o de baja densidad de iglesias. Tercera, la oración unida tiene más que ver con actitudes del corazón que con movimientos masivos.

Como Jesús le recordó a sus discípulos en Mateo 18:19-20, la presencia y poder de Dios se manifiestan aún si solamente dos o tres creyentes se ponen de acuerdo en oración (ver también Eclesiastés 9:14-15).

Si los números no son esenciales para tener exitosas cabeceras de playa de intercesión, la pasión espiritual lo es. Los creyentes que desean preparar a su comunidad para que sucedan aperturas espirituales, deben derramar sus corazones y almas en el esfuerzo. A menos que la iglesia se consuma con un deseo ardiente por la visitación divina, la oración unida se transformará meramente en otro proyecto.

Al enseñar sobre este tema por todo el mundo, la gente con frecuencia me pide que les dé ejemplos de genuinas cabeceras de playa espirituales. A pesar de las historias inspiradas de aperturas y comunidades transformadas, los énfasis orientados a los resultados de estos relatos algunas veces oscurecen los importantes detalles formativos.

Las buenas noticias son que las cabeceras de playa espirituales contemporáneas abundan; simplemente no espere uniformidad. Depende del momento de desarrollo en que se encuentren, pueden tener una apariencia bastante diferente (vea la Figura 2.2).

CABECERAS DE PLAYA EN NIVELES INICIALES Y POSTERIORES

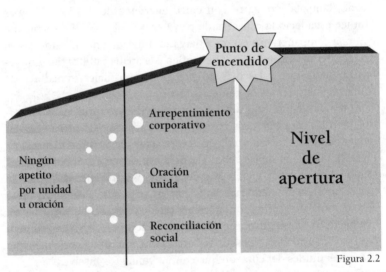

Figura 2.2

Las iniciativas recientes son típicamente pequeñas, sin mayor publicidad, cuando un puñado de intercesores dedicados buscan estimular un hambre renovada por unidad, santidad y oración, especialmente entre los pastores de la comunidad. Las dificultades aquí son enormes. Sin un apetito en aumento por las cosas que atraen la presencia del Espíritu Santo, las aperturas evangelísticas –aparte de la transformación de la comunidad– simplemente no sucederán.

Los constructores de cabeceras de playa exitosas están contentos con su rol como actores secundarios. No tienen hambre de marquesinas. Esta característica, sin embargo, no debería ser malinterpretada como indiferencia. Los intercesores fundadores también están apasionados por hacer lo que sea necesario para preparar a sus comunidades para la visitación divina. Su petición incesante es que Dios reemplace el hambre de pajarito que tiene la iglesia, por la oración y la unidad por un hambre de famélicos.

Las cabeceras de playa posteriores, por contraste, casi siempre se caracterizan por un intenso y profundo arrepentimiento corporativo, reconciliación social y oración unida. En muchas instancias estos avances son sustentados por información adquirida a través de campañas de mapeo espiritual realizadas en colaboración.

Dado la enorme energía desplegada durante el último nivel de cabeceras de playa, los observadores han comparado esta época a un rugiente cohete, justo en el momento anterior a su lanzamiento. Otros se refieren a estos días estimulantes como "la ardua labor" que necesariamente precede al nacimiento de una nueva era.

Las malas noticias son que muy pocas cabeceras de playa espirituales duran jamás lo suficiente para ser conscientes de su potencial como terrenos de alimento de los avivamientos. La mayoría comienza con buenas intenciones y luego se desinfla.

Entre otras razones comunes para este desgaste, están el liderazgo débil y la tendencia a hacer de la unidad un fin en sí mismo. Los pastores se reúnen para orar, pero sus encuentros con frecuencia carecen de pasión. Eso es así porque el énfasis está puesto en la asamblea corporativa antes que en la visión corporativa. Tratan de atraer la mayor cantidad posible de participantes de distintas facciones, y crean un medio ambiente en el cual proliferan como hongos los planes y agendas personales. Al fin la unidad es aplastada por la cordialidad. Incapaz de lograr una visión común, se quedan conformes con tener un lugar en común.

Felizmente, existen excepciones a esta tendencia. En la ciudad de Oklahoma, por ejemplo, más de la mitad de los líderes espirituales de la comunidad se reúnen mensualmente para pedir a Dios por una apertura espiritual. Un catalizador principal de esta oración y ayuno concentrado, fue el bombardeo del edificio federal Murrah, que se cobró ciento sesenta y ocho vidas. Luego de este trágico suceso la fuerza de oración intercesora de la ciudad creció de nueve a más de ciento cuarenta pastores y ministros líderes.

Otro importante acontecimiento sucedió en setiembre de 1996. Mientras los líderes se reunían para un día de oración, Dios les reveló que su recién encontrada "unidad" aún era superficial. No había casi participación de americanos nativos, a pesar de que Oklahoma reúne más de sesenta tribus, y es la segunda población india en extensión en los Estados Unidos. Con una profunda convicción, un creyente americano de profundas raíces en este Estado de "suelo, petróleo y trabajo", se arrepintió públicamente por la manera en que sus ancestros, tanto en el gobierno como fuera de él, habían despojado las tierras que estaban dispuestas para los nativos americanos que fueron desalojados.

Las consecuencias de esta acción dirigida por el Espíritu no se hicieron esperar. Bienvenidos y animados por este gesto público, la asistencia de nativos americanos a estas reuniones mensuales de oración, se triplicaron. Actualmente sus voces se escuchan junto con las de los otros mil doscientos intercesores que han pactado orar por una apertura espiritual en la zona.

≈

LA ORACIÓN UNIDA NO SIEMPRE ES UNÁNIME.
IGUAL PUEDE REUNIRSE UNA MASA ESPIRITUAL
IMPORTANTE, AUNQUE ALGUNOS DE LOS MIEMBROS
DE LA COMUNIDAD DECIDAN NO PARTICIPAR.

≈

Mientras que la reconciliación entre los creyentes, y las iglesias y la comunidad es un catalizador importante para las aperturas a la evangelización, la historia del avivamiento –término que ha sido aplicado tan livianamente en distintas épocas, se aplica tanto a las cabeceras de playa espirituales como a las aperturas espirituales– revela que la unidad general no es tan decisiva. Desde el momento en que los creyentes de diferentes trasfondos y convicciones pueden reunirse, y lo hacen, con una causa común de intercesión sobre temas de avivamiento y aperturas para evangelizar (leer Hechos 1:14), la unidad y la oración unida no son necesariamente sinónimos. En un reciente artículo titulado *"Oración: el catalizador de Dios para el avivamiento"*, Robert Bakke escribió:

En el siglo XVIII el Conde Nicolás Von Zinzendorf reunió a un grupo increíblemente diverso de cristianos –católicos, luteranos, calvinistas, etc.– de toda Europa. Solamente cuando convocó a su comunidad a un estilo de vida de oración conjunta, pudo forjar y sostener su unión como un movimiento único, los moravos.[6]

Sin embargo, debe señalarse que la oración unida no siempre es oración unánime. Igual puede reunirse una masa espiritual importante aún si algunos de los miembros de la comunidad eligen no participar. Este fue ciertamente el caso en la época de Charles Finney. Cuando el gran evangelista lanzó su ministerio en Nueva Inglaterra, hace más de un siglo, muchos clérigos conservadores se opusieron a sus esfuerzos. A pesar de esta vacilación, se movilizó la suficiente intercesión para dar entrada a una de las más dramáticas épocas de transformación de una comunidad en la historia de los Estados Unidos.

LOGREMOS APERTURAS ESPIRITUALES

Mientras que la oración unida es un potente catalizador para el avivamiento, las aperturas evangelísticas que comprenden a toda la comunidad, requieren que la intercesión sea ferviente y también sostenida. Como muchas cosas que comienzan bien, las peticiones que pierden su enfoque o fervor pronto se transforman en sueños imaginarios.

Esto no quiere decir que la oración ferviente es siempre hablada. Dios es un lector de corazones, no de labios (ver 2 Crónicas 30:18-20; Mateo 6:5-8). Cuando le pedía a Dios por la vida de mi hija de dos años, que en 1996 casi se ahoga en un accidente en la pileta de natación, no me detuve para considerar mis palabras. De hecho, no había nada elocuente en mis llantos y lamentos.

Al mismo tiempo, mi oración *era* ferviente. Y era así porque estaba consumido con los detalles del caso. Mientras miraba la carita apagada de mi hija, reconocía cada pequeña línea y curva. Las había registrado en los dos años pasados cada vez que me detenía a darle el beso de las buenas noches. También estaba al tanto de sus dones e idiosincrasias que estaban brotando, y podía recordar cada palabra desatada sobre ella cuando aún estaba en el vientre. Resumiendo, oré intensamente por esta pequeñita porque la conocía a ella –y a la situación que sucedía– íntimamente.

La intercesión comunitaria no es mucho más distinta. Para orar fervientemente por un vecindario debemos familiarizarnos con su historia y características. Y como la realidad con frecuencia está pintada con sombras grises, esto requiere que nos detengamos tanto en los espacios oscuros como en los luminosos. No es suficiente con meramente conocer la comunidad, debemos llegar a estar en relación con ella, aún de manera íntima. El que ama verdaderamente no le importa ver las imperfecciones de su compañero. Sin duda, el fervor es producto de la familiaridad.

Y la perseverancia no es menos importante que el fervor. La historia muestra que las aperturas espirituales con frecuencia son reacciones retrasadas, sus espectaculares fuegos artificiales son el resultado de un enfrentamiento que se ganó meses, o aún años antes. El desafío es mantener los fusibles a punto de encendido.

Dos factores han demostrado ser particularmente efectivos para mantener la intercesión corporativa fervorosa: la revelación progresiva y los resultados positivos.

En el primer caso, las personas son motivadas por los nuevos detalles sobre el caso. La psicología es la misma que lleva a los lectores a través de una buena novela de misterio, o a los que tienen un pasatiempo a través de complicados rompecabezas. En las dos situaciones, los participantes son gratificados con un sentido de expectativa porque habrá una solución final. La solución progresiva no solamente se tolera, sino que se disfruta.

Esta fue realmente la experiencia del equipo de mapeo espiritual que operaba en la Iglesia El Shaddai en la ciudad capital de Guatemala, a principios de 1990. Su misión era identificar los obstáculos del avivamiento en su comunidad. Para realizar esto, los miembros del equipo fueron divididos en tres grupos de trabajo que investigaron respectivamente los factores históricos, físicos y espirituales.

El proceso comenzó cuando Dios guió al equipo histórico a un sitio arqueológico maya. Mientras analizaban los restos antiguos, de pronto quedó claro que sus desafíos a nivel espiritual eran parte de una ancestral continuidad de idolatría y hechicería. En ese preciso momento el equipo encargado de los factores físicos –que había operado en forma independiente– ubicó una casa vacía junto a las ruinas donde se habían practicado rituales de ocultismo. Un tercer equipo, formado por intercesores, recibió una revelación de que el espíritu territorial sobre aquel lugar estaba ligado a uno de los conspiradores, cuyo estilo de vida incluía prácticas idolátricas y ocultas.

Los acontecimientos que siguieron, los cuales el pastor Harold Caballeros describe como "verdaderamente estimulantes", comenzaron cuando el Señor les indicó su intención de dar a conocer la identidad del hombre en el diario de la ciudad, y aún llegó a revelar la fecha y la página en que esa información iba a aparecer. Cuando el equipo finalmente buscó la página correspondiente, quedaron asombrados no solamente de encontrar el nombre del sospechoso, sino también una foto que la exacta descripción física que el Espíritu Santo había dado con anterioridad. "Para culminar –escribe Caballeros– descubrimos que este hombre era también el propietario de la casa vacía donde los rituales ocultos se hacían, ¡justo cruzando la calle frente al sitio arqueológico!"[7]

Dondequiera que los creyentes se unan en el deseo de ver una comunidad transformada por el poder de Dios, el mapeo espiritual puede proveer la revelación con el enfoque que mantiene la oración ferviente y efectiva. Cuando utilizamos esta investigación en la guerra espiritual, Dios tiene la completa libertad para proveer una "puerta abierta" para el ministerio (ver Colosenses 4:2-4).[8] Con frecuencia una apertura evangelística y el crecimiento de la iglesia es lo que sigue.

Las respuestas a la oración ofrecen una motivación igualmente potente para los intercesores corporativos. Tal como la revelación progresiva, los resultados oportunos alientan a aquellos que oran para continuar con aquello que les fue revelado. Además del placer asociado al ver que los cambios deseados echan raíces en las comunidades destruidas, hay un gozo que viene al saber que nuestras palabras han movido al Todopoderoso.

Para encontrar un ejemplo de los resultados que sostienen la intercesión fervorosa no necesitamos ir más lejos que Cali, Colombia. Cuarenta y ocho horas después de la primera vigilia de oración de toda una noche, el diario local *El País* informó de un notable descenso en los homicidios. Las siguientes intercesiones que tuvieron como objetivo la corrupción y el tráfico de drogas llevaron a la destitución de novecientos oficiales de policía ligados con el cartel, y una redada de los principales jefes de la cocaína.[9]

En recientes años tanto Cali como la ciudad de Guatemala han experimentado un crecimiento de la iglesia *de toda la comunidad*, y este es el rasgo que hace auténtica su apertura espiritual. Un crecimiento que está confinado a iglesias individuales, aunque sea deseable de manera general, no es lo mismo. Y es así porque existen muchísimas razones, a falta de la visitación divina, que pueden explicar el aumento en números, incluyendo un liderazgo carismático, un manejo calificado y programas llamativos. Las genuinas aperturas, por otro lado, tienden a extenderse de manera espontánea atravesando fronteras ya sea geográficas, étnicas o denominacionales.

DE LA APERTURA A LA TRANSFORMACIÓN

Dada la impetuosa atmósfera que acompaña las aperturas espirituales, algunos cristianos mal interpretan estas épocas como el clímax de la actividad e intención divinas. Este es un entendible aunque desafortunado error. Porque mientras las aperturas espirituales son por definición logros avanzados, no son de ninguna manera el fin de las ambiciones de Dios para una comunidad (vea la Figura 2.3).

SALIDAS APRESURADAS

Por qué fracasan las cabezas de playa	Por qué terminan las aperturas
• Liderazgo débil	• Mal interpretar las aperturas como si fueran el clímax de la actividad divina.
• Tendencia a hacer de la unidad un fin en sí mismo.	• No percibir la necesidad de un cambio.
Se hace énfasis en la **Asamblea corporativa** antes que en **la visión corporativa.**	Se hace énfasis en el **crecimiento logrado** antes que en **el cambio drástico.**

Figura 2.3

꽃

A MEDIDA QUE EL PORCENTAJE DE POBLACIÓN
QUE SE PONE BAJO EL SEÑORÍO DE CRISTO
VA AUMENTANDO, LAS CIUDADELAS FORJADAS
EN EL PECADO DE CORRUPCIÓN, POBREZA,
PREJUICIOS Y OPRESIÓN, QUEDAN TRANSFORMADAS
EN CIUDADES FANTASMAS.

꽃

Si los intercesores continúan perseverando durante la fase de aperturas espirituales, una importante multitud es alcanzada, y es entonces cuando ocurre la transformación de la comunidad. A este nivel el tejido social político y económico de la comunidad entera comienza una metamorfosis. A medida que el porcentaje de población que se pone bajo el señorío de Cristo va aumentando, las ciudadelas forjadas en el pecado de la corrupción, pobreza, prejuicios y opresión, quedan transformadas en ciudades fantasmas. La confirmación de este nuevo orden celestial no llega por medio de cristianos triunfalistas, sino por el noticiero de la tarde y los titulares de los medios seculares.

Esto no quiere sugerir que las comunidades transformadas son perfectas, por lo menos no en el sentido milenial. Aún los observadores que apoyan no tendrán problemas en encontrar imperfecciones. La violencia, inmoralidad y apatía están en todas partes en nuestro mundo, y esto incluye a las ciudades que han sido visitadas por la gracia divina. La transformación espiritual no es una total ausencia de pecado, sino más bien una fresca trayectoria con fruto reconocido. Las comunidades que han sido tocadas de esta manera deberían ser medidas no por lo que aún carecen, sino por lo que alguna vez fueron.

Asia indiscutiblemente ha experimentado más visitaciones que ninguna otra región en la historia reciente. Esto ha llevado a un crecimiento fenomenal de la iglesia en varias partes de China, Corea del Sur, India, Bangladesh, Nepal, Indonesia y las Filipinas. Pero menos alentador es el hecho de que el continente tiene un solo caso documentado de transformación de una comunidad: el Estado de Mizoram en la India occidental, aunque hay otros tres casos actualmente en estudio. Al observar la brecha entre apertura y transformación, uno no puede sino preguntarse sobre cuáles factores son responsables de este roce.

Dos razones sobresalen. Primera, tal como lo mencioné anteriormente, hay una tendencia en los cristianos a mal interpretar las aperturas como si fueran el clímax de la actividad divina. Si las personas son salvas y nuestras iglesias crecen, ¿qué más podemos pedir? ¿Cómo podrían estas bendiciones y acontecimientos estimulantes ser otra cosa que lo máximo de parte de Dios?

La segunda razón está íntimamente relacionada a la primera. La transformación de la comunidad no ocurre porque los habitantes locales no perciben una necesidad de cambiar. Las sociedades ricas en particular tienden a ser autosuficientes y a autosatisfacerse, cualidades que las transforman en candidatas poco adecuadas para una intervención divina. Son la caracterización de aquella enseñanza de Jesús que es *"más fácil pasar un camello por el ojo de una aguja, que entrar un rico en el reino de Dios"* (Mateo 19:24). Aunque el obstáculo de la opulencia –o seguridad– puede ser vencido, la historia ha demostrado que esto sucede con poca frecuencia.

De los estudios de caso consultados para este capítulo, es notable que solamente uno –Hemet, California– está ubicado dentro del mundo industrializado, y aún así enfrenta significativos desafíos para mantenerse. Mientras que Asia, que desde hace mucho tiempo era vista como distinta a Occidente, con el crecimiento económico de la región –a pesar de recientes depresiones– ha vuelto confusa esta distinción. Lugares como Singapur, Japón y Taiwan ahora están inundados por la misma abundancia y estabilidad política que uno encuentra en Europa y América del Norte. Desafortunadamente, también han comenzado a adoptar la autosatisfacción que con tanta frecuencia acompaña estas bendiciones.

Este problema es un componente en las iglesias de grandes membresías. Cuando los pastores de estas congregaciones supervisan sus ministerios, ven muy pocas cosas que le sugieran una necesidad de cambio. Equipos competentes están ocupados haciendo funcionar programas bien concebidos, y el santuario está lleno cada domingo con un mar de caras dispuestas.

Aunque este estado de cosas no es perfecto, tampoco es motivo para tomar medidas extremas. El cambio, sí y cuando es necesario, se busca sobre todo en incrementos medibles.

El peligro en esta perspectiva está en su introversión. Debido a que su esfera de influencia es grande, los líderes de las bien plantadas megaiglesias tienden a ver a su comunidad desde el interior de ese círculo (vea la Figura 2.4). Miran a las otras iglesias de su comunidad no como compañeras en una visión colectiva, sino como competidoras con las que hay que repartir el mercado. Existen las excepciones, por supuesto, pero no son muchas. El espejo de la historia revela que cuando más grande se vuelva una iglesia o ministerio, está más inclinada a sucumbir al "Síndrome de Laodicea".[10] Y uno de los más básicos síntomas de este complejo es un giro inconsciente desde una mentalidad de Reino a una mentalidad de imperio.

Las iglesias más pequeñas también pueden desarrollar mentalidades de imperio, por supuesto. Pero a diferencia de los ministerios más prósperos, con frecuencia son liberadas de esta condición por los constantes recordatorios de sus limitaciones. Los pequeños grupos, tal como los presupuestos apretados, tienen su manera para alentar nuevas perspectivas y compañerismos.

Tal como muchas iglesias y comunidades han descubierto, una mentalidad todos-por-un-Reino es la ruta más rápida a la prosperidad. En Modesto, California, una nueva visión colectiva ha llevado a una cosecha de almas por toda la ciudad de decenas de miles. Algunas de las comunidades de la ciudad, que las hay de diversos tamaños y colorido denominacional, han decidido exponer su singular compromiso reemplazando los viejos carteles de iglesia con unos nuevos en los que se lee: Iglesia de Modesto.

Escenas similares se han registrado en Arlington, Texas, y en varias ciudades a lo largo de Latinoamérica.

Mientras que muchas iglesias actualmente están preocupadas solo por hacer crecer su propio círculo, Dios está enfocando sobre el área entre esos círculos. Él se preocupa no por la oveja que ha sido encontrada, sino por las otras noventa y nueve que están perdidas. Él quiere salir de nuestras iglesias e ir a la bolsa de valores, las aulas y los tribunales. Resumiendo, Él desea introducir su Reino en *todas* las áreas de la sociedad.

Hace algún tiempo me equivoqué en el recorrido cuando me dirigía a los servicios del domingo, de pronto me encontré en calles desconocidas. Esto hizo que prestara atención a lo que me rodeaba en el camino y que de otra manera no hubiera observado. Lo que veía en esta mañana en particular me inquietó: un par de personas sin hogar, borrachas, tiradas en el camino; un negocio de videos lleno de adolescentes atribulados, y hordas de preocupados compradores de antigüedades.

Cuando finalmente entré en el estacionamiento de la iglesia me di cuenta de algo más que había escapado a mi atención en domingos anteriores. Un atractivo cartel hecho a mano decía "Celebraciones" a las 09:00 y las 11:00. En esta mañana de Sabat, sin embargo, no sentía deseos de celebrar. Cualquiera fueran las bendiciones con contara, claramente no se extendían a las calles de mi comunidad. Había visto demasiado.

La mayoría de nosotros desea ver que las cosas cambien en nuestras comunidades. Desafortunadamente, pocos lo logramos. Pareciera que no sabemos cómo llegar a donde queremos ir. Las teorías sobre la transformación de la comunidad han sido siempre más abundantes que los estudios de casos de éxito. En un esfuerzo para remediar esta confusión, nuestro próximo capítulo ofrecerá algunos conocimientos iniciales sobre la naturaleza y beneficios del mapeo espiritual.

DOS PERSPECTIVAS

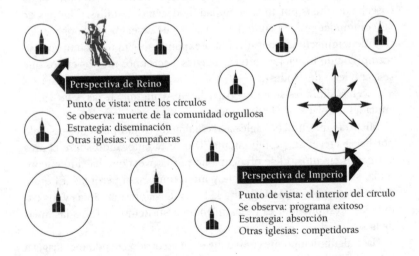

Perspectiva de Reino
Punto de vista: entre los círculos
Se observa: muerte de la comunidad orgullosa
Estrategia: diseminación
Otras iglesias: compañeras

Perspectiva de Imperio
Punto de vista: el interior del círculo
Se observa: programa exitoso
Estrategia: absorción
Otras iglesias: competidoras

Figura 2.4

Capítulo 3

LA NATURALEZA Y LOS BENEFICIOS DEL MAPEO ESPIRITUAL

La realidad puede ser algo muy escurridizo. Tan pronto pensamos que finalmente la hemos sacado del fondo, se escapa y se transforma en algo totalmente diferente. El impacto sobre nuestra psiquis puede ser desconcertante.

De hecho, no es la realidad la que ha cambiado, sino más bien nuestra perspectiva. Tal como la escritora y relatora de su diario francoamericana, Anaís Nin, observó alguna vez: "No vemos las cosas como son. Las vemos tal como somos nosotros".

Las preguntas son: ¿Qué somos? ¿Qué domina nuestro punto de vista? ¿Qué es lo que colorea nuestra visión del mundo? ¿Existe algo que veamos verdaderamente como es?

Si la visión defectuosa es el primer sospechoso a cuestionar, no es el único. Debemos también analizar nuestro discurso o lenguaje social. Esto es importante porque el lenguaje que usamos puede influenciar directamente nuestra visión de la realidad. De hecho, hay un sentir de que nuestro lenguaje en realidad *crea* nuestra realidad. Estudios han demostrado que cada vez que pasamos una cantidad de tiempo apreciable con ciertas personas, comenzamos a formar un lenguaje de grupo. Este discurso puede ser de hombre o mujer, urbano o rural, negro o anglo, occidental u oriental, presbiteriano o pentecostal, de adulto o de la generación X. Cualquiera sea el lenguaje, cuanto más tiempo lo hablamos, más comienza a definir nuestra realidad. Y una vez que comenzamos a vivir una realidad, corremos el riesgo de cerrarnos más y más a nuevas experiencias.

Con el tiempo los medio ambientes que limitan pueden obstruir la visión. Aquellos que habitan estos medio ambientes comienzan a aferrarse a la presunción de que su campo limitado de visión es todo lo que existe. Las apariencias se transforman en el sinónimo de la realidad.

Desarrollé una renovada apreciación de esta verdad hace pocos años, cuando me llegó por correo un aviso doblado en cuatro, muy brillante. La Corporación Sony, que aparentemente estaba profundamente preocupada por las necesidades de entretenimiento de mi hogar, llegó hasta a mí a través de uno de sus envíos postales masivos. Mientras que mi rutina normal es tirar tal cantidad de avisos en mi canasto de papeles, esta particular pieza de venta atrapó mi atención.

En la pestaña exterior había una sola palabra –*Realidad*– que estaba rodeada de un grupo de signos de pregunta. Intrigado, levanté una pestaña intermedia para ver a dónde llevaba esta incógnita. Allí en letras azules a lo largo de dos paneles estaban las palabras: *Todo tiene que ver con la manera en que mira las cosas.*

Para este momento ya estaba atrapado –confirmando, tal vez, el genio del departamento de *marketing* de Sony–. Al abrir una pestaña final en el interior, me encontré mirando fijamente a una de esas conocidas, pero desconcertantes, imágenes tridimensionales. Al darme cuenta que el verdadero golpe del aviso estaba escondido tras un "sonoro" molde de pequeños y aparentemente insignificantes objetos, di vuelta la página buscando algún ángulo revelador.

Entrando en esta entretenida escena, mi hijo Brendan, exclamó:

– Si quieres ver esa imagen tridimensional, tienes que cruzar tus ojos.

Lo miré con escepticismo.

– Es en serio –me dijo–. Simplemente ubica la página sobre la punta de tu nariz y comienza a retirarla lentamente.

Mientras seguía este sospechoso consejo, no pude evitar pensar acerca del festival de baños de Naamán en el río Jordán (ver 2 Reyes 5:9-14). ¿Mis acciones llevarían a la revelación o a la humillación?

No llevó demasiado tiempo descubrirlo. Al alejar cuidadosamente la imagen de mi nariz, inmediatamente me rodeó una armada flotante de componentes de audio y video de Sony. De alguna manera magnífica, misteriosa, ¡había "entrado" en la página!

Luego de pasar varios momentos maravillado ante el efecto, me quedé asombrado por el hecho de que estas imágenes habían estado allí todo el tiempo. Simplemente que yo no las *había visto*.

En este sentido, mi experiencia fue similar a la del siervo de Eliseo en Dotán (2 Reyes 6:8-18). Cuando este joven observó consternado que las despiadadas tropas arameas habían rodeado su ciudad, Eliseo respondió pidiendo que Dios "abriera sus ojos para que él pudiera ver" (versículo 17). No se trataba de preocupación por la vista natural de este joven. Lo que él reclamaba para ver estaba allí en la realidad. El problema era que *no* veía.

Cuando las anteojeras le fueron quitadas de sus ojos espirituales, el siervo de Eliseo descubrió que el ejército arameo estaba sitiado por impetuosas huestes angelicales. Con esta nueva perspectiva, pudo llegar a una conclusión muy diferente sobre los que tenía delante de sí.

A Kofi Annan, el conocido secretario general de las Naciones Unidas, también le gusta hablar sobre visión y perspectiva. En una entrevista reciente para un programa de TV en vivo de Charlie Rose, Annan reveló que mientras estudiaba, siendo joven, en África Occidental, el director de su colegio le mostró un enorme listón de papel con una pequeña marca.

El director le preguntó:

– ¿Qué ves?

– Veo un punto negro –contestó Annan.

Levantando su ceja, el director exclamó:

– ¡Estoy sosteniendo delante de ti un pedazo de papel tan gigantesco y todo lo que ves es un punto negro! ¡Si tienes el propósito de llegar a algún lugar, Kofi, debes aprender a abrir tus ojos a un contexto más extenso de las cosas![1]

"La realidad –tal como lo explicó Salman Rushdie cierta vez a la Radio All-India– es una cuestión de perspectiva. Cuanto más se aleje del pasado, más concreto y verosímil aparece, pero a medida que se acerca al presente, inevitablemente parecerá increíble."[2]

Esta observación es especialmente relevante para la visión de la iglesia acerca de lo sobrenatural. La mayoría de los cristianos tal vez estén preparados para aceptar el relato bíblico de la interacción humana con las fuerzas espirituales, pero están mucho menos inclinados a aceptar esa realidad en la actualidad.

Tal como señalé en el libro *The Twilight Labyrinth* (El ocaso del laberinto), el cristianismo occidental se ha aferrado tanto a sus discriminaciones propias de la realidad, que prácticamente ha perdido la capacidad de reconocer la dimensión espiritual:

–Somos –cito a William Irwin Thompson– como moscas que nos arrastramos sobre el techo de la Capilla Sixtina; no podemos ver a los ángeles y dioses que están debajo del alcance de nuestras percepciones. No vivimos en la realidad; vivimos en nuestros paradigmas, en nuestras habituales percepciones e ilusiones.[3]

De acuerdo a lo que expresan algunos observadores, esta postura no es solamente equivocada, sino imposible de defender. El filósofo británico Karl Popper dijo simplemente:

– Considero que es moralmente incorrecto no creer en la realidad.[4]

¿Por qué es así? Porque elegir limitar nuestra perspectiva es un acto antinatural. Cuando Dios sopló "el aliento de vida" en la nariz de Adán (Génesis 2:7), produjo algo completamente único en la creación: un ser al que se le otorgó la capacidad de interactuar en dos dimensiones, material y espiritual. Dado que *"Dios es espíritu"* (Juan 4:24), quería asegurarse que sus hijos pudieran relacionarse con Él de acuerdo a su naturaleza. Con esto en mente el Todopoderoso se inclinó sobre la forma polvorienta de Adán y exhaló. El interior de Dios depositó vida en el interior del hombre. La humanidad se transformó en una raza de espíritus.

Desafortunadamente, muchas personas se niegan a utilizar la totalidad de lo que le ha sido otorgado. Los occidentales, incluyendo un desconcertante número de cristianos, son especialmente culpables de esto. Habiendo abrazado el lenguaje y el punto de vista mundano del Iluminismo, desprecian la visión espiritual como si fuera una locura supersticiosa. Pídales que expliquen por qué las cosas son de la manera que son en sus comunidades, y ellos instintivamente se volverán a los oráculos de la sociología, la economía o la política. Hable de explicaciones espirituales y saldrá de las zonas cómodas para ellos.

Tal como el siervo de Eliseo, estos individuos se han transformado en hombres de un solo ojo, capaces de discernir los temas materiales, pero ciegos a las realidades espirituales que están delante de ellos. Son como un hombre o mujer que está parado entre dos espejos. Por más que intentan mirar en las profundas cascadas del infinito, encuentran su visión bloqueada por sus propias cabezas.

El problema aquí es asumir equivocadamente algo: a saber, que el ámbito material es la base de la realidad. Desafortunadamente, asumir las cosas equivocadamente lleva a conclusiones erróneas. Si vamos a tener éxito en nuestra misión de extender el Reino de Dios sobre la Tierra, debemos aprender a ver nuestras comunidades como *realmente* son y no meramente como *aparentan* ser. Como Pablo nos recuerda en Efesios 6, nuestro conflicto está ligado inexorablemente con los poderes sobrenaturales de las tinieblas. Al ser esto una verdad, no tiene demasiado sentido que tratemos de interpretar lo que nos rodea, tan solo por medios naturales.

UNA NUEVA MANERA DE VER

La disciplina del mapeo espiritual ofrece uno de los mejores medios de aumentar nuestra perspectiva de la realidad. Su creciente popularidad entre pastores, evangelistas e intercesores, es un poderoso testimonio de su efectividad.

A diferencia de las herramientas interpretativas convencionales, el mapeo espiritual no se limita a una sola dimensión. Más bien, obra superponiendo nuestro entendimiento de las fuerzas y sucesos del dominio espiritual en los lugares y circunstancia del mundo material.[5]

Para decirlo simplemente, el mapeo espiritual nos permite "ver" cosas que previamente eran imposibles de detectar con nuestros ojos naturales. Además de ángeles y otros recursos divinos (ver 1 Reyes 19:18; 2 Reyes 6:17; Lucas 24:31), entre estas realidades veladas pueden estar incluidos dolores reprimidos –asociados con injusticia social sin resolver– pactos espirituales –soluciones *quid pro quo* (quien por qué) a los traumas individuales o corporativos– y fortalezas demoníacas –tanto de mediums como territoriales– que diariamente impiden el avance del evangelio.

Una buena visión provee conocimientos, y es el conocimiento que nos permite distinguir un problema o condición de la otra. La palabra "diagnóstico" literalmente significa "a través del conocimiento", del griego *dia* = a través + *gnosis* = conocimiento. Con su capacidad inherente de diagnosticar, el mapeo espiritual capacita a los intercesores de la misma manera que los rayos X sirven a los médicos.[6]

LA RAZÓN FUNDAMENTAL PARA EL MAPEO ESPIRITUAL

Ahora que tenemos una mejor idea de lo que es el mapeo espiritual, es el momento de considerar si esta actividad vale el tiempo que requiere.

Esta pregunta –y es una muy buena– está en las mentes de muchos en la actualidad. Una líder cristiana que recién comenzaba con esta disciplina, me preguntó hace pocos años:

– ¿Por qué debo pasar todo este tiempo haciendo investigación cuando podría estar haciendo evangelismo?

Su tono no era hostil, sino simplemente honesto.

– Permítame responder –dije suavemente– pidiéndole que me cuente un poco acerca de su comunidad. ¿Están actualmente experimentando una visitación del Espíritu Santo?

– Desearía que así fuera –me contestó.

Continué:

– ¿Hay otras iglesias en la comunidad?

– Oh, hay docenas –dijo con seguridad–. La mayoría tiene asistencia modesta, pero hay unas pocas que son grandes.

Yo seguí interrogando:

– ¿Y cuánto hace que estas iglesias han estado en la comunidad?

Hizo una pausa momentánea, y me contestó:

– Algunas han estado aquí durante más de cien años.

⚜

LA NECESIDAD DEL MAPEO ESPIRITUAL TIENE
SUS RAÍCES EN EL *PROPÓSITO*. LAS CONVERSIONES
EN GRAN ESCALA SON POCO PROBABLES, A MENOS
QUE PODAMOS DISCERNIR LA NATURALEZA
Y ORIGEN DE LOS OBSTÁCULOS HACIA
EL AVIVAMIENTO, Y ACEPTEMOS LAS ESTRATEGIAS
QUE DIOS HA ESTABLECIDO PARA QUITARLOS.

⚜

Luego de seguir con esta línea de preguntas durante uno o dos minutos más, dije:

– Permítame ver si puedo resumir lo que me ha dicho. Aunque hay docenas de iglesias en su comunidad –incluyendo algunas que han estado durante más de un siglo– no han experimentado nada que pudiéramos llamar avivamiento o apertura evangelística. ¿Es esto más o menos así?

Cuando mi amiga sacudió tristemente la cabeza en forma afirmativa, le dije:

– Esa es la razón por la que necesita hacer el mapeo espiritual.

Una investigación razonable es investigar por una razón. Nos involucramos en el mapeo espiritual porque nosotros, como esta querida señora cristiana, deseamos ver nuestras comunidades transformadas por el poder del Espíritu Santo. En este sentido, la *necesidad* del mapeo espiritual tiene sus raíces en el *propósito*. Las conversiones a gran escala son poco probables, a menos que podamos discernir la naturaleza y el origen de cualquier obstáculo hacia el avivamiento, y aceptemos las estrategias que Dios ha establecido para quitarlos.

El mapeo espiritual puede ser un beneficio para cualquiera que ha experimentado la frustración de desarrollar estrategias evangelísticas que jamás parece que resultan. Aunque no es un substituto de la oración apasionada o del evangelismo, puede hacer que ambas sean considerablemente más efectivas.

LA INFORMACIÓN DETALLADA MANTIENE FERVIENTE A LA ORACIÓN

La revelación es el pincel artístico que Dios utiliza para vivificar la tela gris de nuestra realidad de todos los días. Como brochazos en medio de la información –detalles que forman parte de su paleta como un compuesto de pinturas de múltiples matices– se entregan al toque del Maestro. Con unas pocas pinceladas bien ubicadas, Él nos libera de nimiedades y aburrimiento.

Ver las cosas como realmente son nos estimula, aún cuando los detalles en sí mismos sean opacos o sombríos.[7] Esto es así porque Dios ha diseñado nuestras emociones para que respondan a lo que nuestra mente piensa. Cuando estamos inundados de detalles, la realidad se transforma en algo inteligible. Llamamos a este satisfactorio evento *entender*.

La ambigüedad y las generalidades tienen el efecto opuesto. Carentes de detalle, nuestra mente y emociones se cierran. No sentimos que en algún momento iremos hacia una solución final. No tenemos dónde ir.

Pida a un típico grupo de oración que se una en intercesión ferviente por Nauru o Djibouti, y ellos gozosamente le entregarán su tiempo: durante veinte minutos o tal vez un poco más el salón resonará con energía. El diablo será atado, los perdidos serán reclamados y las bendiciones de Dios invocadas. En algún momento alrededor de los treinta minutos, sin embargo, el nivel de energía caerá precipitadamente. Los intercesores pueden desear mantener la intensidad; ¡pero no saben dónde queda Nauru!

La oración que abre los cielos necesita la información, de la misma manera que la locomotora a vapor debe mantener su quemador funcionando con una provisión de carbón. Los detalles –o el conocimiento– engendran fervor y perseverancia; y es la oración dedicada, *permanente* la que lleva a los resultados (ver Lucas 11:5-8; Santiago 5:16). El mapeo espiritual es uno de los mejores medios de mantener el quemador con provisiones.

LA INFORMACIÓN DETALLADA LLEVA A LA ACCIÓN MÁS RÁPIDA Y EFECTIVA

Cualquiera que necesite quitar una estructura peligrosa, hará bien si llama a Demoliciones Controladas, Inc. Sus propietarios, la familia Loizeaux, han derribado más edificios que cualquier otra persona viva, por lo menos cualquiera con intenciones pacíficas. Sus trabajos de demolición planificada son tan precisos que pueden predecir dónde y cómo caerá un edificio.

El arte de hacer que una estructura caiga sobre sí misma se llama implosión, y de acuerdo a los expertos de Loizeaux, la clave para el éxito no es la cantidad de poder explosivo utilizado, sino dónde se lo ubica.[8]

Así es con la guerra espiritual eficaz. Aunque tenemos el poder para derribar reinos (ver Jeremías 1:10) y demoler fortalezas (ver 2 Corintios 10:4), este poder debe soltarse en forma controlada. Cuando el salmista declara: *"[Dios] adiestra mis manos para la batalla, y mis dedos para la guerra"* (Salmo 144:1), el énfasis está en la preparación y la precisión. El poder solo no es suficiente para ganar la victoria.

Cualquier piloto de guerra moderno le dirá lo mismo. Divorciados de las coordinadas precisas del blanco, los aviones supersónicos y los misiles dirigidos con láser son meramente juguetes caros. Es la calidad de la inteligencia, no la fuerza bruta, la que determina el impacto de la misión.

≈

LA INTELIGENCIA SIGNIFICATIVA DE NUESTRAS
COMUNIDADES SE CONSIGUE RÁPIDAMENTE
A TRAVÉS DEL MAPEO ESPIRITUAL,
QUE NOS PERMITE FÁCILMENTE DEJAR DE LADO
NUESTRA PRIMITIVA MANERA DE ENCARAR
LA GUERRA ESPIRITUAL POR TIRO Y ERROR.
(MÉTODO QUE ALGUIEN LLAMÓ "DE LA PIÑATA").

≈

Felizmente, Dios no nos ha dejado peleando a ciegas. La inteligencia significativa de nuestras comunidades se consigue rápidamente a través del mapeo espiritual. Al absorber los beneficios de esta investigación guiada del Espíritu, se hace más fácil dejar de lado nuestra primitiva manera de encarar la guerra espiritual por tiro y error (algunas veces llamado el método de la piñata). Un conocimiento y entendimiento nuevos nos abre la puerta para una acción rápida y efectiva.

LOGRAR CONOCIMIENTO PRÁCTICO

Antes de que cualquier ministro del evangelio intente determinar lo que él o ella deben hacer para lograr aperturas en una comunidad dada, en primer lugar debe tratar de entender por qué las cosas están de la forma que están. A continuación mencionamos dos ejemplos de cómo el mapeo espiritual ayudó a los creyentes locales a conseguir el conocimiento práctico que necesitaban.

CÓMO SE DESPEJÓ EL MISTERIO DE RÍO RANCHO

A principios de 1988 un joven pastor de cierta denominación sintió un llamado para plantar una iglesia en Río Rancho, una comunidad creciente al norte de Albuquerque, Nueva México. Sin embargo, al dar a conocer sus pensamientos con su supervisor, la reacción no fue la esperada. En lugar de darle un golpecito de aprobación en su espalda, su mentor lo desafió con los relatos de los fracasos de varios predecesores.

Esto hizo pensar al joven. Sospechó que debía haber más cosas que lo que podía verse a simple vista. Dado que Río Rancho estaba muy cerca de los pueblos indios de Zia y Santa Ana, se preguntó si podría existir algún tipo de bagaje del pasado que estuvieran arrastrando.

Durante el curso de su investigación se encontró con un detallado relato de un hombre de Zía que se había convertido y fue lleno con el Espíritu Santo, en marzo de 1939.[9] El hombre había testificado durante varios meses antes de que lo llamaran los ancianos de la tribu. Durante su "juicio" fue castigado por haberse separado de los caminos de sus ancestros y adoptado una religión extraña. Cuando se negó a renegar de su fe, los ancianos le cancelaron su membresía en el pueblo, le quitaron la tierra y el agua, y le impidieron seguir hablando del cristianismo.

Los líderes del pueblo también tomaron la acción de prohibir que se plantaran iglesias evangélicas en la vecindad. Mientras que algunas de estas medidas eran de naturaleza administrativa, también hay evidencia de que una maldición espiritual puede haber sido soltada sobre las tierras adyacentes, incluyendo Río Rancho. Esto, según se informa, lo hicieron para crear un separación contra el cristianismo evangélico, y en respuesta el establecimiento de los hombres blancos sobre tierras que tradicionalmente fueron para la caza y el entierro de los Zía.[10]

Con esta información en mano, los intercesores locales fueron a orar. En 1993 se registró una apertura, cuando un médico de la tribu del pueblo Santa Ana nació de nuevo. Esto llevó a la consecuente conversión de alrededor de otros treinta, incluyendo varios líderes de la tribu y familias de los pueblos aledaños.[11] Al mismo tiempo, un gran número de iglesias evangélicas comenzaron a surgir en Río Rancho.

LOS VIEJOS HUESOS DE HSINCHU

En su libro, *Colapso de los cielos de bronce,* Zeb Bradford Long describe una experiencia que tuvieron su esposa Laura y él mientras servían en su entrenamiento misionero en Taiwan.

Su tarea los llevó al Instituto Bíblico Presbiteriano de Hsinchu, una ciudad de la costa noroeste de la isla.

De acuerdo a lo que cuenta Long:

> La escuela estaba con un pie en la sepultura; los edificios y los terrenos tenían un aspecto decaído. El cuerpo estudiantil era de sesenta y otros se preparaban para irse. Los profesores estaban atados con disputas. La opinión que prevalecía era que el lugar debía cerrar y los edificios ser vendidos. Frialdad y hostilidad llenaban la atmósfera. Aún en un día hermoso, con el claro cielo azul y las azaleas en flor, uno tenía que pelear con la depresión. Muchas personas se quejaban de esto. Un pastor taiwanés nos dijo que la única hora en la que enseñaba era la más difícil de toda la semana. Siempre se iba con una profunda sensación de opresión.[12]

En setiembre de 1982 Long asistió a un retiro de oración en Chiai, al sur de Taiwán. Cuando los participantes pusieron su atención a los problemas que afectaban al Instituto Bíblico, un hombre de Nueva Zelanda, que aparentemente no conocía la escuela, clamó repentinamente: "¡Huesos viejos, huesos viejos!" A esto le siguieron varias visiones concernientes al conflicto sobrenatural que se cernía sobre la institución.

Seguidamente a la reunión en Chiai, la investigación reveló que la tierra sobre la cual el Instituto estaba edificado una vez había sido un crematorio y cementerio budista. Los propietarios chinos originales, creyendo que la propiedad estaba habitada por espíritus, estuvieron bastante contentos de venderla a los misioneros extranjeros. Esto confirmó a Long y sus asociados que la referencia a los viejos huesos no era simple metáfora.

A medida que varios intercesores dirigieron caminatas organizadas alrededor del campo, la opresión que había plagado la escuela comenzó a disiparse. A su tiempo, dice Long: "el Espíritu Santo vino con nuevo poder", preparando el camino para un centro de entrenamiento de laicos que oportunamente trajo sanidad y liberación a muchos.[13]

DOCTRINAS Y ANTECEDENTES

A pesar de ejemplos como estos, algunos cristianos han expresado cierta preocupación por lo que consideran una disciplina bíblica sin antecedentes. Algunos han ido tan lejos como para llamar al mapeo espiritual –y la guerra espiritual– la "nueva magia" o "animismo cristiano".

Sin embargo, la mayoría de las veces estas conclusiones se basan en encuentros limitados con esta práctica. Cuando los críticos dan una segunda mirada, la mayoría se sienten aliviados cuando aprenden que la disciplina en realidad es una pariente cercana, tanto de la geografía como de la antropología cultural.

Aquellos que mantienen su escepticismo citan el reconocimiento osado que el mapeo espiritual hace de las fuerzas sobrenaturales activas –tanto demoníacas como divinas– y su aceptación de la oración como metodología legítima para recolectar datos. En su ordenado mundo, sencillamente no hay lugar para permitir un pensamiento tan abierto y poco científico.

¿Pero es esta la última palabra? ¿Se supone que debemos movernos con las reglas del Iluminismo? ¿Es el estilo del Nuevo Testamento un sobrenaturalismo anticuado? ¿Dios ha enmudecido su voz para las generaciones contemporáneas?

EL ASPECTO SOBRENATURAL DE LA GUERRA ESPIRITUAL

Para responder a estas preguntas, nuestra tarea inicial es demandar una perspectiva escritural sobre la guerra espiritual. ¿Exactamente con qué tratamos en nuestras comunidades? ¿Se limita el problema a malas elecciones y pensamiento erróneo, o hay alguna otra cosa que está activa?

En Lucas 10:19 Jesús le dijo a sus discípulos: "*He aquí os doy potestad de hollar serpientes y escorpiones, y sobre toda fuerza del enemigo y nada os dañará*" (énfasis agregado). Mientras que algunos se han empeñado en definir a este poderoso enemigo como argumentos o filosofías, la referencia a los demonios en el versículo 17 no tiene ambigüedades. Cristo está instruyendo a sus seguidores para que empleen el poder sobrenatural para vencer a seres sobrenaturales.

Esta enseñanza está reforzada en Mateo 12:22-29. Hablando de Beelcebú, el príncipe de los demonios, Jesús preguntó: "*Porque ¿cómo puede alguno entrar en la casa del hombre fuerte, y saquear sus bienes, si primero no le ata?*" (versículo 29). Lo que implica aquí es que si queremos liberar cautivos espirituales, debemos primeramente atar al poder demoníaco ocupante.[14]

El apóstol Pablo acentúa este aspecto sobrenatural de nuestra guerra en Efesios 6:12, cuando nos recuerda que "*nuestra lucha no es contra sangre y carne, sino contra (…) huestes espirituales de maldad en las regiones celestes*".

Otras referencias a la realidad de las fuerzas cósmicas y la importancia de la guerra espiritual, pueden encontrarse en 1 Crónicas 21:1; Job 1; Daniel 10; Hechos 13:4-12; Efesios 6:10-20; 1 Pedro 5:8 y Apocalipsis 12:12.

LA LEGITIMIDAD DE LA REVELACIÓN DIVINA

Si las fuerzas espirituales son una parte activa de nuestra campaña para liberar a los hombres y mujeres perdidos, no debe sorprendernos que Dios –la fuerza más potente de todas– ocasionalmente pueda revelar secretos y estrategias útiles.

En la economía de Dios, la revelación fluye de la relación. Cristo nos llama por nombre y nos guía (Juan 10:4). Este proceso es a su vez íntimo y natural: "*Entonces tus oídos oirán a tus espaldas palabra que diga: Este es el camino, andad por él*" (Isaías 30:21).

El poder y la aplicación práctica de esta experiencia no deben ser subestimados. Cuando Pablo y sus compañeros "*Llegaron a Misia, intentaron ir a Bitinia, pero el Espíritu no se lo permitió*" (Hechos 16:7). Unas pocas noches más tarde el apóstol tuvo "*una visión de un varón macedonio que estaba en pie, rogándole y diciendo: Pasa a Macedonia y ayúdanos"* (versículo 9). Como resultado de este estratégico cambio de dirección, muchas iglesias nuevas fueron plantadas en la región de la Grecia moderna.

Mientras que la revelación divina es siempre dramática, no es infrecuente. De hecho, Amós nos informa que *"no hará nada Jehová el Señor, sin que revele su secreto a sus siervos los profetas"* (3:7). Cuando Josué le rogó a Moisés que les impidiera a Eldad y Medad profetizar en el campo de los israelitas, su mentor contestó: *"¿Tienes tú celos por mí? ¡Ojalá todo el pueblo de Jehová fuese profeta, y que Jehová pusiera su espíritu sobre ellos!"* (Números 11:29).

En su primera epístola a la iglesia de Corinto, Pablo aconseja a sus lectores: *"Seguid en amor, y procurad los dones espirituales, pero sobre todo que profeticéis"* (14:1). *"Cuando os reunís, cada uno de vosotros tiene salmo, tiene doctrina, tiene lengua, tiene revelación, tiene interpretación. Hágase todo para edificación"* (versículo 26, énfasis agregado). [15]

Dado el contenido y tono de estos pasajes, parecería que no hay razón intrínseca para que rechacemos la revelación divina como una fuente legítima de información. La comunicación de Dios con sus amigos no debe ser vista como algo mágico, sino como una conducta normal. Como nuestro guía diario y confidente, está interesado en los detalles de la vida moderna, tanto como lo está por las doctrinas del Nuevo Pacto (leer Job 1:10; Salmo 1:5; 37:23; Lucas 12:6-7, 22-31). [16]

Esto no quiere decir que nuestras interpretaciones de lo que Dios expone estén libres de error humano. Los errores son inevitables. Para asegurarnos que no nos desvíen debemos probar nuestras conclusiones comparándolas con la Escritura, a través del consejo maduro y la evidencia objetiva reunida a través de la revisión histórica, la observación sociológica y el análisis estadístico.

ANTECEDENTES BÍBLICOS DEL MAPEO ESPIRITUAL

Debemos también considerar los cargos de que el mapeo espiritual es una invención contemporánea que carece de antecedentes bíblicos. Si esto fuera verdad, ciertamente nos daría una razón para detenernos.

Afortunadamente, la Palabra de Dios ofrece varios precedentes del mapeo espiritual. Mientras algunos puristas pueden encontrar esto insuficientemente desarrollado, cualquiera que conoce el historial de Dios en cuanto a adaptarse a la época, podrá discernir raíces inconfundibles.

El primer ejemplo se encuentra Números 13, cuando Moisés, por mandato de Dios envía espías a Canaán para *"observar la tierra cómo es"* (versículo 18). La expedición duró cuarenta días e incluyó un plan detallado de investigación. Por lo menos ocho preguntas de diagnóstico fueron asignadas a los exploradores. El hecho de que Dios ya estaba bien en conocimiento de los desafíos de Canaán, da testimonio de la importancia que Él le da a la interacción humana con las fortalezas espirituales. En este caso hubo implicaciones para una nación entera.

Un relato similar de investigación territorial se registra en Josué 18. Aquí el veterano de la expedición original a Canaán envió a veintiún agentes desde Siloé *"que se levanten y recorran la tierra y la describan conforme a sus heredades"* (versículo 4). Cuando los hombres fueron para "hacer un mapa de la tierra" Josué los instruyó que "[escriban] delineándola por ciudades en siete partes en un libro" (versículos 8-9). Sobre la base de esta profunda investigación, la tierra heredada fue dividida entre siete tribus israelitas.

El reconocimiento espiritual también fue realizado en Jericó cuando Josué comisionó a dos espías para ir *"y reconocer la tierra"* (Josué 2:1), y en Jerusalén cuando Nehemías condujo tres días de investigación con anterioridad a la restauración de los muros de la ciudad.

> *"Me levanté de noche, yo y unos pocos varones conmigo, y no declaré a hombre alguno lo que Dios había puesto en mi corazón que hiciese en Jerusalén; ni había cabalgadura conmigo, excepto la única en que yo cabalgaba.*
>
> *Y salí de noche por la puerta del Valle hacia la fuente del Dragón y a la puerta del Muladar; y observé los muros de Jerusalén que estaban derribados, y sus puertas que estaban consumidas por el fuego. Pasé luego a la puerta de la Fuente, y al estanque del Rey; pero no había lugar por donde pasase la cabalgadura en que iba. Y subí de noche por el torrente y observé el muro, y di la vuelta y entré por la puerta del Valle, y me volví"* (Nehemías 2:12-15, RVR).

En Hechos 17 vemos el mapeo espiritual nuevamente, esta vez en conexión con la estadía de Pablo en Atenas. Mientras esperaba que Timoteo y Silas se le unieran, el apóstol se *"enardecía viendo la ciudad entregada a la idolatría"* (versículo 16).

Con un corazón apesadumbrado y contando con tiempo, el gran misionero aprovechó la ocasión para investigar los sitios del lugar y sus costumbres.

Además de interactuar con los filósofos epicúreos y estoicos (vea los versículos 17-21) también se hizo tiempo de captar las obras de los poetas griegos (vea el versículo 28). Luego, en su famoso discurso del monte de Marte, Pablo declaró: *"¡Varones atenienses, en todo observo que sois muy religiosos; porque pasando y mirando vuestros santuarios, hallé también un altar en el cual estaba esta inscripción: Al Dios no conocido. Al que vosotros adoráis, pues, sin conocerle, es a quien yo os anuncio"* (versículos 22-23).

Mientras que no existe evidencia explícita de que el apóstol tomó los resultados de este reconocimiento urbano llevándolo a la guerra espiritual –específicamente oración contra los poderes espirituales que prevalecían– podemos especular que lo hizo. Por empezar, sabemos que Pablo era un hombre de oración (lea Hechos 21:5; Romanos 1:9-10) y que estaba "grandemente afligido" por la devoción que los atenienses tenían hacia los ídolos. También sabemos que entendió la relación entre los ídolos y los poderes demoníacos (vea 1 Corintios 10:19-21) y que reconoció estos poderes como el punto de enfoque de nuestra lucha espiritual (ver Efesios 6:12). Mientras hacía planes para penetrar estas fortalezas de engaño erigidas por estos demonios, Pablo le imploró a la iglesia de Colosas que oraran por una puerta abierta (ver Colosenses 4:2-3).

Aún si el apóstol no combatió los poderes en Atenas, claramente utilizó la información del mapeo espiritual para diseñar su apelación evangelística en el Areópago. Como resultado de esta decisión, la predicación de Pablo llevó a varias conversiones notables, incluyendo la de Dionisio, un miembro de la corte suprema de Atenas.

Una referencia menos directa al mapeo espiritual se encuentra en Ezequiel 8. En este capítulo memorable, el profeta describe una visión intensa y perturbadora. Entregado a la dirección del Espíritu es llevado al Templo de Jerusalén, donde fue instruido para abrir un agujero en la pared. Luego de entrar por una puerta secreta del otro lado, quedó asombrado al encontrar a los ancianos de Israel entregados a la adoración idolátrica y perversa (leer los versículos 7-11).

Luego de atraer la atención de Ezequiel a esta abominación escondida, Dios guió al profeta a pasar la puerta norte del templo, donde las mujeres lloraban ante el dios de la fertilidad babilónico, Tamuz. *"¿No ves, hijo de hombre?"* Él le dice: *"Verás abominaciones mayores que estas"* (versículo 15).

El sitio de esta profanación máxima quedó demostrado que estaba en el patio interior del templo. Allí, entre el pórtico y el altar, el profeta observó a veinticinco hombres postrándose para adorar al Sol en el oriente (leer versículo 16).

Al llevar Ezequiel este nuevo conocimiento hacia la intercesión apasionada, se le dieron una serie de instrucciones divinas diseñadas para librar a Israel de su ligadura con las doctrinas de demonios. Estas medidas de liberación incluían profecías reveladoras (leer 11:5), actos simbólicos (leer 12:3-6), y la predicación del arrepentimiento (ver 14:6).[17]

ÉNFASIS OPORTUNO

A pesar de la evidencia de que el mapeo espiritual es tanto bíblico como útil, algunos críticos insisten en que la práctica no es nada más que la última moda.[18] Con el tiempo, sostienen, la gente razonable lo abandonará a favor de metodologías ministeriales más comprobadas.

La dificultad con esta posición es que se niega a distinguir entre una moda pasajera y un énfasis divino. Mientras que las modas humanas pueden ser triviales, los énfasis divinos son respuestas oportunas a necesidades o circunstancias que prevalecen. El hecho de que son recientes o una repetición de un tema anterior, no dice nada sobre su origen o valor.

Es una miopía rechazar el mapeo espiritual simplemente porque no ha estado siempre entre las primeras estrategias de crecimiento de la Iglesia. Los programas radiales cristianos eran desconocidos con anterioridad al siglo XX; sin embargo, pocos pueden negar su legitimidad o efectividad. Los mismo podría decirse del énfasis moderno sobre los grupos que necesitan ser alcanzados en la Ventana 10/40. Hasta épocas recientes, estos conceptos no estaban ni siquiera en nuestro vocabulario misionero.[19]

Mientras que podemos encontrar esta discontinuidad algo intimidante, Dios no lo siente así. El cambio es parte de su propósito. Como soberano dinámico y creativo, Él está muy bien capacitado para adaptarse a las peculiaridades de cada época y cultura.[20] Cada nuevo mover de su Espíritu nos presenta renovados énfasis, métodos, líderes y vocabulario.

Este proceso se observa claramente en la introducción del Pacto Mosaico (ver Éxodo 19–24), el bautismo de Juan (ver Mateo 3:5-6; Hechos 13:24), el énfasis de Jesús en el Reino de Dios (ver Lucas 17:21; Juan 3:5-6) y la revelación de Pedro sobre la disposición de Dios a derramar de su Espíritu sobre los gentiles (ver Hechos 10). También se ve en las enseñanzas de Pablo, los cambios de vientos teológicos en la Reforma y el estilo de vida radical de los moravos.

MAPEO ESPIRITUAL. ¿POR QUÉ NO?
Más recientemente, el impulso del Espíritu de Dios ha dado nacimiento a movimientos que abogan por todo, desde los dones espirituales y la santidad a la fe y el crecimiento de la iglesia. Cada uno de estos énfasis, a pesar de las imperfecciones de ciertos mensajeros, ha dejado un oportuno y útil depósito en la vida de la Iglesia. Actualmente los cambiantes vientos celestiales llevan hacia un fresco énfasis en la oración intercesora y la guerra espiritual. Como sucedió con otros antes, este último despertar está acompañado por una cantidad de términos de sonido extraño; los más notables son guerra espiritual a nivel estratégico, arrepentimiento de identificación y mapeo espiritual (uno podría agregar intercesión profética y asambleas solemnes). Aunque ninguno de estos conceptos carece de precedentes (ver Josué 18:8-9; Daniel 9:20; Efesios 6:12), cada uno de ellos experimenta un renacimiento dramático.

La pregunta sobresaliente es: ¿Por qué ahora? Para el buscador honesto, la respuesta parece obvia. Hemos entrado en el período más complejo y turbulento de la historia de la humanidad. Una explosión de conocimiento (ver Daniel 12:4) ha acompañado la entrada a un nuevo mundo desafiante de estimulación electrónica y clonación humana. Las aperturas en la evangelización global (ver Mateo 24:14) han disparado una actividad demoníaca sin precedentes (ver Apocalipsis 12:12). El mapeo espiritual tiene sentido ahora, porque los tiempos finales se han transformado en nuestros tiempos.

LA CAJA DE HERRAMIENTAS CON DOS COMPARTIMIENTOS
Como un soberano amante, Dios nunca deja a su pueblo sin esperanza. Siempre provee los recursos necesarios para enfrentar los desafíos que están delante. En algunas ocasiones esto involucra revelar información crítica, mientras en otras situaciones se hacen necesarios un poder o protección especial.

Nuestro tiempo no es diferente. Para ayudarnos a tratar con las realidades singulares e intimidantes del ministerio en el siglo XX, Dios ha preparado un equipo de herramientas de doble compartimiento. De un lado dice: "Herramientas de los siglos", donde encontramos disciplinas como la fe, humildad y santidad, que son esenciales para el éxito en todos los tiempos y lugares. En el compartimiento opuesto, encontramos las "Herramientas para esta hora". Estas son claves especiales –como el mapeo espiritual– que pueden abrir las ataduras específicas de este tiempo –incluyendo sobrecarga de información e intensas falsificaciones demoníacas–.

La importancia de las herramientas para esta hora por primera vez dejó su impresión a principios de 1990. La ocasión fue un seminario de guerra espiritual donde fui invitado a dirigir a un grupo de misioneros presbiterianos en el Bryan College de Tennessee. Al término de una de mis sesiones se me acercó un caballero que se presentó como Philip Foxwell. Me mostró que era un hombre que tenía una historia bastante importante.

Antes de entrar al servicio misionero en Japón, Foxwell había ganado el trofeo del gran premio en la Convención de la Hermandad Internacional de Magos, en 1937. Para exponer sus talentos –ya que la televisión comercial aún estaba en sus comienzos– mantuvo una agenda rigurosa de viajes que incluía miles de presentaciones en los escenarios de cada rincón de los Estados Unidos.

La especialidad de Foxwell era escapar, un truco que puede ser muy riesgoso aún cuando se realicen cuidadosas preparaciones. Como ejemplo de estos peligros, Foxwell citó una presentación en Midland, Michigan, en la cual tenía que librarse de un par de esposas policiales.

– En aquellos días –me dijo Foxwell– la mayoría de los departamentos de policía utilizaban diferentes marcas de esposas, incluyendo las de la oficina del *sheriff* de Midland.

Como yo las había estudiado en la cerrajería, no esperaba ninguna dificultad con el escape que enfrentaba. Pero había algo sorprendente esperándome. Cuando el *sheriff* entró ceremoniosamente al escenario, sacó un nuevo modelo de esposas que jamás había visto. Si no hubiera conseguido de manera subrepticia la llave del *sheriff*, ¡podría estar aún atrapado con esas esposas! El conocimiento tiene que estar combinado con los accesorios apropiados.[21]

De la misma forma, el mapeo espiritual puede ser una herramienta extremadamente valiosa en las manos de los cristianos que desean quebrar los obstáculos para el avivamiento de sus comunidades. La principal diferencia es que esta llave cambiante puede abrir con igual virtud cadenas forjadas en supersticiones ancestrales, o las más recientes mezclas de engaños.

Sin embargo, igual que cualquier otra herramienta, este "accesorio apropiado" guarda sus mejores resultados para aquellos que han aprendido a utilizarla correctamente. Una preparación cuidadosa nos lleva a descubrir un potencial, y para aquellos que están interesados, el manual de instrucción está tan solo dando vuelta la página.

Capítulo 4

NIVELES Y LÍMITES DE LA INVESTIGACIÓN

D esde hace unos años hay una cierta inseguridad pública sobre qué es en realidad el mapeo espiritual. Muchos aplican el término a cualquier investigación que facilite la oración específica por personas, lugares o sistemas sociales. Otros insisten que es una disciplina producto de las caminatas de oración. Aún otros reservan la definición para los proyectos que tienen como blanco la transformación de la comunidad.

En realidad, las cosas no necesitan ser tan confusas. La descripción de mapeo espiritual dada en el capítulo 3 encaja en cualquiera y todas estas actividades mencionadas. Las diferencias aparentes no están en la actividad en sí misma, sino en sus productos.

El mapeo espiritual es, por su propia naturaleza, una disciplina de muchos aspectos. Sus productos pueden incluir los perfiles del vecindario o de los grupos de personas, varios resúmenes de información especializados y una investigación completa de ciertas ciudades o regiones. Puede dar como resultado fascinantes y útiles "mapas de carácter" que permiten a los intercesores ver una comunidad o territorio a la manera que Dios lo ve.

Niveles de mapeo espiritual — Figura 4.1

	Objetivos territoriales				Culturales		Sociales			
	Vecindarios Aldeas	Ciudades	Estados Provincias	Naciones Continentes	Grupos Personas	Grupos Religiosos	Negocios Industria	Escuelas – Universidades	Recursos Militares	Instituciones Gobierno
Perfiles de caminatas de oración	•	•			•	•	•	•	•	•
Resúmenes especiales	•	•			•	•	•	•	•	•
Informes de la comunidad	•	•	•				•	•	•	•
Informes regionales			•	•	•					
Mapas de carácter	•	•					•	•	•	•

Tal como ilustra el cuadro precedente (vea la Figura 4.1), es posible construir una matriz de referencia destacando los productos potenciales del mapeo espiritual. La escala vertical es una lista de los tipos de información de la investigación (perfiles, resúmenes, informes y mapas), mientras que la horizontal distingue varios temas de investigación. Estos últimos incluyen énfasis territorial –vecindarios, ciudades, estados y naciones– objetivos culturales –grupos de personas y religiones– y varios sistemas sociales –industrias, escuelas e instituciones gubernamentales–.

Mientras que las opciones temáticas son numerosas, hay solamente cuatro tipos básicos de productos del mapeo espiritual. En las páginas siguientes consideraremos más detenidamente cada uno de ellos.

PERFILES Y RESÚMENES: CONSTRUYAMOS UNA CONCIENCIA DE LA COMUNIDAD

Los dos primeros tipos de productos del mapeo espiritual –perfiles y resúmenes– están diseñados básicamente para construir conciencia de cierta necesidad u oportunidad de oración. El objetivo particular puede ser un vecindario local, un grupo de personas no alcanzadas o el sitio de una universidad. Quienes lo utilizarán serán aquellos que tengan una preocupación o carga potencial por este objetivo.

La estructura simple y los contenidos breves de estos documentos hablan de su naturaleza introductoria. Debido a su forma, muchas preguntas importantes ni siquiera se realizan, mucho menos responden El objetivo es estimular un apetito por la intercesión, no mantener una extensa celebración de oración.

PERFILESDE LAS CAMINATAS DE ORACIÓN

Uno de los usos más comunes de los perfiles de mapeo espiritual es ser ayuda a las caminatas de oración. Literalmente, millones de creyentes han hecho caminatas o viajes de intercesión, en los años recientes. Algunos han estado ligados con las campañas internacionales como Caminata de Reconciliación, Oración a través de la Ventana o la Marcha para Jesús. Muchas otras se han limitado a sus propios vecindarios. Casi todas han utilizado o buscado algún tipo de recurso de información para ayudar a lograr lo máximo de su experiencia.

Los mejores perfiles los producen habitualmente las iglesias locales y los ministerios con base o cercanos a la zonas que son el objetivo.

Aunque estos productos son breves, típicamente no más largos que un par de páginas, están llenos de amor y preocupación que surge por estar revestido de interés y compromiso personal.

Los perfiles de las caminatas de oración pueden desarrollarse en poco tiempo, entre dos y cuatro semanas, si el equipo de investigación es diligente en su trabajo. Mientras que no existe un formato estándar para estas guías, la mayoría incluye por lo menos tratar algo de la historia local, las ataduras sociales y la competencia espiritual. También presenta una breve reseña de los actuales problemas que enfrenta el cuerpo de Cristo –por ejemplo apatía, persecución o desunión–.

Un último elemento incorporado en muchos perfiles –con frecuencia como un apéndice separado– es un itinerario de la caminata de oración. Los que resultan más útiles incluyen:

1. Un mapa simple pero preciso, que contenga el recorrido señalado por puntos y una serie numerada de lugares de oración.
2. Una descripción de los sitios relevantes –por ejemplo, sitios de peregrinaje, templos masónicos, librerías de la Nueva Era–.
3. Pequeñas fotografías que ayuden a los que participan de la caminata a reconocer lugares específicos.
4. Varios aspectos prácticos –por ejemplo, costo de la entrada a los distintos lugares, factores de riesgo conocidos, consideraciones de leyes locales, condiciones del clima según la época–.
5. Instrucciones para saber cómo orar en los diferentes lugares.

RESÚMENES ESPECIALES

El segundo tipo de producto del mapeo espiritual es el resumen especial. A diferencia de los perfiles que tienen la intención de ser utilizados individualmente, este está diseñado para consumo corporativo. Su propósito es alertar a las iglesias locales, equipos ministeriales y grupos de oración, a temas y circunstancias que merecen atención especial.

Aunque los resúmenes especiales ocasionalmente circularán a través de una red completa o comunidad, habitualmente se desarrollan por y para una institución particular. Los ministerios de oración de las iglesia local con frecuencia prepararán estos resúmenes para beneficio de –y con frecuencia por pedido de– un líder principal. La intención, una vez más, es concienciar a una congregación particular o ministerio de las preocupaciones serias u oportunidades especiales.

Tal como los perfiles de oración, los resúmenes pueden desarrollarse relativamente rápido y no necesitan ser puestos en un formato estándar. El tema puede ser tendencias que producen desórdenes –como la renovación de prácticas espirituales ancestrales– problemas crónicos –tales como falta de crecimiento de la iglesia en cierto vecindario– o circunstancias únicas –tales como una nueva apertura al evangelio como consecuencia de hechos traumáticos–.

INFORMES A GRAN ESCALA: CÓMO ESTIMULAR LA ACCIÓN COLECTIVA

Los informes de mapeo espiritual se distinguen de sus hermanos de investigación, tanto en la estructura –son más grandes y altamente estandarizados– como por el propósito –su intención es estimular la acción colectiva llevando a la transformación de la comunidad–. Estas diferencias notables los ubican primeros en la línea de productos del mapeo espiritual.

Dado el alto grado de compromiso requerido a este nivel de mapeo espiritual –los proyectos fácilmente pueden llevar dos años para completarse– son comparativamente pocos los informes completos que están en circulación. Aunque algunos investigadores han tratado de substituirlos con esfuerzos menores –con frecuencia perfiles o resúmenes mal etiquetados– no conozco ninguna instancia donde estos hayan llevado a la transformación de las comunidades.

El rol de los informes del mapeo espiritual no es estimular apetito por la intercesión en la comunidad, sino más bien satisfacer el hambre que ya existe. Estos productos de investigación no son introductorios. Son análisis que abarcan entidades sociales complejas. A diferencia de los perfiles y resúmenes, tienen la intención de servir como base para campañas de oración extensa.

INFORMES DE VECINDARIO

Los informes más comunes muestran una ciudad específica, vecindario o lugar de reunión. Esto puede ser producido por una congregación local o una agrupación de ministerios. Su propósito, tal como observé anteriormente, es sostener la intercesión corporativa ferviente hasta que la transformación de la comunidad se hace realidad. El proceso para construir estos informes de vecindarios es el enfoque básico de este libro.

La definición de "informes de vecindario –o comunidad–" es lo suficientemente flexible como para abarcar cualquier sitio localizado en donde personas vivan, se reúnan o desarrollen una afinidad común. Los ejemplos incluyen pequeñas ciudades, campos de escuelas, reservas nativas, grandes compañías, urbanizaciones, bases militares o una cuadra específica de la ciudad. Cuando el área que es el objetivo se vuelve demasiado grande en términos ya sea de territorio o densidad de población, ya no cabe dentro de lo que se llama informe de vecindario. Para tomar esta determinación la clave decisiva es la ubicación.

Además, los informes de vecindario, a diferencia de los perfiles y resúmenes, deben ser ensamblados de acuerdo a un diseño estándar. No puede haber desviaciones. Entre otras muchas razones, está el hecho de que los informes del mapeo espiritual son parte de un proceso de causa y efecto. Si usted desea ver su comunidad transformada por el poder del Espíritu Santo, entonces debe encontrar una forma de sostener la intercesión corporativa ferviente. Como lo observé en el capítulo 2, uno de los mejores medios para lograr esto es a través de la revelación progresiva. Los informes de mapeo espiritual pueden ayudar, pero únicamente si siguen ciertas reglas. Deben hacerse las preguntas apropiadas –y sus respuestas– en una secuencia apropiada.

Este mismo proceso se ve en las industrias desde la ingeniería hasta la agricultura. Si un contratista quiere construir un rascacielos, primero debe lograr un conjunto de anteproyectos que sean confiables, y luego poner un fundamento sólido. Si un granjero espera cosechar un abundante cultivo, debe labrar el suelo e irrigar sus semillas. Ignorar estas tareas, o hacerlas en una secuencia desordenada, llevará al hambre y al desastre.

Otra razón para realizar los informes estándar, es que sirven para análisis comparativos. Esto es particularmente importante en la detección de fortalezas regionales o moldes espirituales que se repiten. Adoptando un sistema compatible, podemos considerar temas y territorios a través de los ojos de múltiples observadores, un abordaje que asegura una apreciación más completa y precisa. Los informes sobre las costumbres, por el otro lado, son como un canasto de fruta mezclada; pueden ser impresionantes a la vista, pero no nos dicen demasiado sobre la salud de un cultivo en particular.

Los informes espirituales estándar incluyen seis secciones; cada una trata con un tema central, como por ejemplo las ataduras sociales que prevalecen, la evolución de las circunstancias actuales o el potencial para que existan apreturas espirituales –para más detalles ver el capítulo 6–. El contenido de estas secciones consiste en las respuestas a docenas de relevantes preguntas de diagnóstico –ver "Otros recursos", página 223, donde hay una lista completa).

INFORMES REGIONALES

Este tipo de producto de mapeo permite a los cristianos discernir los cimientos espirituales de un territorio en ciudades extensas, condados, estados o regiones. Es la progresión natural del informe de vecindario o comunidad.

El alcance de estos informes de "todo el cuadro" los hace no solo estratégicamente muy valiosos, sino también difíciles de producir. Demasiado extensos para que un solo ministerio lo complete, deben ser armados con el tiempo por varios compañeros de múltiples iglesias. El proceso requiere paciencia y cooperación, virtudes que generalmente son poco comunes.

Cali, Colombia –con una población de dos millones– presenta una muy bienvenida excepción a este molde. Cuando los líderes de la iglesia de la ciudad decidieron mapear espiritualmente su comunidad alrededor de 1995, dividieron su gigantesca asignatura entre docenas de comunidades locales. En una escena que traía reminiscencias de los cuarenta y uno clanes que reedificaron los muros de Jerusalén bajo Nehemías[1], cada iglesia tomó la responsabilidad de investigar en su vecindario inmediato. Varios meses más tarde, cuando estos proyectos locales estuvieron completos, los descubrimientos fueron reunidos en un informe mayor.

Otra iniciativa de investigación cooperativa, llamada Proyecto del Corredor Noroeste, fue lanzada en el verano de 1998. Esta enorme campaña aún está vigente en el momento de escribir esto, y ha movilizado a cientos de cartógrafos entre Alaska y Oregon, con el propósito de investigar las dinámicas espirituales que obran en la región de América del Norte donde hay menos iglesias; trabajaron en ciudades, aldeas y reservas a ambos lados de la frontera entre Estados Unidos y Canadá. Equipos mezclados de anglos y americanos nativos revelan evidencias de las rutas de migración ancestrales, tempranos pactos espirituales y enormes cantidades de engaños con diferentes adaptaciones.

Además de las medidas, los informes regionales son similares en estructura a los informes de vecindarios. Los dos productos tratan con las mismas preguntas centrales, y tienen la intención de estimular y mantener una ferviente intercesión corporativa.

MAPAS DE CARÁCTER.
CREAR UN ESTANDAR VISIONARIO

Los mapas convencionales de ciudades señalan los vecindarios suburbanos o distritos administrativos como parches de colores. Una guía recientemente publicada de la cuenca de Los Ángeles, por ejemplo, muestra una Pasadena color marrón, una Hollywood rosada, una Long Beach amarilla, una Anaheim naranja. Un mapa de ruta de Sydney, Australia, utilizó los mismos colores para destacar las comunidades de Strathfield, Bondi, Epping y Parramatta.

A pesar de lo útiles que resultan estos sistemas para los turistas, ofrecen poca sustancia para los intercesores. No existe manera de saber, por ejemplo, si la gente que vive en el distrito rosado es de alguna manera diferente a la que realiza sus negocios en el sector amarillo. No tenemos ninguna pista sobre lo que esa línea divisoria significa en realidad.

En verdad, muchas fronteras geopolíticas, especialmente en el mundo occidental, no tienen significado social o espiritual de ninguna naturaleza. Son las marcaciones arbitrarias de burócratas a quienes no les conocemos el rostro, el legado fatigado de políticos que se sirven a sí mismos. Dividen sin describir.

Mientras que a primera vista esto aparenta no ser importante, el tema se hace más grave cuando consideramos que estas frágiles y arbitrarias distinciones forman la base para muchas de nuestras iniciativas de oración. Podemos hablar a Dios sobre cosas que Él no reconoce, o que no tienen ningún significado en la dimensión espiritual.

Al igual que perfiles, resúmenes e informes, los mapas de carácter están diseñados para ayudar a los intercesores a ver a sus comunidades como realmente son –desde el punto de vista divino– y no meramente como aparentan ser. Cumplen esta misión ofreciendo una alternativa práctica a los mapas convencionales y las fronteras geopolíticas.

El primer paso en la creación de un mapa de carácter es preguntar qué es lo que Dios ve cuando mira a cierta comunidad. ¿Cómo distingue Él un vecindario u área de otra? Si los límites geopolíticos convencionales no siempre son la mejor forma de definir la realidad, ¿cuál es esa manera?

De acuerdo a las Escrituras, el enfoque básico de Dios está sobre el corazón humano (ver 1 Samuel 16:7). Él escudriña sus frutos (ver 2 Samuel 22:21-25; Jeremías 17:10; Mateo 7:17-20; Lucas 6:43-45) e investiga el objeto de su afecto (ver 1 Reyes 11:1-4; 2 Crónicas 16:9; Jeremías 20:12; Ezequiel 6:9; 14:3; Lucas 12:34). Las acciones superficiales y las apariencias significan muy poco (ver Mateo 7:21-23; 23:25-29, Santiago 2:2-4).

Ciudades, naciones y grupos de personas se miden todas igual, solamente por sus proporciones. En este nivel la atención de Dios se fija en la intención colectiva, alianza colectiva y modelos y comportamientos colectivos. Los individuos pueden desviarse de lo colectivo como el caso de Noé, Moisés y Daniel, pero no pueden oscurecer sus rasgos esenciales y carácter.[2] Finalmente, la comunidad será conocida y juzgada por sus frutos (ver Génesis 18:20-21; Amós 9:8: Sofonías 1:12; Apocalipsis 2–3).

Desde la perspectiva de Dios, entonces, es el carácter de un lugar el que lo distingue. Los límites de la comunidad están fijados no por los burócratas y políticos, sino por las elecciones morales y los patrones resultantes de conducta. Lo que cuenta es aquello que esa comunidad adora.

Los poderes demoníacos también reconocen estas verdades. Cuando el diablo le ofreció a Jesús *"los reinos de este mundo"* (Lucas 4:5), no se trataba de una altanería tan sutil sino que incontables comunidades humanas ya estaban abanderadas con él. Las Escrituras reconocen esto en pasajes como 2 Reyes 17:29 y Jeremías 2:28. Él logró el control de estas comunidades en aquel momento, tal como lo hace ahora, a través de pactos *Una cosa por otra (quid pro quo)* con los habitantes locales.[3] Como devolución por su promesa de proveer riquezas, poder y protección, se reservaba una completa y permanente alianza.

Como expliqué en *The Twilight Labyrinth:*

Los primitivos estados–ciudades mesopotámicas como Babilonia, Ur y Nippur, fueron considerados propiedad de deidades particulares que los gobernaban a su antojo. Lo mismo sucedía en Egipto, donde cada aldea, villa y distrito tenía su dios que llevaba el nombre de *Señor de la Ciudad*. En Siria y Palestina, estos dioses locales eran llamados baales, un apelativo que significaba señorío sobre comunidades y territorios específicos.[4]

Ciudades como Astarot, No Amon, Baal Gad y Atenas adoptaron sus nombres actuales de sus patronos espirituales. Otros, como Éfeso, simplemente se complacían en la reputación de esos dioses.

"El escribano de la ciudad aquietó a la multitud y dijo, "¿quién es el hombre que no sabe que la ciudad de los efesios es guardiana del templo de la gran diosa Diana, y de la imagen venida de Júpiter?" (Hechos 19:35).

Al ligar la identidad de Éfeso a su alianza espiritual y reputación social, este primitivo siervo civil ofrece un notable ejemplo del carácter del mapeo. Le está diciendo a su audiencias, de tantas maneras que Éfeso es realmente la "Ciudad de Artemisa". Es la diosa, no el gobierno, el que pone la ciudad en el mapa.

Por supuesto, la perspectiva de Dios sobre esos temas es con frecuencia más profunda y explícita que la que lleva la opinión pública. Babilonia, cuyo nombre significa "Puerta de los dioses", es un caso en realidad. Aunque los mapas y titulares del día sin dudas mostraban a la ciudad como un centro líder de la política, educación y religión, Dios la veía como *"casa de demonios y guarida para todo espíritu malvado"* (Apocalipsis 18:2). Su descripción del carácter de Babilonia era el de *"madre de rameras"* (Apocalipsis 17:5). Nínive fue reidentificada como *"maestra de hechizos"* (Nahum 3:4), mientras que Pérgamo llegó a ser conocida como el asiento de Satanás (ver Apocalipsis 2:13).

Si queremos hacer una obra espiritual, nos conviene comenzar con la perspectiva espiritual. Y dado que los mapas convencionales son inadecuados para esta tarea, necesitamos algo nuevo. Necesitamos mapas de carácter.

Dos elementos clave distinguen a estos mapas especializados: los nombres descriptivos y los límites con significado. Para considerar el primero, los investigadores necesitarán investigar los compromisos espirituales de la comunidad, la reputación social y los patrones de comportamiento habituales. Las pistas significativas son fáciles de ubicar. Por ejemplo, consideremos Atenas. La Biblia nos dice que mientras Pablo esperaba a Silas y Timoteo para que se les unieran en la capital griega, *"se enardecía viendo la ciudad entregada a la idolatría"* (Hechos 17:16). Más conocimiento de la cultura que prevalecía se provee en el versículo 21 donde sabemos que:

"Todos los atenienses y los extranjeros residentes allí, en ninguna otra cosa se interesaban sino en decir o en oír algo nuevo".

Este proceso de identificación, o reidentificación, no siempre es negativo. Luego de que Jacob se despertó de su visión celestial cerca de la ciudad de Luz, cambió el nombre del lugar a Bethel, que significaba *"casa de Dios"* (Génesis 28:19; 35:15). Cuando se encontró un ángel en el río Jaboc, llamó el sitio Peniel, o *"rostro de Dios"* (Génesis 32:30). El profeta Zacarías proclamó que cuando el Señor regrese a Sión, *"Jerusalén será llamada la ciudad de la verdad"* (Zacarías 8:3).

El mapeo de carácter también requiere que nosotros volvamos a dibujar los límites por su significado, sea alrededor de ciudades, naciones o vecindarios. Un importante punto de partida para este trabajo de investigación es averiguando cuál es el punto de vista sobre el mundo espiritual, y la alianza que tienen los habitantes locales. ¿Por qué esto es tan importante? Porque, como observó William Robertson Smith en *La Religión de los semitas,* "El territorio de un dios se corresponde con la tierra de sus adoradores".[5] Los poderes espirituales arman sus tiendas en cualquier lugar donde son bienvenidos por la voluntad de la tribu.

La reputación social y los patrones crónicos de comportamiento también deben ser considerados. ¿Existe una comunidad particular conocida por su indulgencia en lo sexual, tal como el distrito rojo de Ámsterdam, el Pat Pong de Bangkok, Copacabana en Río o El Quarter francés de Nueva Orleáns? ¿La reputación de cierta ciudad y sus patrones de conducta como el caso de Mixto, en Guatemala,[6] o Sedona, en Arizona, atraen cultos? ¿Se trata de un vecindario o distrito que se inclina en forma excesiva a la delincuencia (Miami Occidental, el Este de Los Ángeles), la pobreza (Calcuta, Haití) o el Suicidio (Reserva Inuit en Canadá y Alaska)?

En muchas áreas metropolitanas estos tipos de vecindarios están mezclados con centros financieros, distritos universitarios y suburbios religiosos. Desafortunadamente, rara vez son etiquetados como lo que son. En lugar de eso, los cartógrafos siguen a los líderes políticos y burócratas, poniendo nombres y límites que significan poco a los lectores y mucho menos al mundo espiritual. El único remedio para estas designaciones artificiales, es preparar bajo mucha oración un mapa de carácter.

En años recientes estos y otros productos de mapeo espiritual han surgido como poderosos instrumentos para ver la realidad. Se han transformado en el telescopio orbital Hubble de la intercesión por la comunidad. Han aumentado la visión de los intercesores levantándolos por encima de los efectos que distorsionan la atmósfera circundante.

LO QUE EL MAPEO ESPIRITUAL NO ES

Si bien es cierto que el mapeo espiritual nos permite ver detrás –o más allá– de la superficie del mundo material, no es magia. No crea ni manipula la realidad. Es subjetivo únicamente porque se origina en la pasión por los perdidos y reconoce el impulso del Espíritu Santo. Es objetivo porque puede ser verificado –o desacreditado– por la historia, la observación sociológica y la Palabra de Dios.

En algunos aspectos las suposiciones falsas sobre el mapeo espiritual, han llevado a la superstición y el autoengaño. En muchas otras ha espantado a los creyentes conservadores de una disciplina que podría haber resultado un genuino beneficio.

Debido a esta confusión, vale la pena tomarse un momento para examinar algunos de los conceptos equivocados más notables. Si identificamos claramente lo que el mapeo espiritual no es, podemos evitar mucho mejor los dos errores de misticismo elitista y del rechazo general.

EL MAPEO ESPIRTUAL NO ES
LA PRODUCCIÓN DE MAPAS EXTRAÑOS

En una reunión reciente en Louisiana del Sur, una mujer muy interesada me presentó un mapa hecho a mano del río Mississippi-Missouri. Cuando me detuve a examinar su extraño diseño, observé que había agregado significado espiritual a cada giro importante de esta vía acuática de más de tres mil setecientos cincuenta kilómetros de longitud.

Como si esto no fuera suficientemente extraño, unas pocas semanas después recibí un mapa de Inglaterra que describía las fortalezas espirituales bajo la forma de variados insectos. De acuerdo al intercesor británico que lo envío, el gusano y el escorpión eran especialmente significativos.

Lo más preocupante es que estos mapas no son infrecuentes. Cada semana agrego nuevas muestras a las ya amplias pilas que adornan la mesa de mi biblioteca.

Especialmente conocido es "conectar los puntos" un abordaje –una técnica que une coordenadas de un mapa que son subjetivamente elegidas para "revelar" todo– desde pentagramas satánicos a corredores

de poder espiritual.[7] Muchos de estos siniestros diseños se presentan
como el trabajo manual inspirado por los demonios a los planificadores de ciudades. Mientras que no hay que desechar la influencia masónica en ciertos diseños urbanos, el significado de esta influencia algunas veces se exagera.[8]

A pesar de que se considera revelación autorizada, estos mapas casi siempre se los separa de las evidencias comprobables. Y es esta separación, unida a la tendencia de muchos investigadores modernos
justamente de quitarse de encima estas evidencias, lo que trae profunda confusión sobre la verdadera naturaleza del mapeo espiritual.

⊰⊱

AL BASAR SUS PRODUCTOS EN UNA
INVESTIGACIÓN INADECUADA, DOGMA TEOLÓGICO,
PENSAMIENTO IMAGINATIVO O ILUSIONES,
LOS CARTÓGRAFOS ESPIRITUALES ACTUALES TRAEN
REMINISCENCIAS DE LOS CARTÓGRAFOS
MEDIEVALES QUE LLENABAN TODO PUNTO
VACÍO CON CRIATURAS EXTRAÑAS.

⊰⊱

Al basar sus productos en una investigación inadecuada, dogma
teológico, pensamiento imaginativo o ilusiones, los cartógrafos espirituales actuales traen reminiscencias de los cartógrafos medievales que
llenaban todo punto vacío con criaturas extrañas, una práctica que
inspiró a Jonathan Swift su tan conocido verso satírico:

> Así los geógrafos, en los mapas de África
> con cuadros salvajes llenan los vacíos;
> y en los inhóspitos declives
> ubican elefantes a falta de ciudades.[9]

EL MAPEO ESPIRITUAL NO ES IMAGINERÍA SUBJETIVA

Luego de finalizar una conferencia sobre el mapeo espiritual a mediados de los años 90, se me acercó una mujer de California que
anunció que ya había identificado la ubicación precisa de la fortaleza del enemigo en su comunidad. Intrigado, la animé a que me
explicara.

– Es en mi iglesia –continuó con un aire seguro– está centrado en una ventana de vidrios de colores ubicada al frente de nuestro santuario. He ofrecido pagar para que reemplacen la ventana, pero mi pastor no está decidido con la idea. Solamente está dispuesto a permitirme cubrirlo con papel de envoltorio color marrón.

Este relato revela un supuesto defectuoso sobre la guerra espiritual: decir que los problemas en la dimensión espiritual pueden simplemente cubrirse. También ilustra cómo a veces se confunde el genuino mapeo espiritual con las ideas abstractas y las fantasías mentales.

En un caso parecido, un pastor estadounidense proclamaba haber descubierto un sitio donde los poderes demoníacos emanaban secretamente desde las entrañas de la Tierra. Luego de ungir con aceite en forma persistente el lugar, anunció que la salida infernal había sido "limpiada y sellada".

Renunciando a los mapas de papel, los autores de tales fantasías proyectan sus imaginaciones directamente sobre la tela de la realidad. Cada día, sin una pizca de vergüenza, asignan dudoso significado espiritual a todo, desde los elementos naturales –ríos, montañas e islas– a varias formas de arquitectura –especialmente edificios públicos y monumentos–.

EL MAPEO ESPIRITUAL NO ESTÁ CENTRADO EN LO DEMONÍACO

Otra tendencia de muchos cartógrafos espirituales, es darle indebida y aún exclusiva atención a lo demoníaco. Este hábito se nota con más frecuencia en el apuro para asignar nombres a los espíritus territoriales, o para identificar corredores de poder espiritual, conocidos como líneas ley.

Si bien Dios puede muy bien dar esa revelación, no hay sugerencias en La Escritura –o en casos de estudio recientes– de que es un requerimiento universal para tener un ministerio exitoso.

Cualquier investigación de las dinámicas espirituales que obran en una comunidad necesitada, debe considerar tres preguntas fundamentales:

1. ¿Qué funciona mal en mi comunidad?
2. ¿De dónde vino el problema?
3. ¿Qué puede hacerse para cambiar las cosas?

Mientras que las dos primeras preguntas con frecuencia sí destacan la actividad satánica, es un error igualar cualquiera de las respuestas que podamos conseguir a un producto de mapeo espiritual. Las comunidades no cambian meramente porque nos hemos dado cuenta de la naturaleza y origen de las fortalezas espirituales; pueden cambiar porque los creyentes revitalizados entran en oración ferviente y unida.

Para estimar el potencial que existe con vistas a una apertura espiritual, debemos considerar las iniciativas tomadas por Dios y su pueblo. Debemos preguntar qué hace la Iglesia para cultivar un apetito por la unidad, la santidad y la oración, y si es que existe evidencia de que el Espíritu Santo responde a estas iniciativas. A menos y hasta que completemos este recorrido del "lado de la luz" del mapeo espiritual, no tendremos éxito en nuestra misión.

EL MAPEO ESPIRITUAL NO ES UNA VARITA MÁGICA

Otros cristianos presumen –o por lo menos tienen la esperanza– de que el mapeo espiritual sea un arreglo rápido para cualquier dolencia de sus comunidades. Se lo mira como una cura milagrosa, un atajo hacia el bienestar. Si uno simplemente hace la "investigación" –documentando impresiones subjetivas– las aperturas se sucederán rápidamente.

Esta noción se encuentra con mayor frecuencia en las sociedades occidentales donde lograr la atención tiene una duración de segundos, y la ética de trabajo ha sido erosionada por fórmulas, artimañas y artilugios. Desafortunadamente para los que defienden esto –en cualquier lugar donde estén– es algo falso.

El mapeo espiritual no es ni rápido ni mágico. Quitémosle todo mito: se trata de una agenda pesada de trabajo duro y disciplinado. Aquellos que no están preparados para un trabajo unido de la comunidad, una investigación rigurosa y largas horas de oración delante de Dios, es mejor que se abstengan.

EL MAPEO ESPIRITUAL NO ES LA ÚNICA MANERA

Otra falsa suposición es que Dios no puede moverse en una comunidad, a menos que los creyentes locales hayan realizado un proyecto riguroso de mapeo espiritual. Debido a que la disciplina es un factor contribuyente en muchas historias de éxito, los que la proponen sostienen que el mapeo espiritual debe ser realizado siempre.

El problema con este argumento es que despoja a Dios de su soberanía. Se niega a considerar su extraordinaria capacidad de recursos y originalidad, atributos que están bien documentados en los relatos bíblicos de Nehemías –en Jerusalén– y Jonás –en Nínive–.

༺༅༻

EL MAPEO ESPIRITUAL NO ES NI RÁPIDO
NI MÁGICO. AQUELLOS QUE NO ESTÁN PREPARADOS
PARA UN TRABAJO UNIDO DE LA COMUNIDAD,
UNA INVESTIGACIÓN RIGUROSA Y LARGAS
HORAS DE ORACIÓN DELANTE DE DIOS,
ES MEJOR QUE SE ABSTENGAN.

༺༅༻

EL MAPEO ESPIRITUAL NO ES GUERRA ESPIRITUAL
Finalmente, es importante señalar que mientras el mapeo espiritual y la guerra espiritual con frecuencia son mencionadas como en un mismo paquete, en realidad son dos actividades distintas. Mientras que la primera es una disciplina de investigación que produce inteligencia sobre las dinámicas espirituales que obran en determinada comunidad, la última es en donde se pone en uso esa inteligencia –frecuentemente oración ferviente, ayuno y evangelismo–.

El mapeo espiritual no es una solución, sino más bien un medio hacia una solución. Involucra oración, pero solamente como ayuda a la adquisición e interpretación de la inteligencia espiritual decisiva. Su única meta es *preparar el camino* para la intercesión efectiva.

Esta distinción no tiene el propósito de implicar una exclusividad mutua. Si bien el mapeo espiritual y la guerra espiritual no son mellizos idénticos, son parientes de sangre interdependientes. Parafraseando al apóstol Pablo, la investigación sin obras es muerta.

Capítulo 5

MÁS ALLÁ DE LOS PRIMEROS PASOS

Una vez que hemos explorado la naturaleza y propósito del mapeo espiritual, es tiempo de examinar los aspectos prácticos del lanzamiento y realización del proyecto de investigación. ¿Exactamente dónde comenzamos? ¿Cuál es la primera orden de trabajo?

Para proveer respuestas a estas preguntas, este capítulo se concentrará en dos primeras tareas: establecer los parámetros del proyecto: ¿estará investigando un vecindario urbano o un condado rural? Y determinar el tamaño y composición de su equipo. Estas doble acciones representan dos pasos iniciales muy importantes en su carrera hacia la victoria.

Si nunca antes hizo algo así, puede ser que se sienta un poco nervioso o inadecuado. Estas emociones son comunes, así que no les permita que se lleven lo mejor de su persona. Es imposible recordar cada procedimiento o metodología. Nadie logra nada sin defectos. ¡Por lo tanto, no se preocupe! Hacer las cosas correctamente no es tan importante como hacer las cosas correctas.

DETERMINEMOS LA MEDIDA DE SU TAREA

Al comienzo de su campaña de mapeo espiritual necesitará determinar cuánto territorio va a cubrir, y por qué. Los límites que elija deben ser relevantes para su misión final –una comunidad transformada– y para las realidades conocidas en lo histórico, cultural y espiritual. Deberán también ser un reflejo realista del tiempo y mano de obra disponible.

Para asegurar que los parámetros de su proyecto son verdaderamente significativos, no se apure para adoptar los límites cívicos o políticos prevalecientes. A pesar de su conveniencia, estas líneas divisorias con frecuencia son invenciones arbitrarias que ignoran los hechos y afiliaciones preexistentes.

Un buen ejemplo de esto se encuentra en el sudoeste estadouniden-se, donde la reserva de los indios navajos se derrama sobre los límites de tres Estados –Arizona, Utah y Nueva México–. Como la nación de los navajos tiene fecha anterior a estas designaciones políticas, los miembros de las tribus le prestan más atención a las fronteras identi-ficadas por los mitos tradicionales.

Ejemplos similares pueden verse en las fronteras coloniales de Áfri-ca –que frecuentemente divide en dos partes las ancestrales tierras tri-bales–, la ciudad pakistaní de Peshawar –cuya historia y cultura está mucho más ligada a las ciudades Pashtu del interior de Afganistán– y las subdivisiones políticas de América Central –la cual consigna a los mayas a cuatro naciones separadas–. En estos y muchos otros casos al-rededor del mundo moderno, las fronteras políticas son incongruentes con los dominios culturales y espirituales que subyacen (ver el capítu-lo 7 para saber más sobre supraestados e islas en la ciudad).

࿐

LOS PODERES ESPIRITUALES SE CONGREGAN
EN LUGARES Y CULTURAS DONDE SON
BIENVENIDOS. LAS ÚNICAS FRONTERAS
QUE RECONOCEN SON AQUELLAS QUE HAN
SIDO ESTABLECIDAS A TRAVÉS DE LOS PACTOS
CON SUS SEGUIDORES.

࿐

Debido a que una meta importante del mapeo espiritual es identifi-car estos dominios, su campaña de investigación no debe ser desviada por demarcaciones artificiales. Los poderes espirituales se congregan en lugares y culturas donde son bienvenidos. Las únicas fronteras que reconocen son aquellas que han sido establecidas a través de pactos con sus seguidores.[1]

Con esto en mente, es una buena idea mantener flexibles las dimen-siones de su proyecto, a medida que aprende más sobre su área elegi-da puede ajustar las fronteras para incluir o excluir ciertos distritos o vecindarios. Siempre recuerde que su meta es lograr resultados autén-ticos y no tanto la pulcritud.

Los buenos resultados también demandan realismo. Las dimensio-nes de su proyecto no deberían exceder los recursos a su disposición.

Si lo hacen, usted y sus colegas probablemente terminen sin frutos y frustrados.

Hasta ahora las campañas de mapeo espiritual más efectivas han enfocado en los vecindarios y pequeñas a medianas ciudades –aunque el progreso también ha sido informado en campos universitarios y reservas indígenas–. Además de ser más manejable, emprendimientos de este tamaño mantienen la acción cercana al lugar de origen, un hecho que les da a los participantes un importante interés creado.

Los proyectos destinados a ciudades, condados, estados y provincias han sido menos exitosos. Abrumados simplemente ante el tamaño y complejidad de estos objetivos, muchos equipos se han quedado con conclusiones superficiales, o han abandonado su búsqueda por completo.

Mientras que la geografía con frecuencia es vista como la razón de tales fracasos, la verdad es que la densidad de la población lo es. Una cuadra de departamentos en torre· en Hong Kong puede fácilmente presentar un desafío más grande que un condado entero en la Irlanda rural. El mapeo espiritual se trata de descubrir qué sucede en el interior de la cabeza de las personas; y cuantas más cabezas hay para estudiar, más difícil se transforma el proyecto.

En promedio, le tomará, a un equipo competente, a tiempo parcial, entre uno a dos años hacer el mapa de un gran vecindario o una ciudad mediana. Si quiere dar curso a este proceso, será mejor que aumente la mano de obra de su proyecto. Recortar la calidad de su informe solamente lo llevará a conclusiones superficiales y posiblemente peligrosas.

FORMEMOS COMPAÑERISMOS ESTRATÉGICOS

Si determina que su tarea de investigación es demasiado grande para un solo grupo –un caso así sería si tiene como objetivo hacer un mapa de una gran área metropolitana– tenga en cuenta la posibilidad de formar un compañerismo estratégico con otras congregaciones locales. Esta es una excelente manera de lograr un trabajo grande más rápidamente.

Como lo observé en el capítulo 4, las iglesias en Cali, Colombia, tuvieron un gran éxito con esta forma de trabajo. Luego de definir los parámetros de su tarea –un área metropolitana entera– docenas de congregaciones del vecindario empezaron a establecer campañas cooperativas de mapeo en cada uno de los veintidós distritos administrativos de la ciudad. Al terminar su trabajo, unieron los resultados como si fueran paneles de una manta de retazos.

Además de ganar tiempo, este tipo de compañerismo hace aumentar el interés. Los participantes están deseosos no solamente de aprender sobre sus vecindarios inmediatos, sino también ver cómo sus descubrimientos encajan en el mosaico mayor de la comunidad que los rodea.

El libro de Nehemías revela que por lo menos cuarenta y un clanes hebreos tomaron parte en la reconstrucción de los muros de Jerusalén.[2] El capítulo tres describe cómo estas personas –entre las cuales había sacerdotes, comerciantes, orfebres y perfumistas– sirvieron al bien común tomando tareas ubicadas en sus propios distritos y vecindarios. Refaías, gobernador de mitad del distrito de Jerusalén, restauró un área adjunta a la de los orfebres y perfumistas (ver el versículo 9), mientras que Nehemías, gobernador de mitad del distrito de Beth Sur, trabajó *"hasta delante de los sepulcros de David"* (versículo 16). Hasabías, gobernador de la mitad de la región de Keila, *"por su región"* (versículo 17), mientras que Jedaías, *"restauró frente a su casa"* (versículo 10).

Como resultado de este esfuerzo colectivo, los muros se completaron en cincuenta y dos días, un logro asombroso en su tipo. Nehemías respondió: *"Y cuando lo oyeron todos nuestros enemigos, temieron todas las naciones que estaban alrededor de nosotros"* (6:16). El día de la rededicación de la ciudad a Dios, dos grandes coros dirigieron al pueblo en una marcha de alabanza exuberante alrededor de los muros. Mientras ofrecían grandes sacrificios, el *"alborozo de Jerusalén fue oído desde lejos"* (12:43).

Si se decide a formar un compañerismo estratégico en su propia ciudad, esté seguro de permitir un buen tiempo para que los participantes logren alcanzar un consenso de oración acerca de los objetivos y metodologías del proyecto. El buen diálogo de frente ayudará a evitar sorpresas desagradables más adelante.

ORGANICEMOS EL EQUIPO DE INVESTIGACIÓN

Una de las primeras cosas que necesita un equipo exitoso de mapeo espiritual, es un liderazgo competente. Sin él, su proyecto está destinado a estrellarse contra las rocas de la confusión y la postergación.

El líder del equipo puede ser hombre o mujer, pero él o ella deben gozar del respeto y atención de todos los otros miembros. El hecho de que sean expertos en cifras y logros no significa nada si son incapaces de una interacción social. Esas personas pueden ser valiosos miembros de equipo, pero no son adecuadas para el liderazgo.

También hay que evitar los egos inflados, planes personales y personalidades dictatoriales. Como sucede con todas las actividades complejas, el mapeo espiritual requiere una combinación de diversos talentos y personalidades. Para lograr esto el líder de un equipo debe estar preparado a ejercitar considerable sabiduría, paciencia y humildad.

Los mejores líderes subdividen los talentos por grupos de trabajo que se concentran en las distintas tareas, tales como investigación de biblioteca, entrevistas en el mismo campo y oración intercesora. El primero de estos grupos con frecuencia es llamado *unidad de archivos,* y consiste en individuos que tienen la capacidad de entresacar información de fuentes secundarias como libros, diarios, disertaciones y mapas. Son los más productivos en las bibliotecas y archivos, y tienden a disfrutar navegando en la Internet.

La unidad del campo, por otro lado, está formada por personas a quienes les encanta la interacción social. Su lugar de efectividad es la calle en donde pueden extraer información de la observación y las entrevistas personales. Sin su contribución, la campaña de mapeo espiritual puede fácilmente llegar a tomar el carácter de algo académico y hasta lejano.

El último grupo es conocido como *la unidad intercesora,* y comprende a individuos que han aprendido a apreciar el silencioso lugar de la oración. Estos disciplinados guerreros de oración han descubierto que hay un tesoro escondido de información que espera a aquellos que fielmente registren cada impulso y las revelaciones del Espíritu Santo.

Al reunir los talentos para estas variadas unidades, es importante seleccionar a los participantes que están comprometidos a participar durante todo el proyecto, ya sea que consista de cincuenta y dos días o dos años. Aparte de intrusiones inesperadas como enfermedades o viajes de negocios asignados sorpresivamente, no deberían existir excusas para realizar las tareas de mapeo espiritual. Manejar un proyecto complejo con un equipo estable es suficientemente difícil. Una vez que se autoriza a los miembros a rebotar entrando y saliendo de la acción, la tarea se transforma en algo casi imposible.

CARACTERÍSTICAS DE UN CARTÓGRAFO ESPIRITUAL

Mientras que en los últimos años se ha escrito mucho sobre las cualidades de un efectivo consejero, misionero o administrador de iglesia, prácticamente no existe literatura sobre lo que se requiere para ser un buen cartógrafo espiritual. Para ayudar a cubrir este vacío, he reunido una lista de atributos –tanto generales como específicos– que recogí de exitosos proyectos de todo el mundo.

ATRIBUTOS GENERALES
Al reclutar talentos para su equipo de mapeo espiritual, es importante observar que esta práctica con frecuencia atrae a solitarios y personas con dificultades de adaptación. Para eliminar estos candidatos problemáticos sin negar una diversidad que resulta útil, debería fijarse en individuos que tengan el siguiente estándar de carácter.

Motivación correcta
Recuerde que la fuerza de motivación detrás de toda actividad de mapeo espiritual, deberá ser la pasión por las almas perdidas. Las personas que quieren utilizar el mapeo espiritual para espiar con motivos erróneos las bases de su comunidad, no son miembros adecuados para el equipo.

Compromiso con la comunidad
El mapeo espiritual no es para aves de paso. Tal como el pastor Bob Beckett ha señalado, "Las revelaciones territoriales están unidas a compromisos territoriales".[3] Dios quiere saber que hacemos una tarea antes de quitarnos las escamas de nuestros ojos. Los secretos son a la vez preciosos y poderosos, y el Espíritu Santo los distribuye solamente a aquellos en quienes confía.

Actitud de siervo
Los cartógrafos espirituales deberían ser integrantes de equipos. Su ambición es servir a sus compañeros de investigación y a los espiritualmente perdidos, cuyas circunstancias investigan. A toda costa hay que evitar a los individuos que no son abiertos ni humildes, y a quienes les gusta mantener la ilusión de que son una parte exclusiva del equipo de "los conocedores".

Rendir cuentas

Las personas que están ansiosas para meter sus narices en el corazón de las tinieblas, pero no están dispuestas a someterse a la supervisión del liderazgo, se ponen en peligro ellos mismos, a sus compañeros de equipo y posiblemente a la causa de Cristo. Al irritarse por tener que rendir cuentas muestran su desprecio por las dinámicas de guerra del mapeo espiritual. No hay lugar para los llaneros solitarios en esta tarea. Los miembros de equipo que rinden cuentas, son participantes que están cubiertos.

~~~

LOS INVESTIGADORES –O INTERCESORES–
EXCESIVAMENTE MÍSTICOS PUEDEN PROYECTAR
FANTASMAS IMAGINARIOS SOBRE LA TELA DE LA
REALIDAD. AQUELLOS QUE SON EXCESIVAMENTE
CONSERVADORES TIENEN LA TENDENCIA
A NO VER LOS VERDADEROS DRAGONES.

~~~

Equilibrio espiritual

Dado que Satanás es un conocido mentiroso y engañador, aquellos que le siguen la pista deben manejar su equilibrio espiritual. Los investigadores –o intercesores– excesivamente místicos pueden proyectar fantasmas imaginarios sobre la tela de la realidad. Aquellos que son excesivamente conservadores tienen la tendencia a no ver los ver los verdaderos dragones. La dimensión espiritual es un lugar profundo y misterioso. Aquellos que entran necesitan conocer la voz y el carácter de quien los guía.

Hábito de trabajar bien

El escritor de Eclesiastés advierte: *"Todo lo que te viniere a la mano para hacer, hazlo según tus fuerzas"* (9:10). El trabajo intenso deja al descubierto el carácter de las personas. Como Sam Ewing lo expresó con agudeza en el *Reader's Digest*: "Algunos se arremangan, otros alzan la nariz y otros no levantan nada".[4] Igual que cualquier otro emprendimiento valioso en el Reino, el mapeo espiritual demanda obreros diligentes, ingeniosos y honestos. A aquellos que siempre buscan la salida más fácil, no les irá muy bien en esta disciplina.

ATRIBUTOS ESPECÍFICOS

Los candidatos al mapeo espiritual deberían también mostrar atributos que los hagan adecuados para servir en el equipo de archivo, el de campo o intercesor. Los siguientes mini-perfiles deberían darle una idea de qué es lo que se busca.

Unidad de archivo

Los mejores participantes en esta unidad son personas detallistas. Desde oscuras notas al pie hasta cronologías históricas encuentran bellezas en las hojas impresas. Tienen una inclinación por la exactitud, y casi siempre tienen como virtud la paciencia. Ser ingeniosos también es algo muy importante. Díganles que algo no existe o no puede hacerse, y lo único que lograrán es encenderlos más. Para ellos la búsqueda es la mitad de la diversión. Tienen memorias excelentes, buenas facultades analíticas, y generalmente son buenos lectores y hábiles en el manejo de la computación.

Unidad de campo

Cada miembro de la unidad de campo del mapeo espiritual debería ser conocido como "persona de relaciones públicas". Estos individuos son parecidos en todo y determinados, al igual que sus colegas de archivo, pero les encanta extraer información por vía de sus habilidades sociales. Generalmente son capaces de comunicarse –lo cual les ayuda a conseguir y conducir entrevistas– tanto como buenos observadores y sabios al juzgar una personalidad.

Unidad intercesora

El grupo de personas de sostén en intercesión más útil, es el paciente y disciplinado. Han aprendido a través de la experiencia, que Dios con frecuencia es directo al comunicarse con el hombre. Y al mismo tiempo tienen el suficiente sentido común para sacar lapicera y papel cada vez que Dios comienza a hablar. Al reconocer la potencial tendencia hacia el error de su mundo subjetivo, los intercesores maduros pasan un buen tiempo con la Palabra de Dios y con sus santos. Con frecuencia es la primera de las tres subunidades que percibe importantes advertencias y patrones que se repiten.

LANZAR EL PROYECTO

En realidad, antes de enviar al equipo a las calles, es importante asegurarse que los creyentes locales están listos para los frutos de su labor. Recuerde que el propósito del mapeo espiritual es mantener la intercesión ferviente, y pavimentar el camino para un evangelismo efectivo. Si las iglesias de la comunidad no están unidas en oración, o si no hay evidencias de una pasión por los perdidos, su proyecto podría ser prematuro.

Si este fuera el caso de su comunidad, no fuerce una campaña de investigación. Más bien, ore con todas sus fuerzas para que Dios cree un apetito en los corazones de los líderes locales por la unidad, la oración y el evangelismo. Tener la mejor inteligencia en el vecindario, es de poco valor si nadie está interesado en ella.

Si, por otro lado, a la iglesia de su comunidad de falta combustible para orar, probablemente ha llegado el momento de comenzar un mapeo espiritual. De hecho, sin sus esfuerzos, es poco probable que puedan hacer la transición desde el nivel de cabecera de playa hacia una apertura espiritual en todo su espectro.

Su próximo paso es identificar una autoridad que envíe la comisión. Tal como los misioneros y plantadores de iglesia, usted desea ser enviado por una estructura de liderazgo que tenga expectativas acerca de su proyecto, y a quien pueda rendir cuentas espiritualmente. Si su proyecto es pequeño, esta estructura puede ser el equipo pastoral o los ancianos de su iglesia local. Si su campaña es parte de una iniciativa que abarca toda la comunidad, una asociación ministerial u otro cuerpo apostólico puede proveer la cobertura necesaria.

La comisión en sí misma debería ser de público conocimiento. Además de formalizar una especie de "custodia de protección", es una oportunidad para explicar su plan a los otros miembros de la congregación, y solicitar el sostén de sus oraciones. La idea es formar una expectativa sana entre los pastores locales, evangelistas e intercesores. Si su actitud es oportuna en el tiempo, este evento solemne impulsará la entrega de informes regulares de progreso.

Para hacer una presentación de este tipo, por supuesto, debe primero desarrollar un conjunto de objetivos de investigación serios. Hacer esto requiere que usted sepa claramente qué es lo que busca. Mientras que identificar cuál será el objetivo intelectualmente parece bastante fácil es, sin embargo, una prueba en la que muchos cartógrafos espirituales fracasan. Por esta razón la he transformado en el tema único de nuestro próximo capítulo.

Capítulo 6

DEJEMOS AL DESCUBIERTO LAS TINIEBLAS

Los que circulan habitualmente por la ciudad de Londres, Inglaterra, la ubican entre una de las zonas más confusamente trazadas del mundo. Agregado a que el río Támesis se contorsiona a través de ella, la capital británica presenta una pesadilla de calles de una sola mano, todas entremezcladas, rotondas, túneles oscuros y calles sin salida.

Cerca de veintitrés mil taxistas con licencia trabajan habitualmente en estas arterias de concreto y asfalto, con sus típicos coches negros. Si tienen la apariencia de que saben a dónde van, es porque han adquirido "el conocimiento", la habilidad de reconocer cerca de ochocientas rutas y mil cuatrocientos lugares de interés –que incluyen monumentos, hoteles, parques y teatros–.

De acuerdo con el periodista de *The Baltimore* Bill Glauber: "'El conocimiento' se introdujo en la Gran Exhibición de 1851, una feria que celebraba el poderío industrial de Gran Bretaña en la era victoriana. El público quería que los conductores de los carruajes llevados por caballos conocieran su ruta alrededor de la ciudad… [y lo hicieran a tiempo]. 'El conocimiento' se transformó en una habilidad que se transmitió a través de las generaciones, los padres les enseñaban a los hijos y los amigos instruían a sus amigos".[1]

"El conocimiento" aún es un rito que hay que sortear actualmente. Para poder conquistar una serie de rigurosos exámenes orales administrados por la Policía Metropolitana de Londres –este oficio es regulado desde el siglo XVII– los futuros taxistas deben memorizar unos mil doscientos kilómetros cuadrados de caminos y señales. El proceso puede tomar años, y requiere suprema dedicación. De hecho, siete de cada diez que intenta obtener "el conocimiento" no lo alcanzan.

Un nivel parecido de dedicación se requiere para los cartógrafos espirituales, aunque el porcentaje de abandono es estadísticamente más alto que el que podemos encontrar entre los taxistas en entrenamiento de Londres. En esta dura disciplina el desafío no son los enredos en el tránsito, sino descubrir y quitar obstáculos hacia el avivamiento. Nuestro "conocimiento" no es reconocer las señales y carteles con los kilómetros, sino la habilidad de discernir y navegar en la dimensión espiritual.

❧❧

VIVIFICADOS POR EL MISMÍSIMO ALIENTO DE
DIOS, ESO NOS HACE CAPACES DE DISCERNIR
TANTO EL ESPÍRITU COMO LA CARNE.
NOS PERMITE RECONOCER EL DELICADO
JUEGO ENTRE LAS CAUSAS ESPIRITUALES Y LOS
EFECTOS MATERIALES Y VICEVERSA.

❧❧

Las buenas noticias, como lo observé en el capítulo 3, son que los seres humanos están en realidad en perfectas condiciones para investigar en las dos dimensiones. Vivificados por el mismísimo aliento de Dios (ver Génesis 2:7), eso nos hace capaces de discernir tanto el espíritu como la carne. Nos permite reconocer el delicado juego entre las causas espirituales y los efectos materiales, y viceversa.

Es verdad que muchos cartógrafos espirituales no logran su búsqueda de conocimiento. Pero esto no es una acusación por lo que no llegan a ver, sino más bien demuestra la confusión que existe en cuanto a qué es lo que se busca. La buena investigación debe comenzar con objetivos significativos.

¿QUÉ ES LO QUE BUSCAMOS?

Al establecer los objetivos de investigación para su proyecto, hay tres preguntas básicas que deben guiar su planificación:

1. ¿Qué anda mal en mi comunidad?
2. ¿Cuál es el origen del problema?
3. ¿Qué podemos hacer para cambiar las cosas?

Mientras que verdaderamente sería posible desarrollar listas mucho más sofisticadas. En realidad serían una extracción de estas preguntas básicas.

Con una serie de objetivos claros es razonablemente fácil establecer lo que se conoce en los círculos de inteligencia como *elementos esenciales de la misión*. Estos elementos representan el corazón de la parte práctica de su trabajo de investigación. Son las joyas del conocimiento, que debemos traer a casa si queremos que la misión sea considerada un éxito.

Un ejemplo de los primeros tiempos se encuentra en el relato de los espías hebreos enviados por Moisés hacia la Tierra Prometida (ver Números 13). Más que simplemente alentar a sus exploradores a salir y reconocer todo lo que pudieran, Moisés les entregó una serie de ocho elementos esenciales de la misión. Estos incluían conseguir información sobre la población enemiga, sus fortificaciones y traer muestras de las frutas de Canaán.

La espontaneidad puede ponerle sabor a nuestra relación de amor, pero es un abordaje muy pobre tratándose de una investigación. "En los campos de observación" escribió cierta vez el famoso científico Luis Pasteur, "la oportunidad solamente favorece a la mente que está preparada".[3] Los buenos resultados son un efecto que se produce por una buena planificación previa.

TRANSFORMAR LOS OBJETIVOS DE INVESTIGACIÓN EN PREGUNTAS

Si el primer paso para recolectar información importante requiere que conozcamos nuestros objetivos, entonces el segundo paso es ¡recordar esos objetivos! Parafraseando Proverbios 29:18: sin objetivos, las personas se desvían.

Para mantener los objetivos en mente, es útil traducirlos a preguntas exploratorias prácticas (ver "preguntas para descubrir" en el Apéndice 1). Esto ayuda a clarificar su pensamiento, y también favorece sus movimientos.

Mientras desarrolla su cuaderno de investigación, tenga en mente que las más poderosas averiguaciones comienzan con las palabras *qué, por qué* y *cómo*. Estas palabras de interrogación son como una colección de llaves maestras que abren puertas al conocimiento, entendimiento y sabiduría.

Los cartógrafos espirituales exitosos utilizarán todas estas preguntas. Saber *qué* son las fortalezas espirituales de su comunidad, no es lo mismo que saber *por qué* están allí o *cómo* podemos eliminarlas.

Una vez que ha decidido cómo volcar en palabras sus preguntas, es una buena idea clasificarlas de acuerdo a los objetivos básicos de su misión. Estos objetivos pueden ser expresados, ya sea en términos de las preguntas centrales mencionadas al comienzo de esta sección, o a través de las categorías que hemos ampliado a continuación. Las dos formas de abordar tienen sus defensores, aunque la mayoría de las personas encuentran que la última es más útil cuando llega el momento de realizar el informe final.

CATEGORÍAS BÁSICAS DE INVESTIGACIÓN

1. Estado del cristianismo
   Se relaciona con la pregunta básica N° 1. ¿Qué anda mal en mi comunidad?
2. Ataduras sociales prevalecientes
   Se relaciona con la pregunta básica N° 1. ¿Qué anda mal en mi comunidad?
3. Visión del mundo y alianzas
   Se relaciona con la pregunta básica N° 1. ¿Qué anda mal en mi comunidad?
4. Oposición espiritual
   Se relaciona con la pregunta básica N° 1. ¿Qué anda mal en mi comunidad?
5. La evolución de las circunstancias actuales
   Se relaciona con la pregunta básica N° 2. ¿Cuál es el origen del problema?
6. El potencial para las aperturas espirituales
   Se relaciona con la pregunta básica N° 3. ¿Qué podemos hacer para cambiar las cosas?

Las páginas que siguen le ayudarán a formular preguntas específicas para cada una de estas mini investigaciones. Lea las descripciones de la categoría cuidadosamente, antes de armar sus líneas de averiguación.

ESTADO DEL CRISTIANISMO

Lo primero que querrá saber sobre su comunidad es hasta qué punto el Evangelio ha echado raíces. ¿Su ciudad es un cementerio de evangelistas o forma parte de un "cinturón bíblico"? ¿Cuántos cristianos se reúnen a adorar en la zona? ¿Qué porcentaje de la población representan?

Una segunda serie de preguntas se relaciona con la naturaleza del cristianismo en su vecindario. ¿Todavía persisten los viejos fuegos del avivamiento, o el fervor de los años anteriores ha dado paso a una religión liberal, muy tibia? ¿Entre las iglesias locales predominan las protestantes o católico romanas? ¿Muestran interés de presentar el Evangelio a los no creyentes? ¿Cuál es el estado de las actuales iniciativas evangelísticas?

Otro tema que deseará examinar es el concerniente a la percepción que la comunidad tiene sobre el cristianismo organizado. ¿La gente ve a la iglesia como una fuerza relevante, o como una institución fuera de moda? ¿Hubo escándalos que redujeron la reputación de la iglesia? ¿En qué tipo de actividades públicas –marchas, demostraciones, distribución de comidas– participan los cristianos?

Al reunir las respuestas a estas preguntas, tendrá que ejercer un equilibrio entre sensibilidad y candor. Mientras que no deseará enjuiciar a los otros feligreses, también querrá evitar ver el mundo a través de cristales rosados. Tómese su tiempo, porque todo conocimiento que obtenga sobre estos temas le servirá como un importante telón de fondo sobre el contexto, a fin de equilibrar su estudio.

ATADURAS SOCIALES PREVALECIENTES

Otra tarea importante de su investigación, consiste en reunir la evidencia exterior de las tinieblas espirituales de la comunidad. No está tratando de probar que estas tinieblas existen, es de presumir que ya lo sabe. Más bien su misión es identificar formas específicas y lugares de escondite alentados por los poderes de engaño que prevalecen.

Su primera tarea es catalogar las condiciones del dolor, cosas como injusticia, pobreza, violencia y enfermedad. Deseará saber cómo están de extendidos estos problemas y hace cuánto tiempo que permanecen allí.

También es importante valorar la naturaleza y predominio de los vicios destructivos. Estas actividades corrosivas incluyen cosas como borracheras, juego, inmoralidad sexual –pornografía y prostitución–. Se diferencian de las condiciones dolorosas mencionadas anteriormente, en que las heridas se producen mucho más en forma personal.

Una tercera área de investigación se refiere a la desintegración de los valores y estructuras sociales. Los síntomas claves para buscar son la corrupción y el divorcio. Cuando estos son predominantes en una comunidad, es una señal segura de que el gobierno, los negocios y la vida familiar se están deshaciendo.

Para identificar otras tendencias problemáticas necesitará hacerse preguntas como: ¿Qué nuevas formas está tomando el pecado en la comunidad? ¿Existe una nueva militancia de los pecadores? ¿Qué rol, si es que tiene alguno, cumplen los medios en la promoción de las tinieblas espirituales en la comunidad?

Las respuestas que consiga de estas averiguaciones le darán una útil, aunque sobria perspectiva del trabajo manual que el enemigo ha hecho en su ciudad.

VISIÓN DEL MUNDO Y LEALTADES

Una vez investigado el estado del cristianismo y las ataduras sociales predominantes, su próximo paso es identificar las ideologías más importantes que subyacen. Estas son las fortalezas y alianzas que hacen movilizar a la comunidad.

Además de catalogar las religiones predominantes y las filosofía seculares –budismo, judaísmo, racionalismo y animismo– querrá también seguir la pista a eventos significativos y prácticas asociadas con estas filosofías. ¿Cómo muestra exactamente la gente su devoción? ¿Es meramente un reflejo cultural, o existe evidencia de que la gente se toma genuinamente en serio estas creencias?

También es importante notar cualquier confirmación de pactos o prácticas ancestrales. Estas ratificaciones pueden tomar la forma de resoluciones políticas, la recuperación de la "herencia" a través de festivales religiosos y peregrinajes.

Finalmente, necesitará descubrir las identidades de todo líder ideológico, modelos que se siguen, ídolos o deidades. ¿A quién o a qué le entregan su lealtad las personas de su comunidad? La respuesta puede llevarlo a seres humanos –gurúes, políticos o artistas– o a personalidades demoníacas o míticas –Buda, Shiva o Hopi machinas–.

OPOSICIÓN ESPIRITUAL

Para apreciar en forma completa por qué el evangelismo y el crecimiento de la iglesia son impedidos en su comunidad, también tendrá que explorar el tema de la oposición espiritual. Querrá saber de dónde proviene la resistencia y, si no está a la vista, qué forma tiene.

༺༝༻

INVENTAR ESPÍRITUS TERRITORIALES O ADORNAR SU ROL PUEDE LLEVAR A UN ENGAÑO MUY SERIO (LEER JEREMÍAS 23:16, 27).

༺༝༻

Sobre la pregunta de *quién* impide el evangelio, su investigación debería llevarlo a considerar dos posibles orígenes: grupos humanos y personalidades –homosexuales militantes, ocultistas, líderes religiosos tradicionales– y los espíritus territoriales que prevalecen. Los últimos pueden ejercer su influencia a través de agentes humanos (Jezabel, Herodes, Nerón) o a través de deidades e ídolos que han sido adoptados por segmentos particulares de la comunidad (ver Salmo 106:36-38).

Es importante no forzar las cosas en este tema. Inventar espíritus territoriales o adornar su rol puede llevar a un engaño muy serio (ver Jeremías 23:16, 27). Si hay conexiones que Dios quiere que observe, las traerá a su atención. Al mismo tiempo, no debe perder de vista la versatilidad del enemigo o la ambición del mal. Las Escrituras lo retratan como un maestro manipulador, cuyo toque puede afectar naciones (ver Daniel 10), consejos de la ciudad (1 Tesalonicenses 2:18), movilizaciones de multitudes (Juan 8:44, 59) y aún elementos naturales (ver Marcos 4:39).

Al documentar las variadas formas que la oposición espiritual toma en su comunidad, prepárese para observar cosas como brujería, legislación anticristiana, discriminación económica, burla pública y persecución física. Estas cosas son reales y están en aumento.

LA EVOLUCIÓN DE LAS CIRCUNSTANCIAS ACTUALES

Antes de que pueda establecer un plan de acción evangelístico o de intercesión que sea efectivo, primero debe tratar de entender por qué las cosas están de la forma en que están. ¿Cómo ha llegado su comunidad a ser lo que es actualmente? ¿Qué sabe sobre el origen de los obstáculos contemporáneos al evangelio?

Para responder estas preguntas es necesario examinar las raíces históricas y espirituales de su área. ¿Quiénes eran los habitantes originales? ¿Qué factores o motivos los llevaron a fundar una comunidad permanente?

También deseará investigar los sucesos significativos que se producen como desastres naturales, invasiones militares y el influjo de nuevas religiones (vea el capítulo 7). ¿Cómo estos acontecimientos alteran la vida e identidad de la comunidad? ¿Intentaron los habitantes de la época resolver las circunstancias traumáticas entrando en pactos con el espíritu del mundo? ¿Sus acciones hicieron aportes o modificaron acuerdos previos?

Al buscar las respuestas a estas preguntas, tenga en mente que cada generación tiende a considerarse aparte de la continuidad histórica. Las comunidades hacen lo mismo. Esta visión tan limitada, con frecuencia lleva a la gente a perderse importantes conexiones históricas, las cuales pueden ayudar a explicar por qué las cosas están de la forma que están.

La cartografía espiritual, como cualquier par de buenos anteojos, ofrece el remedio a este problema. Una vez que vemos cómo estamos de ligados a los motivos, pactos y sucesos que nos han precedido, podemos aplicar el arrepentimiento y la reconciliación para sacudir ataduras de larga data.

EL POTENCIAL PARA LAS APERTURAS ESPIRITUALES

Su tarea final es averiguar el potencial para el cambio espiritual dentro de la comunidad. Al cumplir esta misión estará buscando no tanto los hechos históricos como las señales de esperanza. ¿Se ha ubicado bien la iglesia para su acción cultivando la unidad, santidad y oración? ¿Las reuniones de oración a gran escala y los esfuerzos de reconciliación social sugieren una inminente apertura espiritual? ¿Existe un sentido de expectativa esperanzada entre los creyentes?

Otro barómetro de la salud espiritual, es la calidad de la intercesión de la comunidad. ¿Están conscientes los guerreros de oración locales de los hechos y desafíos que quedaron sin cubrir durante su investigación? ¿Están rogando por un poco más de inteligencia para avivar el fervor de intercesión? Si la respuesta a estas dos preguntas es "sí", puede esperar las grandes cosas que vendrán.

Y no se olvide de buscar evidencias de que Dios ya ha comenzado a romper fortalezas en su vecindario. Si puede documentar conversiones a gran escala, reconciliación social y milagros públicos, hay grandes posibilidades de que el Espíritu Santo, sin dudas, ha llegado en escena.

Los cambios dramáticos de los vientos políticos y sociales también merecen nuestra atención, como también lo son los indicios de juicio
económico o de otras formas.

Ahora que tiene una mejor idea del tipo de información que bus-
cará, es el momento de avanzar hacia una más profunda consideración acerca de los objetivos y técnicas de la cartografía espiritual. En
las páginas siguientes aprenderá a trabajar con conjuntos de datos,
a identificar las fuentes de influencia espiritual, y a entender el desarrollo de las líneas históricas. Si avanza aplicando estas enseñanzas, pronto se transformará en un maestro en ubicar el espacio y en-
tretejer el tiempo.

Capítulo 7

UBICANDO EL ESPACIO Y ENTRETEJIENDO EL TIEMPO

E l aclamado autor Scott Russell Sanders cuenta cómo su padre, al llegar a un nuevo lugar, tomaba un pellizco de polvo y lo probaba como lo haría un catador de vinos. Al preguntarle por qué hacía esto, el viejo respondió:

–Solo trato de averiguar dónde estoy.

Al observar a su padre repetir este ritual algunos años después, Sanders le preguntó si alguna vez se había perdido.

– No –le respondió–, pero hubo un par de veces que no sabía dónde estaba todo lo demás.[1]

Como seres humanos necesitamos puntos de referencia para sobrevivir. La más importante de estas señales define nuestra posición con relación a las realidades físicas más grandes, y algunas veces escondidas. Las pistas de los aeropuertos nos permiten tocar tierra en un lugar seguro. Las señales de los caminos nos dicen en qué carretera estamos, o si el puente al que nos acercamos ha quedado inutilizado. Los alambres de púa nos avisan que nos hemos acercado a un territorio que no debemos traspasar.

Los mapas son tal vez las herramientas de referencia más útiles de todas. En su libro *La naturaleza de los mapas*, Arthur H. Robinson y Bárbara Bartz Petchenik explican que "el concepto de relación espacial (…) es una cualidad sin la cual es muy difícil o imposible para la mente humana captar nada".[2] Si nos es imposible orientarnos dentro de nuestro medio ambiente, estaremos perdidos, y no solo físicamente.

Robinson y Petchenik definen al mapa como "la representación gráfica del medio ambiente". Esta definición, aunque simple, es también poderosa. Al no restringirlo solamente a la Tierra, nos permite aplicar los beneficios de la cartografía a otros medios y ámbitos igualmente importantes. Ejemplos de esto pueden verse en los recientes esfuerzos por hacer el mapa del cerebro humano y del ADN.[3]

Tampoco la cartografía espiritual queda confinada únicamente a la geografía. Como observamos en el capítulo anterior, es una disciplina que está igualmente relacionada con la historia. Como las pistas hacia nuestras actuales circunstancias se esparcen por el tiempo y el espacio, debemos investigar tanto los sucesos como los lugares.

En las páginas siguientes voy a presentar varios conceptos y herramientas que pueden ayudarle a evaluar mejor las dinámicas espirituales que obran en su comunidad. Algunas le permitirán hacer importantes relaciones, al poder ver la información bajo diferentes combinaciones. Otras están diseñadas para ayudarle a entender cómo son influenciadas las comunidades, y cómo cambian con el tiempo.

LAS COMUNIDADES SON COMO RÍOS

"Rivereño", que Sanders define como "la atracción de un río, la manera en que nos habla", tiene que ver con nuestra necesidad de tener una dirección mientras navegamos por el complejo terreno de la vida. Algunos aspectos de la vida que requieren esfuerzo, como las relaciones y comunidades, son tan complicados que instintivamente buscamos analogías y metáforas para entenderlos. Es nuestra forma de mantener un orden interior.

Tal como los ríos, las comunidades comienzan pequeñas. Sus orígenes modestos son como un montón de nieve que se derrite en la montaña, que se canaliza al descender en forma de riachuelos, arroyos y caídas de agua. Durante su formación estas comunidades en lo que sería su infancia, pueden andar a los tumbos y dando vueltas durante meses, o aún años, antes de asumir una identidad distintiva. En su momento, sin embargo, estas comunidades en formación se fundirán con otras corrientes de influencia, y su flujo tomará cuerpo e impulso.

Durante el andar de una comunidad, ya sea hacia su respetabilidad o deshonor, el curso, que es siempre cambiante, se ve afectado por una serie de significativas influencias internas y externas. Para continuar con la metáfora del río, he llamado a estos estímulos *sucesos confluyentes* y *sucesos del contorno*. El primero es una influencia que viene de afuera hacia el interior de la comunidad, mientras que el último representa el fluir de la comunidad en sí misma. Los geógrafos culturales estudian el impacto de estos sucesos.

SUCESOS CONFLUYENTES

En el corazón de los Estados Unidos el ondulante río Ohio sirve de frontera para cinco Estados. Antes de vaciarse en el Mississippi, en Cairo, Illinois, luego de mil seiscientos kilómetros desde donde nace, es modificado por docenas de tributarios, incluyendo el Muskingum, Cumberland, Scioto, Kentucky, Green, Wabash, Kanawha, Tennessee, White Oak, Gran Sandy y Gran Miami. Río abajo el curso revela cada una de las sustancias que traen los afluyentes –sean emanaciones de las fábricas, lodo del aluvión o agua de deshielo– y que han inyectado en sus venas. El efecto, tal como Sanders lo registra con brillo literario, puede ser dramático.

De acuerdo a la luz, estación del año o altura del río, el agua nos recuerda un café con crema, el ámbar del tabaco, el verde del moho, el lavanda de las lilas, el azul de los huevos del petirrojo, o su superficie puede transformarse en un espejo líquido, que refleja las islas y colinas.[4]

Mientras nada en el Ohio, al que Sanders llama "las aguas concentradas de cientos de arroyos", trata de "sentir hasta las más lejanas corrientes que gotean [por él]"[5] Es una experiencia profunda y gratificante.

La rutina también puede ser favorable para los que hacen caminatas con sentido por sus comunidades. La diferencia básica es que las corrientes sociales se forman no por las aguas precipitadas, sino con el curso de la historia. Las comunidades, tal como los ríos, se ven afectadas por el ingreso de influencias externas. Estos tributarios pueden incluir guerras, inmigraciones, desastres naturales o nuevas leyes estatales. También puede ser la llegada del Evangelio o una ideología que le haga competencia. Con el tiempo, estos sucesos que confluyen jugarán un rol importante en la definición de la vida y del carácter de la comunidad.

SUCESOS QUE FORMAN EL PERFIL

Es un error, sin embargo, asumir que las comunidades, o los ríos, son sujetos pasivos en sí.

Ambos tienen una dimensión activa, aún agresiva, que no puede ser ignorada. Así como un río hace una marca en la tierra mientras se desliza en medio de sus bancos, también el flujo de una comunidad tiene un impacto profundo sobre el panorama histórico.

Este flujo no está generado solamente por fuerzas externas o concluyentes. También es el producto de sucesos internos como reuniones en la ciudad y elecciones locales. Las elecciones morales y espirituales –tales como la decisión de recibir o rechazar el evangelio– también son un factor.

Las acciones que se toman para preservar una tradición engañosa también cuentan como sucesos que hacen al perfil. Por ejemplo, en la antigua Babilonia era común que los reyes reedificaran templos dedicados a uno u otro de los incontables dioses. Para hacer esto, había que realizar excavaciones que dejaban al descubierto las ancestrales plataformas de los cimientos, los patrones originales del templo divinamente aprobados. Esto iba seguido de una purificación ceremonial del sitio, una actividad que típicamente involucraba a toda la ciudad.[6]

Para poder ver el efecto de un suceso que hace al perfil o que es concluyente, se requiere paciencia. Puede tomar meses, aún años, antes de que las consecuencias completas de una inmigración o elección se hagan manifiestas. Esta demora para poder ver los resultados, es similar a la experiencia del granjero que acaba de sembrar la semilla, o el niño al que recién acaban de ponerle los aparatos dentales.

El efecto combinado de estos sucesos toma aún más tiempo. Aquí no hablamos de un solo episodio a corto plazo, sino de toda una vida entera de influencias. Para ver el cuadro completo, los observadores necesitan tomar "instantáneas del carácter" de la comunidad –con preferencia luego de un año de cada suceso confluyente o que hace al perfil– y ubicarlo en una extensión de tiempo. Visto en forma colectiva, esta valoración interina de las metas y valores de la comunidad, revelan el impacto formativo de sucesos históricos clave.

EL FLUIR DE LAS COMUNIDADES

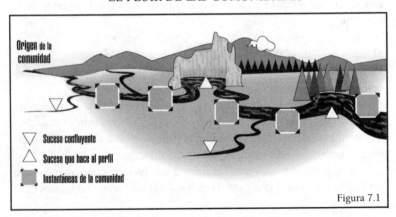

Figura 7.1

Si pone esta colección de instantáneas del carácter en movimiento (vea la Figura 7.1), en el orden de toma de las fotografías, la comunidad se transformará en una entidad viviente. Estará concebida a partir de la visión o la avaricia, nacida en un espíritu de esperanza y criada en un medio ambiente de influencias mixtas. Igual que una vida humana en desarrollo, su identidad se forja en las crisis que producen cambios y los ritos específicos de la transición. Las buenas elecciones son retribuidas con bendición, mientras que las malas llevan a la caída moral, física y social.

❦

LA LÍNEA DE LA VIDA DE UNA CIUDAD
PRESENTARÁ UNA TRAYECTORIA DIRECTA AL CIELO
O AL INFIERNO. PERO CUALQUIERA SEA LA RUTA O
EL RITMO QUE LLEVE, LA COMUNIDAD –*TODA*
COMUNIDAD– ESTÁ YENDO A ALGUNA PARTE. Y
ESTE FLUIR ES EL EFECTO DE CAUSAS QUE
PUEDEN OBSERVARSE.

❦

En algunas pocas instancias, la línea de la vida de una ciudad presentará una trayectoria directa al cielo o directa al infierno. Casi siempre oscilará entre estos destinos como los giros de un río perezoso. La ciudad de Jerusalén ofrece un caso sorprendente al respecto. Pero cualquiera sea la ruta o ritmo que lleve la comunidad, *toda* comunidad está yendo a alguna parte. Y este fluir es el efecto de causas que pueden observarse.

LOS SECRETOS DEL AYER:
EL ROL DE LA GEOGRAFÍA CULTURAL

En su libro *Estudie la tierra*, el autor T. K. Whipple observa que nuestra comunidad moderna:

Está donde termina el camino del desierto, y nuestro pasado no está muerto, sino que aún vive en nosotros. Nuestros antepasados tenían la civilización dentro de ellos, afuera estaba el desierto. Vivimos en la civilización que ellos crearon, pero dentro de nosotros el desierto aún permanece. Lo que soñaron ellos, lo vivimos nosotros. Lo que ellos vivieron, nosotros lo soñamos.[7]

Aunque los cristianos conservadores algunas veces tienen recelo de los que relacionan la realidad presente a las actitudes y acciones de las generaciones previas, la práctica no se origina con los que proponen la guerra espiritual. La distinción pertenece a una rama de la investigación académica, conocida como geografía cultural. A aquellos que abrazan sus rigores, también podemos encontrarlos en las salas de prestigiosas universidades, tanto como en los equipos de cartografía espiritual local.

Los geógrafos culturales utilizan las líneas de vida y otras herramientas, para revelar cómo las variadas influencias se entretejen para formar las culturas y comunidades distintivas. Esto acentúa la continuidad que une el pasado al presente, y nos ayuda a ver cómo los sucesos antiguos ayudan a forjar las realidades modernas.[8] En la próxima sección me referiré nuevamente a esto.

A pesar de lo singular de cada era, el historiador Edward Shils observa que: "Ninguna generación, ni siquiera las que viven en este tiempo de disolución de tradiciones sin precedentes, crea sus propias creencias, patrones de conducta e instituciones".[9]

Desafortunadamente, cada generación –y aún comunidad– tiende a verse a sí misma fuera de la continuidad de la historia, y el efecto de este corto alcance es básicamente un autoengaño creciente y con frecuencia fatal.

La geografía cultural –y la antropología– también se ocupan del origen y el poder del conocimiento colectivo. En *Las viejas sendas*, el autor Gary Zinder observa que este conocimiento con frecuencia se relaciona a medio ambientes específicos. Las personas que habitan en empinadas lomas con junglas, arrecifes de coral o despojados desiertos árticos, desarrollan un *espíritu relacionado con el lugar*. Este espíritu, de acuerdo a Snyder, habla de "un sentido directo de relación con la 'tierra'".[10]

Scott Russell Sanders agrega que su conocimiento "no viene de una vez, sino que se acumula poco a poco con las generaciones, cada persona va agregando al saber popular".[11] En África y otras partes del mundo se cree que el tiempo social –la historia experimentada por el grupo– agrega poder.[12] Este poder es más que tradición supersticiosa. Es el producto de miles personas que traen su fe a puntos específicos de contacto –que pueden ser ideas, épocas, rituales o lugares–. Cuanto más tiempo se extiende este proceso, más atrae, y se refuerza con agentes demoníacos de engaño.

La historia no es una colección de accidentes que saltan desde el vacío social. Tal como existe un sentido y cadencia del universo, así hay un ritmo y razón para nuestras comunidades. Para discernir este ritmo, sin embargo, debemos escuchar el concierto completo de nuestra historia, no meramente la última estrofa.

ROMPECABEZAS DE DATOS MULTIDIMENSIONALES

Las entidades complejas pueden ser difíciles de abordar e interpretar. Para superar este problema, meteorólogos, arquitectos e ingenieros de diseño de aeronavegación, descansan en carísimos programas modelo de computación que les permiten ver la información en varias combinaciones, desde diferentes ángulos.

Aunque las ciudades no son menos complicadas que los sistemas del clima o los aviones, sus secretos pueden ser investigados con una economía razonable a través del uso de la *superposición de datos*, que ayuda a visualizar lugares y *líneas de tiempo,* que permite hacer un seguimiento de los acontecimientos.

TRABAJEMOS CON LA SUPERPOSICIÓN DE DATOS

La técnica en realidad es bastante simple. Comienza con la compra o dibujo de un mapa base de su ciudad o vecindario. Este mapa debe ser lo menos confuso posible, mostrar no más que los límites, puntos sobresalientes y calles transitadas.

Su próximo paso es transferir datos que puedan ser representados geográficamente –sitios versus actitudes– en pliegos de acetato claro –que se obtiene en las librerías o negocios de materiales gráficos–. Cada punto específico, sea un lugar de delincuencia de la comunidad o una santería, puede ser ubicado específicamente poniendo el pliego de acetato por encima del mapa de su ciudad en la base. El producto resultante es llamado *escenario de datos.* Lo que comenzó como una lista de direcciones o cuadro estadístico, ahora se refleja como una constelación de estrellas.

Digamos, por ejemplo, que ubica un grupo de datos, que muestran la ubicación de las iglesias evangélicas de su comunidad (vea la Figura 7.2). Al estudiar por un momento los resultados, observa que un gran sector de la comunidad no tiene iglesias. La pregunta inmediata es ¿por qué? ¿Es porque el área es resistente al evangelio, o porque nadie ha hecho el intento de plantar una iglesia allí?

Conjunto de datos A: Iglesias Evangélicas

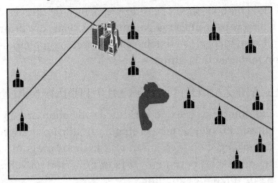

Figura 7.2

Conjunto de datos B: Sitios religiosos alternativos

Figura 7.3

Para conseguir conocimiento adicional sobre la situación, puede superponer un segundo grupo de datos; este revelará la ubicación de los centros de Nueva Era de la zona. También podrían ser templos budistas, diócesis mormonas o mezquitas islámicas. ¿Están concentrados estos centros de engaño en la zona que faltan iglesias evangélicas? Si es así, ¿qué conclusiones podría sacar? (vea la Figura 7.3).

Otro conjunto de datos podría revelar una relación entre los centros de comercio de sexo –clubes de desnudismo, librerías de adultos– y la violencia doméstica.[13] Esto lo alertará del hecho que el pecado se estuvo extendiendo en la comunidad, y que una influencia estabilizadora importante –la familia– está desgastada. También le dará una idea bastante buena en cuanto al lugar de concentración de estos problemas.

TRABAJEMOS CON LAS LÍNEAS DE TIEMPO

Otra herramienta para mostrar datos es *la línea de tiempo*. A diferencia de los mapas, que proveen orientación espacial, las líneas de tiempo le ayudan a mantener un seguimiento de los sucesos. El énfasis está en la secuencia, no en la distancia.

Su primer paso hacia la creación de una línea de tiempo es dibujar una gruesa raya –también conocida como tronco o línea troncal– a lo largo de un trozo de papel puesto en forma horizontal –apaisado, en la computadora–. Esta línea troncal puede ser tan sencilla o imaginativa como quiera. El único requerimiento es que sea lo suficientemente amplia para contener una clasificación descriptiva.

Dado que las líneas de tiempo pueden seguir períodos que van desde un solo día a miles de años, la cantidad de palabras de las respectivas clasificaciones variará. Un documento podrá decir "semana 28", mientras que otro "Agosto 1999" o "1850-1900."[14]

Una vez que ha terminado de construir su línea troncal, estará listo para registrar sucesos importantes o hitos. Los ejemplos podrán incluir la fundación de su ciudad, el arribo de corrientes de inmigración influyentes, o temporadas especiales de avivamiento. Puede asignar estos sucesos a la cronología de la comunidad, insertando marcadores en los lugares apropiados, uniéndolos con breves descripciones o definiciones. Los marcadores pueden ser distintas marcas verticales o símbolos especiales.

Ejemplo de línea de tiempo

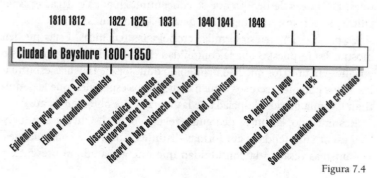

Figura 7.4

Al examinar la línea de tiempo que se muestra en la Figura 7.4, observe la relación causa efecto entre los distintos sucesos. En 1810, por ejemplo, nueve mil residentes de la ciudad Bayshore sucumbieron a una epidemia de gripe. Una investigación posterior reveló que esto fue ¡el treinta por ciento de la población de la ciudad! El impacto psicoespiritual de este suceso quedó demostrado en los resultados de una elección de intendente dos años después. Luego de determinar que Dios o no puede o no quiere ayudar en tiempos de crisis, una mayoría de la ciudadanía de la comunidad decidió que ellos mismos tienen que resolver los problemas. Y su primer acto fue elegir un intendente manifiestamente humanista.

Una década después los pastores de la ciudad permitieron que su frustración con la reacción pública al brote de gripe, degenerara en luchas internas que se hicieron públicas. Esto llevó a que la asistencia a la Iglesia de Bayshore llegara a sus porcentajes más bajo. Aunque el hambre del público por lo espiritual regresó en 1831, el cristianismo fue mirado por muchos como un plato vacío. Grandes cantidades de personas, en busca de una alternativa, se volcaron al espiritismo.

Otra importante secuencia de sucesos ocurrió durante la década de 1940. Comenzó cuando el electorado de la ciudad, aún a la búsqueda de diversiones, votó la legalización del juego. Esta acción llevó a un aumento predecible y precipitado del nivel de delincuencia. En 1848 el tejido moral de la comunidad estaba tan deshecho, que los líderes cristianos acordaron una asamblea solemne.

La ciudad de Bayshore es tan solo un ejemplo de una cronología seleccionada. En realidad, no existe límite a la cantidad de sucesos que pueden registrarse. Las líneas de tiempo simples, a gran escala, son útiles para adquirir perspectiva y detectar modelos y tendencias generales. Las líneas de tiempo que se concentran en años o décadas específicas, le permitirán penetrar en detalles importantes.

Es posible también desarrollar cronologías temáticas. Estas pueden mostrar las respuestas que la comunidad da a situaciones traumáticas o engaños encubiertos que han mantenido dinastías de tinieblas espirituales. Estos potentes recursos actúan como filtros especiales, que le permitirán dar una mirada despejada de las fuerzas que obran en su área.

Resumiendo, las líneas de tiempo revelan cómo las diversas influencias están entretejidas para formar distintas culturas y comunidades. Las mismas resaltan la continuidad que une el pasado al presente, y demuestra cómo las actitudes y acciones de las generaciones anteriores pueden tener un efecto profundo en el día de hoy. Si se las estudia cuidadosamente, también pueden ayudar a lograr conclusiones precisas sobre el futuro.

SUPRAESTADOS E ISLAS EN LA CIUDAD

El mapeo espiritual exitoso también requiere que una comunidad sea vista en contexto. Si adoptamos una perspectiva demasiado amplia, o demasiado estrecha, puede ser que perdamos de vista importantes conexiones. Las comunidades son sumamente complejas, y por esta razón deben ser evaluadas detalladamente y con paciencia.

Además de discernir las raíces ideológicas de su ciudad o vecindario, también querrá descubrir el origen de las influencias contemporáneas. Esta información le permitirá identificar problemas específicos, y desarrollar un efectivo plan de batalla de intercesión.

Dos conceptos para observar son de particular relevancia en este caso. El primero ayuda a ampliar aquellas perspectivas que son demasiado estrechas, mientras que el último remedia puntos de vista excesivamente amplios.

SUPRAESTADOS

Cuando se agrega el prefijo *supra,* que significa "mayor que" a las designaciones geográficas como estados, provincias o naciones, generalmente identifica un área de gran tamaño y rasgos e intereses comunes. Este estado común puede ser de naturaleza histórica, cultural, económica o religiosa. La existencia y uso de este término es un reconocimiento de que los límites geopolíticos convencionales no son siempre la mejor manera de definir la realidad.

Desafortunadamente, muchos cartógrafos espirituales encuentran difícil romper con estas modernas fronteras. Les gusta la conveniencia que estas fronteras conocidas les ofrecen, y muy pocas veces se preocupan de que con frecuencia son arbitrarias y recientes invenciones. Contentos con este punto de vista estrecho, los cartógrafos pierden de vista realidades históricas más amplias, que ayudan a formar el fundamento espiritual que subyace en su comunidad.

En Europa estas realidades incluyen pactos espirituales forjados por tribus célticas, que cierta vez vagaron a través de grandes distancias entre España y Escocia. En América central, los pactos territoriales iniciados por los reyes y sacerdotes mayas aún están activos en ciudades que se extienden a través de los modernos estados de México, Belice, Honduras y Guatemala. En los Himalayas asiáticos, la Península arábiga y los Andes del Altiplano, las historias espirituales comunes extienden sus ataduras a lo largo de docenas de fronteras nacionales y provinciales.

Como fue señalado en el capítulo 5, los Estados Unidos también tienen su parte de supraestados. Notables ejemplos incluyen la Nación Navajo (vea la Figura 7.5) cuyas fronteras tienen más que ver con la mitología tradicional que con la políticas modernas, el imperio Mormón cuya constitución básica se extiende a través de seis Estados, y los apalaches, cuyos primitivos inmigrantes celtas forjaron una identidad distintiva en los valels de las montañas de Virginia Occidental, Kentucky y Tennessee. Una afinidad similar prevalece en gran parte de Nueva Inglaterra.

SUPRAESTADOS ESTADOUNIDENSES

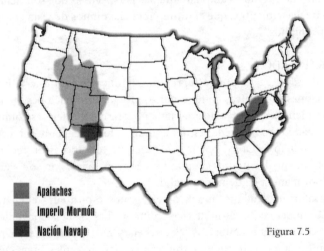

Apalaches
Imperio Mormón
Nación Navajo

Figura 7.5

Ignorar estas culturas extendidas y las raíces que las produjeron, es arriesgar una mala interpretación de la realidad. Las fortalezas locales deben observarse en contexto. Para poder hacer un ajuste de su perspectiva, recuerde que algunos sistemas de las raíces se extienden lateralmente.

ISLAS EN LA CIUDAD

Otro error muy común entre los cartógrafos espirituales, es adoptar una perspectiva demasiado amplia. Mientras que el contexto es importante, los investigadores no deberían asumir *automáticamente* que está atada ya sea históricamente o a las culturas circundantes.

Algunas veces los sistemas de raíces hacen cosas extrañas. El árbol tropical de Bayas, por ejemplo, tiene raíces aéreas que descienden desde sus ramas. En busca del suelo adecuado y las condiciones de atmósfera, estas raíces con frecuencia pondrán algo de distancia del tronco principal. Esto crea la ilusión de que uno mira a un árbol completamente separado.

Las ciudades modernas se comportan igual. La marca geográfica está en una cultura, mientras que la conexión orgánica está en algún otro lado. Impactado por las redes globales en expansión y las migraciones a gran escala, sus ciudadanos con frecuencia tienen más en común con sus colegas en comunidades distantes, que con sus vecinos cercanos.

En Estados Unidos, la comunidad de Huntsville, Alabama, está ubicada en un Estado que con frecuencia se asocia con una economía rural y puntos de vista políticos regresivos y "conservadores". La ciudad misma, no obstante, tiene el sobrenombre de "Ciudad espacial", y su íntimo vínculo con la industria aeroespacial de los Estados Unidos, ha causado una impresión de la ciudad como una isla urbana ubicada en un mar cultural alienado. En lugar de discutir sobre porotos y tabaco, sus miles de trabajadores pasan el día intercambiando datos electrónicos con firmas científicas líderes de Houston, Texas; Cabo Cañaveral, Florida y el Valle de Siliconas en California.

El mismo escenario se da en Toronto, Tokio o Tel Aviv. Comunicados con el mundo, los ciudadanos de estas metrópolis marchan hoy hacia la defensa de ideologías que se originan a varios océanos de distancia, con frecuencia sobre teclados de computadoras. El punto de origen puede ser París, Nueva York o Hollywood. Pero en cualquier lugar que comience, o la distancia que navegue el mensaje, o su influencia, ese no es el tema. Más bien es cómo llega.

En nuestra actual era electrónica las influencias tienden a traspasar las tradicionales puertas de la ciudad, un hecho que con frecuencia los cartógrafos espirituales pasan por alto.

Mientras le dan la diligencia debida a catalogar puertos, puentes y carreteras, muchos investigadores fracasan en la observación de que las modernas líneas de influencia cada día más están hechas de cobre o fibra óptica.

A través de todo el mundo las comunicaciones por medio de computadoras (CMC) están cambiando nuestro concepto de comunidad, y aún de realidad. De acuerdo con lo expresado por el tecnólogo Howard Rheingold, "Millones de personas de cada continente ahora participan en grupos sociales mediados por la computadora, conocidos como comunidades virtuales, y esta población crece con rapidez".[15] El lugar de reunión de estos grupos es un ámbito electrónico conceptual conocido como ciberespacio, o simplemente "La RED". Esta última es una alusión abreviada a la vasta red de computadoras que sirven como fundamento técnico para las CMC.

Este "nuevo tipo de habitación social", como lo expresa Rheingold, se experimenta típicamente a través de grupos de noticias electrónicas y listas de correspondencias de correo, salas de conversación en Internet y canales, o Calabozos de Múltiples participantes –juegos de rol, en la línea popularmente conocidos como MUD–. Las comunidades virtuales se forman cuando los participantes se reúnen alrededor de un interés particular. Estos intereses pueden incluir brujería, jardinería, astronomía, comunismo, reparaciones, crianza de niños, drogas alucinógenas, básquetbol, diseño gráfico, homosexualidad, misiones mundiales e incontables otros temas.

La experiencia ha demostrado que la interacción con los miembros de los grupos, con frecuencia se transforma en el más deseado e influyente suceso del día. En su libro de 1993, *La Comunidad Virtual residente en la frontera electrónica*, Rheingold concluye: "Para los millones que han sido atraídos, la riqueza y vitalidad de las culturas ligadas por medio de la computadora es atractiva y hasta adictiva".[16]

Por esa razón ¿dónde están las puertas de entrada electrónica de su comunidad? ¿Y hacia dónde llevan? ¿Quién o qué influye en las mentes de sus vecinos? Cuando llegue el momento de buscar respuestas, simplemente recuerde que la investigación puede llevar a su equipo mucho más lejos de lo que cualquiera pueda esperar.

Para complicar un poco más las cosas, la red electrónica no es el único factor responsable por el surgimiento de islas en la ciudad. Las migraciones a gran escala, nacidas de la inestabilidad política y el perfeccionamiento del transporte internacional aéreo, han jugado un rol similar.

Los vecindarios en Vancouver, Canadá, como han experimentado un fuerte influjo de la inmigración china al término de los años 90, ahora tienen más en común con Hong Kong que con la Columbia Británica. Parecidos vínculos existen entre comunidades en Londres y Pakistán, Nueva York y Haití, Estocolmo y Turquía, Los Ángeles y América Central, Riyadh y las Filipinas, y Paris y el Norte de África.

En muchas instancias los recién llegados inmigrantes mantienen fuertes lazos con sus culturas y religiones de origen. Los pobladores chinos en Canadá y Gran Bretaña, traen su devoción a dioses de la cocina y espíritus ancestrales. Los inmigrantes haitianos en Nueva York y Miami establecen altares vudú para aplacar ancestrales *loa* –ánimas espirituales–. Los sur asiáticos que viven en Malasia y Fidji honran a deidades hindúes en festivales que son exactamente elaborados como los que pueden verse en India o Nepal.

Tal como dije al comienzo de esta sección, es muy importante que usted vea a su comunidad en contexto. Sin ampliarla con esta perspectiva, es probable que se pierda conexiones significativas, y las conexiones que pasamos por alto tienen una manera de llevarnos a la frustración y aún al engaño.

Lo más importante en la cartografía espiritual, es entender. Deseará ver las cosas de la manera que Dios las ve, en contexto y sin confusiones. Los mapas de carácter, que hemos visto en el capítulo 4, son una parte importante de este proceso. Así que, también, son los filtros contextuales conocidos como islas de la ciudad y supraestados.

DISCERNIR LAS CORRIENTES DE LA TIERRA

No debería sorprendernos que el mapeo espiritual también involucre la investigación de lugares que, por una u otra razón, han surgido como centro de idolatría y atención demoníaca. Esta observación de primera mano le permite adquirir valioso conocimiento de las alianzas religiosas y posibles fuentes de oposición espiritual. Armado con esta inteligencia, puede proceder a despojar de su cobertura al enemigo.

Algunas personas creen que existen corredores de poder conocidos como *corrientes* o *corrientes de huellas,* que conectan estos sitios de oscuridad espiritual.[17] Depende con quien hable, estas líneas son fronteras de habitats sobrenaturales o patrones de energía invisible de la Tierra. En los puntos donde estos pasillos se interceptan, se dice que allí es posible observar anomalías tales como luces en la Tierra,[18] fenómenos de visitas fantasmales y avistamientos de OVNIS.

Las líneas de corriente fueron identificadas por primera vez con ese nombre en 1925, cuando Alfred Watkins, un vendedor de cerveza inglés y anticuario amateur publicó su investigación y teoría en su libro *La antigua senda directa*. De acuerdo a Watkins, las corrientes eran "viejas sendas directas" que cruzaban todo el paisaje prehistórico de Gran Bretaña. Fueron reconocidas por primera vez por los antiguos hombres, llamados los agrimensores Dodmen, que procedieron a mapear las sendas y alineación para las rutas de comercio, sitios astronómicos y lugares santos. Watkins dijo que las alineaciones seguían rasgos naturales del horizonte, tales como picos de montañas, o llevaban a otras ubicaciones sagradas.[19]

El alineamiento simbólico también ha sido el tema central de la francmasonería, y es importante observar que los masones dispusieron muchas de las grandes ciudades de Europa y las Américas –incluyendo Washington, D.C.–.[20] De acuerdo con sus creencias, derivadas en gran parte de la antigua Babilonia y Egipto, que las ciudades y los lugares sagrados deberían estar alineadas en forma apropiada con el nacimiento del Sol al este (ver Ezequiel 8:16). Importantes carreteras están establecidas típicamente bajo la forma de los símbolos masónicos del cuadrilátero y el compás.[21]

En Asia oriental las líneas de corrientes son parte integral de la antigua y extendida práctica del *feng sui* –que se pronuncia *fun shuei*– una disciplina que busca promover la salud humana y la prosperidad ubicando ciudades, edificios de oficinas y hogares en una alienación armoniosa con las fuerzas espirituales ocultas.

En conjunto, estos términos y prácticas son parte de una quasiciencia llamada geomancia. Extremadamente popular en lugares de americanos nativos, en India y el oriente, la geomancia provee un contexto teórico y doctrinal para las ideas relacionadas con la alineación del hombre al espacio sagrado y las fuerzas espirituales. Permite la creación de un *paisaje de fe*, donde las dinámicas de espacios sagrados y coincidencia favorable de los tiempos, ayuden al hombre a ser consciente de su identidad en el cosmos.[22]

Cualquiera sea nuestro punto de vista sobre las líneas de corriente o el poder de los sitios que se dice que conectan, es imposible o necio ignorar la profunda influencia que ejercen sobre ciertas comunidades.

Uno solamente tiene que observar las fortunas que se gastan en arqui-
tecturas geománticas en Hong Kong, Singapur y Taipei, para apreciar
que este es un asunto serio. Lo mismo puede decirse por las incontables horas que los devotos hindúes se dedican a ubicar las rutas de peregrinaje y sitios de adoración.

Aún más preocupante es el apego que este concepto tiene en las culturas indígenas de los Andes del Norte. Comenzando con los incas, que
personificaban y reverenciaban los paisajes dramáticos que los rodeaban, los indios del Altiplano que ordenaron sus vidas para que se ade-
cuaran a los caprichos de deidades asociadas con las montañas el clima
y el mar. Hasta el día de hoy, los sitios de rituales sacrificiales sirven como puntos de contacto con estas fuentes de poder percibidas.[23]

Muchas montañas de los Andes pertenecen a una categoría de su-
perdioses llamadas *tius* o *tiós*, y es muy importante mantener líneas de
visión desde un pico sagrado a otro.[24] El poder espiritual se transfiere
entre estas líneas, y cualquier brecha visual puede llevar a problemas
severos. Las deidades de la montaña también se relacionan una a la
otra, y deben estar unidas y visibles para ofrecer su completo apoyo.[25]

Algunos indios distinguen sus comunidades de acuerdo con la
montaña en la cual o cerca de la cual están ubicados. Los Qollahuayas,
por ejemplo, ven su tierra sagrada a lo largo de la frontera peruano-bo-
liviana, como un cuerpo divino sólido que conecta una multitud de aldeas y fuerzas espirituales.[26] Cada año, las diversas comunidades –que
hablan lenguas distintas y representan diferentes miembros y órganos–
se reúnen para recrear el cuerpo de la montaña. La boca de la deidad,
un lugar llamado *Wayra Wisqhani* o "Puerta del viento", es una cavi-
dad dentro de la tierra desde donde surge aire. Cada vez que llueve con
intensidad, los ritualistas de la montaña alimentan con un corazón de
llama el Wayra Wisqhani, para que su soplo aleje las nubes.[27]

Los tradicionalistas irlandeses –o celtas– también creen en "aguje-
ros de espíritus", aunque en su mundo encantado estos portones di-
mensionales aparecen como pequeñas aperturas en cercas, paredes o
hileras de árboles. Para encontrar estos portales sagrados el iniciado
simplemente debe seguir los caminos guiados de poder del "espíritu
natural".[28]

El panorama es bastante parecido en América del Norte donde, en
las palabras del indio shaman en medicina Grizzlybear Lake: "La gente nativa tradicional cree que ciertos centros de poder son en realidad

puertas hacia otras dimensiones".[29] Estos sitios con frecuencia incluyen cuevas, afloramientos de rocas o montículos designados, y se usan
para la búsqueda de visiones o para adquirir o redirigir poder.

De acuerdo a lo que dice Lake, algunos centros de poder sirven como "residencias de seres espirituales especiales que tienen alto rango",
mientras otros representan la morada de una familia específica de espíritus. Estos espíritus territoriales son mirados como los creadores, y algunas veces guardianes de los sitios sagrados de poder.[30] Lake advierte:
"Las personas que intentan acercarse y utilizar un centro específico de
poder deben prepararse apropiadamente". En las culturas tradicionales
nativas estadounidenses, esto significa "hacer una invocación al espíritu del centro de poder", y pedir permiso para entrar en su dominio.[31]

¿Qué debemos hacer nosotros con estas ideas? ¿Son reales las líneas
de energía y los puntos espirituales de poder, o es meramente el producto de imaginaciones fértiles y a las que les falta la redención?

La respuesta a esta doble pregunta parece ser sí y sí. Muchas creencias tradicionales y prácticas están atadas a la superstición. Pero tal como los horrores de Cartago, los aztecas y los nazis nos lo recuerdan,
cuando las creencias son llevadas a la acción –aún siendo falsas– siempre traen consecuencias al mundo real.

Los lugares sagrados de poder representan un sistema de conocimiento y reconocimiento de fuerzas invisibles. Y como lo hice notar
en *El laberinto oscuro*:

> El enemigo (...) sabe que las ilusiones subjetivas, si tienen que
> permanecer de manera efectiva, deben ser establecidas o darles
> credibilidad por medio de realidades objetivas. Los espíritus –o
> ancestros– deben ocasionalmente hacerse ver, los ídolos deben
> oír y dar; las predicciones astrológicas de tanto en tanto deben
> suceder. Para ayudarle a cumplir con estas expectativas objeti-
> vas, descansa en un vasto ejército de agentes demoníacos capa-
> ces de oscilar entre la dimensión espiritual y la material.[32]

En cuanto a por qué la gente tiende a experimentar únicamente los espíritus propios de su cultura, solamente puedo responder que el diablo sabe quedarse en su personaje. Él sigue el
guión que se le ha dado –o ha inspirado–. Asume las características que esperamos. Su única intención, que logra a través de

engaños de manipulación detrás de la escena, es que la fantasía parezca creíble.[33]

❧

LAS LÍNEAS GUÍAS NO SON EL PRINCIPAL
ENFOQUE DEL MAPEO ESPIRITUAL, PERO SU
PRESENCIA –O LA PERCEPCIÓN DE SU PRESENCIA–
EN UNA COMUNIDAD PUEDE SUGERIR UN IMPORTANTE
PUNTO DE CONTACTO CON EL MUNDO ESPIRITUAL

❧

Alistair Petrie, un vicario anglicano y autoridad reconocida en líneas guías, cree que estas fortalezas geográficas son el resultado de la "contaminación del pecado", una condición que aparece por cosas como una adoración idolátrica, inmoralidad, derramamiento de sangre innecesario y la ruptura de pactos. Sostiene que a menos y hasta que estas áreas contaminadas se traten, por medio del arrepentimiento y la renuncia, sirven como "canales de alimentación" para los demonios y sus seguidores.[34]

Aunque las líneas guías no son el enfoque central del mapeo espiritual, su presencia, o la percepción de su presencia en una comunidad, puede sugerir un importante punto de contacto con el mundo espiritual. Por esta razón, no deben ser ignoradas.

Mantenga en mente, sin embargo, que la investigación en esta área es riesgosa. Muchos investigadores pierden valioso tiempo documentando sitios sin importancia o inexistentes. Otros inventan leyes o centros de poder, con frecuencia para cumplir con una obligación asumida, y terminan siendo seriamente engañados. La única protección segura es apreciar más la sustancia que la especulación, e insistir para que otros examinen sus conclusiones.

COMPROMISO Y REVELACIÓN

Los mejores cartógrafos son personas que han hecho compromisos conscientes con la Tierra y la comunidad. ¿Por qué? Porque Dios revela sus secretos y entrega su bendición a aquellos que tienen la suficiente seriedad para hacer pactos de relación y territoriales (ver Deuteronomio 11:10-15; Proverbios 12:11-12; 27:18).

Cuando Nehemías escuchó que Jerusalén estaba en ruinas, lloró, ayunó, oró y se arrepintió durante varios días (ver Nehemías 1:4-6).

Poco tiempo después recibió la bendición del rey Artajerjes para reedificar los muros (ver 2:6), y se le aseguró el éxito divino en todas sus empresas, incluyendo la investigación (ver 2:11-15), la convocatoria de los trabajadores (ver 2:16-18), medidas de protección (ver 4:8- 9, 15; 6:9-16), y gobierno (ver 5:7-17; 13:7-31).

Compromiso y bendición es un lema que muchos hemos creído hace bastante tiempo, por lo menos intelectualmente. Podemos apreciar que Dios da a conocer sus secretos a los suyos, con aquellos que sabe que puede confiar. La parte difícil es el aspecto territorial. La misma noción limitante de que debemos abrazar un *lugar específico,* adoptar su nombre y permitir que su sangre fluya a través de nuestras venas.

Este acto, sin embargo, no es tan excluyente como parece. Como lo dice Scott Russel Sanders:

Intimar con su región de origen, conocer el territorio lo mejor que pueda, ver su vida entretejida en la vida local, no le impedirá reconocer y honrar la diversidad de otros lugares, culturas, formas. Por lo contrario, ¿cómo puede valorar otros lugares si no tiene uno que sea propio? Si usted mismo no está *ubicado,* vagará por el mundo como un paseante, un recolector de sensaciones, sin ninguna medida con la cual medir lo que ve.[35]

Aún durante la cautividad Dios habló a su pueblo acerca de echar raíces, establecer compromisos a largo plazo en donde estaban. En Jeremías 29:5-7 el Todopoderoso previno a los judíos que vivían en Babilonia:

"Edificad casas, y habitadlas; y plantad huertos, y comed del fruto de ellos. Casaos, y engendrad hijos e hijas; dad mujeres a vuestros hijos, y dad maridos a vuestras hijas, para que tengan hijos e hijas; y multiplicaos ahí, y no os disminuyáis. Y procurad la paz de la ciudad a la cual os hice transportar, y rogad por ella a Jehová, porque en su paz tendréis vosotros paz".

Desafortunadamente, se lamenta Sanders, "La historia de mi nación no me alienta a mí, ni a nadie a pertenecer a un lugar con la totalidad del corazón. Un viento de vagabundeo ha soplado durante un tiempo, y cada vez va creciendo más".[36] Mientras Sanders es un estadounidense, lo mismo podría decirse de las naciones y pueblos a lo largo del mundo. Los moradores de una ciudad se dirigen a los suburbios, mientras que los que viven en el ámbito rural quieren irse a la ciudad. La gente del este quiere experimentar cómo es el oeste, mientras que los sureños insisten en mudarse al norte. El mundo entero se ha transformado en un cruce de caminos, una gigantesca terminal donde la gente se saluda con gesto silencioso, mientras pasan hacia la dirección opuesta.

El éxito actualmente se mide no por las raíces, sino por el movimiento, un término que con frecuencia se confunde con el *momentum*. El clero, lejos de ser una excepción a esta regla, es el primer ejemplo. En las palabras del pastor Bob Beckett, viven y ministran "con las valijas emocionales y espirituales hechas".[37] Tienen la mentalidad de inquilinos y no de propietarios.

Las diferencias son obvias. Mientras que un propietario generalmente tratará su hogar con gran cuidado, hará mejoras y tomará contacto con sus vecinos, un inquilino de corto plazo rara vez hace estos compromisos. Porque han invertido menos, tienen menos que perder.

Sanders designa estos dos tipos de personas como habitantes e inmigrantes. Le preocupa que los últimos tiendan "a hacer raíces en las ideas antes que en los lugares, en las memorias tanto como en las cosas materiales".[38] Al carecer de un compromiso territorial, es menos probable que conozcan y cuiden el lugar donde viven.

Irónicamente, los inmigrantes algunas veces pueden estar interesados por el mapeo espiritual. Lo que los cautiva, sin embargo, es la búsqueda de conocimiento y no el cambio de las comunidades. Disfrutan el descubrimiento de nuevas verdades, pero muestran poco interés de aplicarlas. Algunos se transforman en cartógrafos espirituales viajantes de circuitos, van mudando su investigación de ciudad en ciudad, con frecuencia sin que los llamen. Pero dado que su compromiso es poco profundo, así son sus conclusiones.

Beckett está convencido que hacer un compromiso con una comunidad hace una diferencia vital en el ámbito invisible. Esta convicción arranca en parte de su propia experiencia en Hemet, y en parte de la correspondencia que recibe de otros líderes de la iglesia. El tema básico de estas cartas es común, compromiso y bendición. "Una vez que establecen el compromiso en sus corazones –escribe Beckett con conocimiento– pareciera que reciben nuevos ojos con los cuales ven tanto el mal como los elementos redentores de sus ciudades".[39]

El compromiso que se define aquí es una relación activa, no un dejarse estar en forma pasiva. "Si se queda con un esposo o esposa por pereza antes que amor –afirma Sanders– eso es inercia y no un matrimonio".[40] Al mismo tiempo "hay suficientes voces, tanto internas como externas, que nos empujan a enfrentar las dificultades levantando las estacas y dirigiéndonos a un nuevo territorio".[41] Lo que hagamos con estas voces nos muestra la medida exacta de nuestro compromiso.

El método de Bob Beckett de silenciar las voces que lo empujaban a dejar Hemet, fue comprar un pedazo de tierra en el cementerio en el límite de la ciudad. Visité el lugar un día a fines de junio de 1998. Tristemente, ya estaba ocupado por los restos de un nieto que había muerto poco tiempo después de nacer. Su yerno, que había fallecido un año después, fue enterrado cuarenta metros más lejos. Mientras lloraba silenciosamente en el lugar, era obvio que esto se había transformado en una parte integral del sistema de raíces que había anclado a Bob a la comunidad.

En su capítulo "Casa y hogar", Scott Russell Sanders se refiere a un horrible titular que apareció en el diario de su localidad. Decía: "MUJER SIN HOGAR APLASTADA POR LA BASURA".

> Nadie conoce el nombre de la mujer, solamente que se arrastró hacia un volquete para dormir, fue cargada en un camión, fue comprimida con la basura y llegó muerta al incinerador. Estaba vestida con zapatillas, pantalones de gimnasia grises, un buzo rojo, y en su mano izquierda tenía "un anillo de plata indio". Los residentes de las cercanías la vieron subir al volquete, y luego escucharon que el camión comenzó a triturar, pero no fueron lo suficientemente rápidos para advertirle al conductor, y pronto la mujer murió. Ser una mujer sin hogar ya quiere decir que fue descartada de su familia, vecinos, comunidad, y ahora la juntaron con la basura.[42]

– Cuanto más profundamente siento mi propia conexión con mi hogar –concluye Sanders– con más agudeza siento el dolor de aquellos que no pertenecen a ningún lugar ni a nadie.[43]

Podría muy bien estar hablando de la familiaridad y fervor que engendra el mapeo espiritual.

Si la familiaridad y el fervor son los resultantes del compromiso, asimismo, nacen de los hechos. Ya que hemos tratado cuáles son los hechos, ahora debemos poner nuestra atención en la tarea de encontrarlos.

Capítulo 8

OBTENGAMOS HECHOS COMPROBADOS

Hemos llegado al nivel, dentro del proceso de mapeo espiritual, que sin dudas va a consumir la mayor cantidad de tiempo, y tal vez el más complejo. Lo llamemos adquisición de datos, descubrimiento espiritual o simplemente "la investigación"; es la dimensión básica del proyecto de investigación.

Hasta ahora nos hemos concentrado extensamente en la preparación del mapeo. Hemos expuesto la importancia de hacer un compromiso con la comunidad, determinar los parámetros de una investigación y reunir un equipo de calidad. También hemos explorado, por lo menos en términos generales, el tipo de información que queremos, y de cuántas maneras podemos mirarlo.

Este capítulo, sin embargo, ofrecerá consejos especiales para hacer una investigación, y hacerla *correctamente*. Después de todo, el propósito final para lanzar una campaña de mapeo espiritual es adquirir conocimientos valiosos que nos llevarán a la transformación de una comunidad. El siguiente conjunto de pistas transformará la ubicación y organización de la información pertinente, en algo más provechoso, ya sea para iniciados como para veteranos.

Familiarizarse con la comunidad es indiscutiblemente la más importante de las asignaturas a la que cualquier intercesor puede dedicarse. Mientras que los recién iniciados pueden, sin dudas, participar de este proceso, debería haber algunos que aspiren a lograr un mayor estándar de excelencia. Aquellos que se disponen a reunir inteligencia espiritual, deberían comprometerse a hacer lo que sea necesario para tener éxito.

Podríamos decir que ¡llegó el momento de dedicarnos al estudio y a las calles!

ENCONTREMOS LAS MEJORES FUENTES

Hay cuatro formas esenciales en las que el cartógrafo espiritual puede reunir datos de investigación útiles:

1. Observar los medio ambientes humanos y comportamientos.
2. Tener entrevistas.
3. Examinar los materiales impresos y los medios de comunicación.
4. Escuchar lo que Dios dice en oración.

Cualquiera de estos métodos puede aportar un verdadero tesoro escondido de datos interesantes y relevantes, pero los buenos investigadores buscarán combinar los cuatro. Enseguida vamos a considerar detenidamente cada uno de estos métodos.

Antes de continuar, sin embargo, es importante detenernos el tiempo suficiente para examinar la distinción entre fuentes *básicas* y *secundarias*. En resumen, las fuentes básicas –que pueden incluir todo, desde máquinas hasta censos de personas– ofrecen información directa, mientras que las fuentes secundarias –que pueden incluir libros, artículos y disertaciones– por naturaleza tendrán que ser interpretados.

¿Cuáles son más útiles? La respuesta es que la información relevante viene de fuentes relevantes. No importa si estas fuentes son libros, instituciones o personas. Lo importante es que entregan una información que es a la vez precisa y pertinente. Artículos y conversaciones que son solamente interesantes no aportarán al trabajo. Si quiere obtener los máximos resultados del tiempo invertido en las huellas de la investigación, trate de apegarse a guías que lo mantengan apuntando en la dirección correcta.

EN DÓNDE SE ESCONDE LA INFORMACIÓN

La investigación es una parte importante del proceso de mapeo espiritual. Esto es así porque la información importante con frecuencia está escondida. Algunas veces los datos decisivos están escondidos como una aguja en un pajar. En otras están enmascarados, como un camaleón, a la vista de todos. Solo en raras ocasiones aparecerá repentinamente y le morderá la nariz.

Mientras consideramos de qué manera el enemigo ha desplegado sus posesiones en la comunidad, es sabio tener dos cosas en mente. Primero, por lo general no pone todos los huevos en una sola canasta.

Obviamente, las fortalezas, como templos idolátricos o clubes de sexo, son solamente una parte de su estrategia. Es apropiado observar la naturaleza y la extensión de estas trampas, pero también va a necesitar documentar cualquier tipo de asechanza que, aunque sea menos llamativa, puede ser igualmente mortal.

Lo segundo es recordar que el campo básico de asalto del enemigo es la mente humana. Su ambición constante es elevarse a sí mismo y destruir aquello que es valioso para Dios. Logra esto introduciendo engaños –ideas poderosas, que responden a sí mismas– y facilitando el desarrollo de patrones de memorias neutras propicias a sus propósitos.[1] Una vez que estas plataformas psíquicas están en su lugar puede –y lo hace– usarlas para controlar a las comunidades humanas.

Lograr la entrada a estos "nidos de acceso" no siempre es fácil. Algunas personas jamás abren la puerta, mientras otras solamente lo hacen de mala gana. Desafortunadamente, no hay mejor o más importante lugar donde observar el trabajo manual del enemigo. Como cartógrafo competente necesita entrar en estos talleres escondidos. Y la mejor manera de hacerlo es a través de entrevistas.

¿QUIÉNES SON LOS QUE SABEN?

La búsqueda de fuentes de información de calidad puede forzarlo a transformarse en detective. Las preguntas clave que debe hacerse es, *¿Quién va a saber? ¿A quién le importará? ¿Quién se preocupará lo suficiente como para escribirlo?* Son asombrosos los recursos de la mente cuando se le hacen las preguntas adecuadas.

Si, por ejemplo, busca estadísticas precisas sobre la delincuencia en la comunidad, probablemente deberá contactar las fuerzas locales del orden –policía, abogado del distrito– firmas de seguridad de casas y comunitarias, agencias de apoyo a víctimas y compañías de seguro. Todas estas fuentes tendrán interés directo en el tipo de estadísticas que usted busca. Aunque ellas mismos no produzcan o distribuyan datos relevantes, seguramente podrán señalarle a dónde ir.

Elegir fuentes humanas correctas es un poco más complicado. Hay que tener sumo cuidado en la elección de aquellos que vamos a entrevistar.

Los que recién se inician cometen frecuentemente el error de ir tras el primer nombre que se les presenta. Sin embargo, no existen garantías de que las personas reconocidas, activas en la iglesia, nos darán una entrevista útil.

Entonces ¿qué tipo de personas tienen las cualidades para respondernos? Para comenzar, es esencial que su candidato conozca en profundidad el vocabulario, historia y rituales del medio ambiente cultural que usted desea estudiar. Si no es así, probablemente logrará poco más que conjeturas y un pseudo análisis. También es importante estar seguros que el que responda esté integrado a la cultura del momento. Si se ha apartado hace unos años –por ejemplo, un indio estadounidense que ha salido de la reserva hacia el vecindario de un suburbio anglo– tendrá una información muy limitada en su vigencia.

Con estas advertencias en mente, su búsqueda de valiosos entrevistados deberá inclinarse hacia personas que tengan recuerdos interesantes, roles únicos, logros adquiridos y largas vidas. Los eruditos en folclore con frecuencia se refieren a ellos como "los portadores de la tradición". Si no conoce a nadie que se ajuste a esta descripción, los mejores lugares donde comenzar a buscar son iglesias locales, centros comunitarios y comercios, pequeños parques donde se reúne la gente, sociedades históricas y festivales étnicos y comunitarios. Una vez que encuentre a un portador de tradición, la velocidad de su investigación tenderá a agilizarse, debido a la habilidad que ellos tienen para desenmarañar cronologías históricas, y luego relacionar esos sucesos con actitudes y prácticas contemporáneas.

Las entrevistas de buena fuente pueden también incluir personal de la prensa y los medios de comunicación, asistentes sociales, líderes religiosos y médicos practicantes, funcionarios gubernamentales, artistas y actores, educadores e investigadores, funcionarios de la ley, estudiantes y jubilados. Al evaluar a cada candidato individualmente, querrá considerar tanto el conocimiento de base y qué posibilidad tiene de darle un tiempo adecuado a su proyecto.

Difíciles de encontrar, pero extraordinariamente valiosos cuando los halla, son aquellos que participan de religiones falsas, prácticas ilícitas y estilos de vida alternativos.

Algunos ejemplos de ese tipo de personas podrían incluir a francmasones de alto grado, adolescentes que siguen la moda gótica, lamas budistas, lesbianas religiosas o brujas practicantes. Mientras que la cultura cristiana en donde usted se crió lo alejó de estas personas y las culturas que habitan, no por eso son insignificativas ni ilusorias. Por el contrario, en años recientes muchos de estos grupos han crecido en forma dramática, y no solamente en Occidente.

Entonces, ¿de qué manera determina si estos o grupos parecidos están activos en su comunidad? Y si lo están, ¿dónde debería ir para conocer más sobre ellos? ¿Con quién es necesario hablar?

La verdad es que la mayoría de las ciudades de la actualidad tienen unas vasta red de culturas subterráneas que abarcan todo, desde zonas de pandillas, bares de homosexuales, reuniones de paganos y círculos de vudú. Para acceder a estas subculturas se hace necesario que identifique puntos de entrada –como estaciones subterráneas espirituales– que pueden llevarlo debajo de las calles. Y de acuerdo al grupo, estos pueden ser templos o centros de visitas de iglesias, casas de arte, clubes universitarios por afinidad o santerías. Aunque estas ubicaciones están ligadas a prácticas e ideologías específicas, los nuevos son bienvenidos, ya sea como compradores o potenciales conversos. Demuestre interés genuino o curiosidad, y es posible que lo inviten a asistir a una reunión que no ha sido publicitada. Cuando suceda, si es así, habrá logrado su boleto hacia la espiritualidad subterránea.

ESPERAR LA GUÍA DE DIOS EN LA INVESTIGACIÓN

Para encontrar buenas fuentes es necesario esperar en Dios. Nadie mejor que Él sabe dónde se guardan los secretos de la comunidad. Si ha intentado cumplir el mandato de Dios en el pasado, probablemente ya sabe qué significa que el Espíritu Santo le dé un leve empujón. Tal como el Evangelio de Juan nos recuerda, la voz del Amo tiene una tonada conocida. Permanece como una fuente confiable de revelación, consejo y corrección.

Esto no quiere decir que no haya etiquetas de advertencia en la guía divina. De hecho, cada equipo de mapeo espiritual deberá tener mucho cuidado de no confundir *guía en la investigación* con las *conclusiones en la investigación*. Dios no hace el trabajo por nosotros; Él con su gracia nos señala la orientación correcta.

La respuesta adecuada es agradecerle por la pista y luego arremangarnos la camisa. Las citas divinas son grandiosas, pero aún así somos nosotros quienes debemos conducir la entrevista.

❧❧

NADIE MEJOR QUE DIOS
SABE DÓNDE SE ESCONDEN
LOS SECRETOS DE LA COMUNIDAD.

❧❧

Los conocimientos que se consiguen en el sitio de oración también necesitan ser verificados y complementados con evidencia objetiva. Es esta evidencia, no las impresiones subjetivas, las que finalmente le darán credibilidad a su informe.

ESTRATEGIA Y TÉCNICA DE OBSERVACIÓN

En las trincheras de la Primera Guerra Mundial, el área entre las líneas respectivas era conocida como "tierra de nadie". No debe sorprendernos entonces que las tareas de patrullaje en esta peligrosa franja fueran muy poco populares y las bajas muy comunes. A su vez, del lado que estaban más dispuestos a hacer un patrullaje agresivo en "la tierra de nadie" obtenían inteligencia sustancial y ventajas tácticas. El lado que dudaba entrar en esta difícil área estaba en desventaja.

Esto es cierto con el mapeo espiritual. Si desea dar una buena mirada en los despliegues del enemigo y el armamento de engaño que usa en su comunidad, debe estar preparado a explorar las líneas del frente. Mientras que esto no siempre será un disfrute, le dará conocimientos que no podrá obtener desde el banco de la iglesia.

El objetivo de sus patrullas de observación debería ponerlo *en lugares* donde la actividad del enemigo haya asumido proporciones distintivas, y sobre aquellos *comportamientos* humanos que ofrezcan evidencia de alianzas demoníacas o un hambre renovada por los valores piadosos.

MAPEO POR CUADRAS

Esta actividad involucra la anotación sistemática de *lugares de búsqueda espiritual* –templos, santuarios, cementerios, librerías de la Nueva Era– y sitios de *atadura social* –hoteles alojamiento, teatros porno, bares de homosexuales, casas de drogadicción– dentro del área investigada.[2] Debería describirse detalladamente cada sector de la comunidad. La unidad de los obreros ambulantes debería concentrarse en una cuadra de la ciudad a la vez. Las áreas rurales pueden ser subdivididas en forma más liberal, dado que generalmente contienen menos sitios relevantes para supervisar. Cada entrada debería incluir una descripción detallada del sitio, y una dirección completa; esta última será incluida en lo que llegará a ser una base de datos.

Es importante no apurarse en este proceso. Muchos cartógrafos registran únicamente aquellos sitios que parecen obvios, y abandonan la investigación de direcciones que no tienen una relevancia visible.

Esto hace correr el riesgo de pasar por alto alguno de los más significativos sitios de adoración y atadura social en la comunidad. Por ejemplo, una mujer cristiana mientras visitaba una mueblería en Nueva Orleáns, informó haber visto un depósito en la parte posterior que contenía velas rituales y huesos de infinidad de animales sacrificados. En otra ocasión la esposa de un pastor del estado de Washington, llegó temprano a una cita de una médica clínica naturopática, y encontró a la propietaria sentada sobre el piso en un círculo de velas e incienso. Los negocios ilícitos, es necesario observar, que en su mayoría funcionan a puertas cerradas.

Mientras que sitios que no están marcados pueden ser difíciles de detectar, hay manera de mejorar. Además de pedir la guía del Espíritu Santo, puede interrogar en forma casual al vecindario: "los viejos vecinos" tanto como los residentes y los almaceneros que están cerca de edificios sin carteles –no pase por alto las direcciones de pisos horizontales–. Puede solicitar también a sus colegas de la unidad de archivos que investiguen cualquier registro público que pueda echar luz sobre las funciones y sobre el propietario de cierto establecimiento.

Aunque los grandes supermercados, canchas de deportes y aún restaurantes pueden también servir de pantalla para serias ataduras, estos sitios generalmente no se contarán, porque son igualmente capaces de servir para propósitos legítimos. Por supuesto, si descubre una clara excepción, asegúrese bien de tomar nota.

Los vecindarios sumamente pobres también deberían ser tratados cuidadosamente. Aunque hay escenas primarias de atadura social, hay una distinción moral entre pobreza y vicio. Las personas piadosas pueden ser pobres, pero no necesariamente son injustas.

Intentar identificar rasgos significativos –como las líneas de energía– dentro del diseño de la comunidad, es prematuro durante esta fase de micro mapeo. Mientras esta actividad se ha transformado en bastante popular –hasta dominante– en algunos círculos de mapeo espiritual, en muchas ocasiones distrae y con frecuencia lleva a desviarse. Aún si los francmasones u otros planificadores geománticos han estado involucrados en el diseño original de la ciudad, esta es solamente una pieza de un rompecabezas mucho más grande. Manténgalo en perspectiva.

REGISTRO DE ACTIVIDAD Y SUCESOS

Su segunda asignatura de observación involucra registrar patrones de comportamiento notables, especialmente sucesos de la comunidad. Estos pueden incluir ceremonias religiosas y peregrinajes, procesos donde se hace política –reuniones del Consejo de la ciudad y de educación– protesta social o eventos en defensa –como piquetes antiaborcionistas, desfiles del orgullo gay– y varias reuniones cristianas.

Al observar estas y otras actividades debería considerar, como mínimo, los siguientes cinco elementos:

1. Forma. ¿Qué hacen y de qué manera?
2. Duración: ¿Cuánto va a durar?
3. Frecuencia: ¿Con que frecuencia sucede?
4. Antecedente: ¿Qué sucedió antes?
5. Patrones consecuentes: ¿Qué es lo que sigue?

Habrá ocasiones en que la actividad que observa se volverá excepcionalmente activa e intensa. Sus sentidos se inundarán de imágenes nuevas, y su mente tratará desesperadamente de ubicarlas en categorías o patrones significativos.

Cuando suceda esto, puede ser que esté necesitando retirarse temporalmente del tema o la actividad. Esto le dará a su sobrecargada mente el tiempo para que se ponga al día en este proceso. Al hacer una pausa para bajar las imágenes acumuladas, podrá ver la próxima escena con más frescura.

Recuerde, también, que los seres humanos son extremadamente complejos. Si está por observar su comportamiento, necesitará suprimir conclusiones precipitadas. Hacer inferencias puede, e invariablemente lo hará, aterrizar en aguas muy calientes. (Tengo algo más para decir sobre la forma de sacar conclusiones en forma segura, en el capítulo 9).

Observar a las personas es una actividad que requiere considerable capacidad y tacto. Aún si la persona sujeto de su investigación le ha dado permiso para observarlo, probablemente su comportamiento se altere porque estará contenido. Si no acceden a ser observados, pueden responder con hostilidad o directamente retirarse. Saber cuándo retirarse y cuándo presionar, es fundamental para su éxito.

Como regla básica puede observar en forma segura a las figuras públicas –políticos, artistas, educadores– o figuras en público –demostradores, gente que hace sus compras, viajeros–. Las personas privadas en lugares privados no deben ser observadas, a menos que se cuente con el debido permiso. Violar esta regla no solo es de mala educación, en algunos casos puede ser ilegal. Encontrar hechos espirituales no tiene nada que ver con el voyeurismo o andar rondando a una persona.

Las actividades y sucesos públicos, aunque generalmente son apropiados para observar, pueden en ocasiones ser tramposos. Mientras que las actuaciones artísticas, marchas callejeras y debates políticos tienen la clara intención de ser públicos, otros como la actividad sexual, drogas, el consumo de alcohol y los rituales religiosos caen en una zona gris. Algunas acciones, aunque se realicen en público, tienen connotaciones privadas. El abordaje más sabio es que usted se familiarice con la etiqueta que se guarda en el lugar y los protocolos, y luego les pida a las personas que desea observar si les molesta que usted lo haga. Algunos pueden dar su consentimiento para ser observados, pero pueden objetar ser fotografiados o grabados. Solamente tome lo que le permitan.

En la mayoría de los lugares sociales es extremadamente difícil observar sin ser observado. Es preferible hacerle saber a las personas por qué está entre ellos, y luego actuar con humanidad. Tratar de encubrir sus actividades o intenciones solamente levantará sospechas. Si tomar notas se hace difícil de manejar, tiene dos opciones. La primera es grabar sus observaciones en una microcasetera que puede poner en su bolsillo superior, su cartera o valija de mano. (Esta último resulta mejor si está sentado a una mesa.)

La otra opción es hacer notas mentalmente y luego transferirlas a un anotador o computadora manual. Puede hacer esto en forma inadvertida en los lavatorios, bajo las escaleras, en cabinas telefónicas. Si no hay ninguna de estas posibilidades, o tiene la bendición de una memoria excepcional, también podrá copiar sus notas inmediatamente después en su casa.

EL ARTE DE ENTREVISTAR

Ningún aspecto de la investigación del mapeo espiritual es más importante que la entrevista. Esto, como lo hice notar anteriormente, se debe a que las más insidiosas y profundas ataduras residen en las mentes de las personas. Como liberadores cristianos necesitamos entender con precisión con qué nos enfrentamos. Esto incluye averiguar tanto la extensión de la campaña del enemigo como la naturaleza de sus encantos. Requiere que aprendamos dónde están sus fortalezas, y cuántos de nuestros conciudadanos ya están cautivos.

La mejor manera de hacer esto, es pedir a los miembros de nuestra comunidad que nos lleven a hacer un tur hacia los mundos escondidos. Las entrevistas, al hacer aparecer confesiones y descripciones vitales, pueden servir como medio para esta recorrida. Nos permiten observar cualquier cosa que pueda estar oculta a nuestra vista.

Algunas entrevistas, por supuesto, serán más mundanas. Pero, aún así, si las manejamos con el toque de corrección necesario, pueden rendir una sorprendente variedad de detalles útiles. Las personas son esencialmente bases de datos caminantes. Trátelas con respeto y le ayudarán a confirmar o debatir los hechos clave, agregarán matices a sus análisis y le guiarán por sendas muy útiles para seguir.

ORGANIZACIÓN Y PREPARACIÓN DE LAS ENTREVISTAS

Antes de comenzar a contactar potenciales candidatos para responder, es una buena idea tener un plan maestro. Este mapa de actividades puede ser una copia en disco o documento de computadora, y deberá incluir una lista de preguntas clave, fuentes de posibilidades, citas pendientes y confirmadas, detalles logísticos y acciones a seguir. Si se toma el tiempo para desarrollar y poner al día este planificador, siempre sabrá en qué punto está su proyecto.

El próximo paso es desarrollar una declaración de propósito que pueda usarse para presentar su proyecto a potenciales entrevistados. Este documento deberá ofrecer una explicación satisfactoria a aquellos que quieran saber a quién representa y de qué manera será utilizada la información que reúna. Aunque no necesita elaborar todo, haga un esfuerzo para usar un lenguaje que los que no son cristianos puedan entender. Podría, por ejemplo, explicar que es parte de un esfuerzo de investigación del que participan muchas iglesias, diseñado para que los cristianos conozcan tanto la primitiva historia de la comunidad como las necesidades actuales. Aún más, que tiene la intención de utilizar la información que reúna para orar por el bienestar de la comunidad e identificar áreas de servicio que estén en potencia.

Con su declaración de propósito en mano, es el momento de comenzar a ponerse en contacto con los potenciales entrevistados. Cada una de estas personas debería ser seleccionada de acuerdo al criterio expuesto en la sección "¿Quiénes son los que saben?" al comienzo de este capítulo.

Al hacer las entrevistas muestre en todo momento la mayor cortesía. Esto significa, entre otras cosas, no imponerse indebidamente por encima de los planes de la persona. Destine bastante tiempo por adelantado, de modo que pueda arreglar una cita que convenga mutuamente. También es bueno ofrecer la posibilidad de que la persona elija el lugar donde se encontrarán. Si elige un restaurante, llame con anticipación al lugar para reservar una mesa donde haya tranquilidad, y arregle el pago.

Si el candidato es un inmigrante reciente o un viejo miembro de una comunidad menor, esté seguro por anticipado que puede comunicarse en su mismo idioma. Este es un paso especialmente importante, si su conversación va a ser procesada luego por una tercera persona –como es el caso de una secretaria–. Si la persona no habla suficientemente bien para que usted y el que transcribirá lo entiendan, necesitará conseguir un intérprete.

La investigación de antecedentes es otra parte importante de la preparación de la entrevista. Conozca lo más que pueda sobre su contacto y el área en la cual es experto, antes de llamarlo. Lo respetará por haber hecho sus deberes. Luego de que su investigación preliminar haya dado como resultado una serie inicial de preguntas para la entrevista, tómese algunos minutos para revisar la lista y corregir cualquier dato repetitivo o innecesario. Este ejercicio le ayudará a tener una línea de investigación interesante y productiva. No querrá perder el tiempo de quien responde haciéndole preguntas que podría haber respondido usted mismo.

Finalmente, no se olvide de enviar inmediatamente una nota de agradecimiento o hacer un llamado dando gracias por el tiempo invertido por su entrevistado. El libro de Stanley Payne *"El arte de hacer preguntas"* nos ofrece una exposición razonable sobre este protocolo:

Las personas actúan con mucha amabilidad cuando nos dan su consentimiento para que las entrevistemos. Podemos pedirles lo que sea necesario, desde unos pocos minutos hasta horas de tiempo en una sola entrevista. Podemos solicitarles que expongan su desconocimiento sin darles ninguna promesa de esclarecimiento. Podemos intentar probar su pensamiento más íntimo sobre temas de los que nunca han hablado. Hasta algunas veces podemos requerir su cooperación antes de decirles quién es el patrocinante y cuál es la naturaleza de nuestras preguntas, por temor a perjudicar las respuestas. A pesar de esto, se someten a ser entrevistados. ¡Y sin ninguna promesa de recibir un solo centavo por su pensamiento!

CONSTRUYAMOS AFINIDAD

Con frecuencia la afinidad entre el investigador y su informante se construye atravesando cuatro niveles:

1. Aprensión: La persona dará respuestas breves, cortantes.
2. Exploración: La persona se hará preguntas internas como: ¿Quién es este individuo?¿Podré confiar en él?¿Qué quieren conseguir con estas entrevistas?
3. Cooperación: La persona espontáneamente corrige aquellas cosas que el entrevistador tiene asumidas y da por sentadas.
4. Participación: El informante termina transformándose en un acabado maestro del entrevistador.

Mientras que la participación o por lo menos la cooperación de su informante, es lo deseable, esto no se logra con una sola conversación. Una mejor idea, si está planificando o espera tener una serie de entrevistas, es dedicar la reunión inicial a conseguir una relación más que a obtener información.

Recuerde que usted está de visita en el mundo de esa persona. Ellos pueden actuar como buenos hospedadores, pero usted deberá ser un buen huésped. Entre otras cosas, esto significa que lo perciban como alguien que desea aprender o por lo menos que escucha atentamente. Escuchar en el más alto sentido de la palabra es asumir la postura del otro. Para hacerlo bien deberá "pararse" en la misma perspectiva del universo de su entrevistado, y tener la visión y el vocabulario asociado a esa perspectiva. El proceso de tomar el rol es el primer escalón para entender, y esto requiere escuchar sistemáticamente sin aplicar nuestras propias categorías analíticas.

Como investigador, usted cree "todo" y "nada" al mismo tiempo. Puede hacer un movimiento "afirmativo" ante cada declaración, aunque eso sea señal de que entiende, y no necesariamente que está de acuerdo.

CONSEJOS PARA UNA ENTREVISTA EFECTIVA

La experiencia indica que las entrevistas de 60 a 90 minutos son las más productivas. Si extiende las cosas, corre el riesgo de fatigar o enojar a su entrevistado. ¿Aún le quedan cosas que preguntar? Pida de manera educada una sesión más. Si esto no fuera posible, ellos mismos pueden llegar a ofrecer la extensión de la conversación. Finalmente, el número de sesiones que necesitará depende únicamente del conocimiento y disponibilidad de su entrevistado.

Para lograr lo máximo de su entrevista, quizá quiera adoptar el contundente consejo de Robert Newton Peck: "Nunca pierda la posibilidad de mantener la boca cerrada".[4] ¡Permita que quien hable sea su entrevistado! El propósito de la entrevista, después de todo, es para que ellos lo informen. Es de esperar que divaguen un poco. Y a menos que se prolongue demasiado o se aleje bastante del tema, quédese tranquilo. Puede llevarlo hacia una valiosa dirección completamente nueva. Resulta importante recordar que algunas culturas, como la árabe y los americanos nativos, comunican todo más lentamente. Esté preparado para ejercitar su paciencia cuando entreviste a esas personas.

A través de la experiencia desarrollará una serie de medidas tácticas para manejar ciertas "desviaciones" y desatar las leguas atadas. Estas medidas incluyen gestos y expresiones adecuados, así como una serie de ayudas habladas. Por ejemplo:

Para conseguir más detalles, podría decir:
"Cuénteme más sobre eso" o "Eso es muy interesante".

Para poder tantear la cronología podría preguntar:
"¿Y entonces?" o "¿Cuándo fue eso?"

Si está buscando clarificar algo, enfatice:
"No me parece que estoy entendiendo" o "Pero usted dijo antes..."

Para facilitar una explicación, ofrezca una pregunta como,
"¿Por qué? o "¿Cómo paso eso?"

Mientras que es una buena idea mantener una lista de preguntas o temas a mano durante la entrevista, su material y organización debería ser lo suficientemente flexible como para mantener un estilo de conversación natural. Después de todo, ¿qué va a hacer si el entrevistado, al responder la primera pregunta, da respuesta completa a la tercera y parte de la sexta?

Al estructurar una línea de preguntas, trate de equilibrar brevedad y claridad. Seguramente que no deseará que su entrevista se desordene por preguntas obvias, redundantes o superficiales. Pero tampoco puede retirarse de la conversación en un estado de confusión. Si necesita hacer siete preguntas para explorar completamente un tema en particular, no dude en hacerlas.

LAS PREGUNTAS DE DIAGNÓSTICO ESTÁN DISEÑADAS PARA EXTRAER HECHOS DIFÍCILES, CENTRALES SOBRE LA CONDICIÓN ESPIRITUAL DE SU COMUNIDAD.

También es importante que no deje el tema confuso. ¿Le ha dado la información necesaria para que responda sus preguntas? ¿Tendría que ser más específico? ¿Ha incursionado en temas que no están en relación con la experiencia personal de ellos? ¿Los ha enredado en una maratón de preguntas que tienen muchos aspectos? Si es cuidadoso en estos asuntos, su entrevistado lo tendrá en cuenta.

En cualquier entrevista las preguntas específicas que haga dependerán de las necesidades de su proyecto y las capacidades de quien responde. Si recién está comenzando y no sabe qué preguntar, tal vez podría examinar las preguntas que aparecen al final de este libro. Esto puede ayudarle a mantener su pensamiento enfocado.

Las preguntas de diagnóstico están diseñadas para extraer hechos difíciles, centrales sobre la condición espiritual de su comunidad. Son fundamentales para el proceso de mapeo espiritual, y no pueden dejarse de lado o cambiarlas. Al mismo tiempo, los buenos entrevistadores con frecuencia le agregarán a estas preguntas lo que los etnólogos han llegado a llamar *preguntas descriptivas*. Las cuales –hay una lista de cinco ejemplos seguidamente– están diseñadas para extraer detalles vívidos y precisos sobre las personas, lugares y procedimientos. Muchas entrevistas quedan incompletas sin ellas.

Preguntas de gran alcance:
"¿Podría describir una típica visita al templo?"
Preguntas de mini alcance:
"¿Qué sucede durante el ritual de purificación?"
Pregunta ejemplo:
"¿Podría darme un ejemplo de los tipos de incienso que se utilizan?"
Pregunta de experiencia:
"¿Cómo fue la primera vez que hizo una ofrenda?"
Pregunta de lenguaje propio:
"¿De qué manera se referiría a esta ceremonia?"

GRABAR LA CONVERSACIÓN

No es posible escribir todo lo que sucede o se dice durante el curso de una entrevista. En el mejor de los casos, sus notas representan una versión condensada en forma sustancial de lo que sucedió en la realidad. Y, sin embargo, debido a que estas frases incompletas, palabras aisladas y oraciones sin conexión, fueron registradas en el lugar, resultan de enorme valor.

Una vez dicho esto, hay varias cosas que puede hacerse para mejorar la calidad de lo que registra. Si toma notas a mano, acuérdese de dejar un doble espacio para preservar la legibilidad. Esto puede hacer una enorme diferencia cada vez que las ideas fluyan con rapidez o tenga que enfrentar riesgos climáticos o de terreno —los baches son una amenaza notable—.

Y una mejor manera de registrar entrevistas importantes es en microcasetes. Este medio que no interfiere nos permite retener prácticamente cada palabra que se dice en una conversación, un aspecto que prácticamente elimina el seguimiento que se produce cuando hay notas incompletas. Los actuales micrograbadores se ofrecen en una amplia gama de estilos y precios y, como la mayoría de los productos, dependerá del precio que pueda pagar. Busque aparatos que tengan una buena recepción de audio, doble velocidad de cinta, con la posibilidad de marcar la fecha al pie y botón de pausa. La mayoría de estos actualmente son aspectos estándar. Y aunque grabemos, siempre es buena idea tomar notas como respaldo.

El único aspecto negativo asociado con los microcasetes, aunque es menor, es que requiere un equipo especial para la trascripción. Sin embargo, esto parece ser un pequeño precio a pagar por algo que finalmente nos ahorrará considerable tiempo y dinero. Finalmente está comprando un valor que puede ser usado repetidamente.

Otro problema para superar, es el hecho de que a muchas personas les desagradan los aparatos grabadores. Para disminuir esta ansiedad, simplemente explique que la cinta se utilizará para poder recordar todos sus valiosos comentarios. Podría también expresarle que no sabe taquigrafía y que la experiencia le ha enseñado a desconfiar de la memoria. La mayoría de las personas aceptará estas explicaciones. A partir de allí puede pasar unos minutos en una conversación normal. Prenda el grabador cuando el entrevistado ya no esté concentrado en él. Deje algo de espacio al inicio de cada cinta para después completar con la fecha, lugar y nombres de las personas que están presentes. Esto será de apoyo en caso de que se pierda o destruya la etiqueta de la cinta.

Una palabra de precaución: asegúrese que el grabador esté lo bastante cerca de la persona para que pueda registrar sus comentarios. Esto es particularmente importante si quien responde tiene una voz suave o hay un ruido de fondo bastante grande. Los restaurantes, parques y automóviles son medio ambientes notablemente deficientes para grabar. Mejor que los evite. Si esto fuera imposible, trate de encontrar un sitio tranquilo.

Los grabadores que se activan con la voz ofrecen ciertas ventajas, pero tienen una desagradable tendencia a cortar las primeras palabras de cada oración. También pueden dificultar la supresión de observaciones irrelevantes. Si utiliza un botón de pausa, eso le permitirá elegir un poco más qué es lo que realmente va a grabar.

Luego de grabar completamente su entrevista, ponga una etiqueta a su cinta y trascríbala lo más pronto posible. La trascripción final debería identificar cada uno de los que hablan –con las iniciales es suficiente–, y tener una organización semántica fluida –las correcciones son admisibles para favorecer la lectura–. También deberá incluir una "hoja resumen" que contenga el nombre del entrevistador y el entrevistado o entrevistados, la fecha, lugar de la entrevista, y un listado de los principales temas de conversación y, cuando fuera posible, un breve perfil de quién es el que responde.

EL USO DE RECURSOS SECUNDARIOS

Los recursos secundarios le ofrecen a lo cartógrafos espirituales aún otro medio en su cacería de información. La presa, en este caso, puede residir en cualquier lugar desde libros y discursos a diarios y datos de censos. Aún puede esconderse en registros personales como cartas, diarios y agendas, aunque estos recursos con frecuencia se los clasifica como "básicos".

Esto es dominio de la unidad de archivadores. Si usted es un habitué de la librería local, conocedor de las notas finales o un veterano en navegar por Internet, bienvenido a casa. Tiene delante de usted mucho trabajo, y posiblemente las páginas siguientes le facilitarán su tarea.

Un punto de partida obvio para comenzar en el campo de la investigación secundaria, son las publicaciones. Una enorme cantidad de información útil ha sido escrita a través de los años, y es su tarea descubrir esas páginas que podrían ser de valor para su proyecto. Mientras realiza esta tarea, siempre es importante saber cuándo fue escrito un documento específico, quién los escribió y qué pasaba en el mundo o la comunidad en ese momento. Sepa que encontrará enormes diferencias de estilo y utilidad. Algunos temas estarán bien escritos, y aún así su contenido tendrá poco valor. Otros serán una maraña en su estilo y, a pesar de eso, serán abundantes en su contenido.

El instinto, por supuesto, juega un rol significativo en la evaluación de la fuente. Sin embargo, no es su única vara para medir. Existe un gran número de preguntas objetivas que pueden hacerse. Por ejemplo, ¿sugiere el título una perspectiva especial sobre el tema? Si la fuente es un libro, ¿la editorial es conocida y respetada? Si la fuente es un periódico, ¿se especializa en ciertos temas y es respetado? ¿Cuál es la fecha de la publicación? ¿La fuente define bien el tema? ¿Reconoce otros puntos de vista? ¿Incluye claras notas al pie y bibliografía? ¿Es interesante y fácil de leer?

Si busca fuentes de material sobre la historia local, su investigación puede ser especial según la ubicación. Si vive en una región donde nació una importante personalidad, descubrirá que se ha escrito más sobre su zona. Lo mismo sucede con los sitios abundantes en maravillas naturales o que han sido escenario de algún suceso nacional. Mientras que la historia de un lugar menos conocido es de igual forma importante, puede ser que no sea tan fácil encontrar las huellas.

Una biblioteca siempre es una buena primera parada para cualquier investigador. Además de enterarse de lo que otros han descubierto sobre su tema, también encontrará una diversidad de guías –como mapas y directorios– para conducir su propia investigación. Tener claramente definida la serie de sus objetivos de investigación, le ayudará a los bibliotecarios a saber cómo dirigirlo mejor. Aún cuando no encuentre nada útil en una fuente en particular –o en un lugar– tómese un momento para anotar los resultados negativos, como una ayuda para su memoria.

Si es nuevo en esta especie de investigación, o simplemente le gustaría refrescar los méritos de las distintas fuentes, le invito a revisar los perfiles que damos como ejemplo más adelante. Aunque sea limitado tanto en categoría como contenido, aún así podría proveerle una idea decente de qué puede encontrar en algún lugar, y cómo hacer para encontrarlo.

LIBROS
Para un trabajo de investigación serio, nada se compara con un buen libro. En principio, los libros son compactos y portables, un medio manuable si necesita consultar las fuentes de materiales en el camino. También es posible marcarlos con resaltadores –para destacar pasajes relevantes– y reproducirlos en fotocopias –así estos pasajes podrán incluirse en archivos apropiados–. Los libros pueden proveer de todo, desde historia y estadísticas hasta guías y análisis. Su formato amplio, a diferencia de los periódicos, alienta la investigación en profundidad. Miles de nuevos títulos se publican anualmente, y es muy posible que su librería o biblioteca local tenga algo relacionado con su tema.

DISERTACIONES
Si busca una fuente que pueda proveer estudios detallados de casos y análisis profundos en una amplia variedad de temas, tenga en cuenta las disertaciones, ese académico *toque de gracia (coup de grace)* de los doctorados de los estudiantes. Su valor reside en el hecho de que están producidos bajo rigurosa guía y supervisión, un requerimiento que con frecuencia da como resultado argumentos intensamente razonados, y un listado útil de fuentes primarias y secundarias relacionadas. Las listas de las disertaciones de los estudiantes se encuentran disponibles en la mayoría de los institutos y universidades, así como también en la Biblioteca del Congreso.

DIARIOS
El diario de la ciudad no es solamente el vehículo impreso más rápido para las noticias inmediatas y sus comentarios, sino que son una fuente primordial de la historia local. De hecho, en los días anteriores a la radio y la televisión, los diarios eran el recurso vital de la comunicación pública. Muchas bibliotecas y editoriales de la ciudad mantienen catalogados en archivos las ediciones anteriores, también en microfilmes o microfichas. Es absolutamente valioso hacer una visita. Además de

describir los hechos asociados con ciertos temas o sucesos, los artículos del diario pueden también proveer nombres de individuos que sabrán de la historia y que usted deseará buscarlos para entrevistar.

REVISTAS Y PERIÓDICOS

Estos recursos populares, aunque un poco más lentos que los diarios y los medios electrónicos en lo que se refiere a dar a conocer las noticias recientes, compensan largamente su ritmo con sustancia y precisión. Muchos también son temáticos, y le dan al lector una dieta permanente de artículos relacionados. Son como negocios especializados comparados con los departamentos especiales de una tienda. La distinción básica entre una revista y un periódico, es que este último tiende a ser más analítico, y con frecuencia está asociado con instituciones profesionales.

REGISTROS PÚBLICOS

Esta enorme y rara vez accesible fuente de colección, incluye las estadísticas de los censos, las minutas del consejo de la ciudad, las anotaciones de la junta de educación, los documentos legislativos y órdenes del día, las historias locales y regionales, los folletos de los aniversarios y los registros de la propiedad. Mientras toda esta información es del dominio público, pocas personas, fuera de las profesiones legales y periodísticas, hacen uso de esto. Usted debería. Con un poco de iniciativa y el pago de un costo nominal, puede adquirir copias de la mayoría de los documentos registrados.

SITIOS DE LA RED DE INTERNET

Tal como muchos devotos navegadores de Internet lo han descubierto, esta ofrece una verdadera variedad de manjares en interesantes colecciones de datos. Estos pueden encontrarse en grandes sitios que mantienen los gobiernos, las instituciones académicas y las organizaciones de noticias, y en las páginas informales que mantienen empresarios. En la mayoría de los casos la información publicada puede copiarse y bajarse a su computadora personal, para analizar después.

DOCUMENTALES

Casi todos los días del año algún tipo de informe de investigación o documental especial se transmite por la red, cable y los canales de cable.

Muchos de estos tratan temas históricos, sociales y religiosos, que son de particular interés a los cartógrafos espirituales. Con un poco de planificación por adelantado –lo cual requerirá una guía de TV y una grabadora de video– no solamente podrá ver la transmisión, sino que tendrá su propia copia personal. Preste especial atención, porque muchos de estos documentales le darán excelentes guías para continuar su investigación.

ESTUDIOS Y REGISTROS PERSONALES

Diarios personales, cartas, periódicos, álbumes familiares y genealogías son todas herramientas útiles para investigar la historia local. Ofrecen valiosos comentarios sobre la vida diaria y los intereses comunes, especialmente los relacionados a asuntos locales, problemas económicos y controversias sociales y religiosas. La mejor forma de ubicar fuentes de materiales privados, es comenzar con sus propios amigos, vecinos y los miembros más lejanos de su familia. Puede también publicar una noticia en los diarios locales, trabajar a través de la sociedad histórica de la ciudad, presenciar subastas locales, visitar librerías de segunda mano o pedir orientación a los "viejos vecinos" de la ciudad.

EL ROL DEL INTERCESOR

Los intercesores son, tal vez, el elemento menos entendido del proceso de mapeo espiritual. En algunos equipos son elevados al estatus de oráculos divinos, y ponen el trabajo de otras unidades muy por debajo en importancia. Con mayor frecuencia, son mal utilizados, relegados al rol de sostén de los "verdaderos obreros". De cualquiera de las dos maneras, tanto el equipo como el proyecto, son obstaculizados.

En realidad, la unidad intercesora tiene mucho para contribuir a la campaña de mapeo espiritual. Sus integrantes pueden orar para que a sus colegas de campo se les presenten citas divinas, que encuentren favor ante los entrevistados, y que Dios los rodee con su protección. Pueden pedir al Espíritu Santo que dirija a los investigadores de archivo hacia los materiales escondidos, o hacia los que serán fuente de confirmación. Pueden pedir sabiduría en la elección de los límites del proyecto, el establecimiento del orden diario y la evaluación de las personas e información. Finalmente, pueden orar para que Dios prepare una audiencia interesada cuando esté listo el informe final.

Los intercesores pueden también recolectar información valiosa a través de la disciplina de saber esperar en Dios. Esta información puede producirse bajo la forma de orientación hacia personas, lugares o temas, comprensión de modelos complejos o significados escondidos, o la confirmación de ciertos hechos o hipótesis. Cualquiera sea su forma o naturaleza, estas contribuciones divinas son lo suficientemente importantes para que se pongan por escrito en forma sistemática. Esto no se hace con la idea de crear un agregado a las Sagradas Escrituras, sino más bien como un medio de recordar y recuperar la revelación contextual.

MANTENER UN DIARIO DE ORACIÓN

Los equipos de intercesión tienen toda la libertad para personalizar sus diarios de oración, así como sus elementos clave, tales como estilo de escritura y presentación, mientras que se mantengan consistentes y legibles. Esto es importante, porque el diario de oración es finalmente un documento público, un registro de trabajo. Como tal, requiere una presentación limpia y disciplinada que incluya, aunque no está limitado a esto, un sistema de fechado lógico e ingresos. Algunos intercesores pueden sentir que necesitan hacer ajustes en su rutina normal, para poder armonizar con otros miembros del equipo y los requerimientos públicos del proyecto.

Las fechas de ingreso de datos deberían ser registradas inmediatamente al concluir cada sesión de oración. Esto servirá de protección contra las fallas de memoria, y dejará sentado lo oportuno de la revelación divina. Cada registro o comentario debería ser lo más conciso posible, para evitar confusiones. Las impresiones subjetivas y las conjeturas pueden incluirse, pero solamente si se las etiqueta exactamente como lo que son.

Lo que yo animaría a los intercesores a considerar inmediatamente, es a tener un sistema de codificación para clasificar ciertos tipos de anotaciones frecuentes. Cuatro ejemplos obvios son: temas de oración, impresiones subjetivas, oraciones respondidas y asuntos de acción específica. También debería haber una manera de poner por índice los ingresos relacionados que están extendidos en diferentes días y páginas.

Esto puede ser hecho en forma manual con códigos en los márgenes, o automáticamente a través de ciertos programas de computación –si asumimos que el diario se mantiene en forma electrónica–. Finalmente, el diario debería tener un sistema para entrecruzar los temas de referencia que ingresan, de modo que los analistas puedan ver sus contenidos desde diversas perspectivas.

Por lo tanto ¿qué puede aprender un investigador de un diario de oración? Si fue bien llevado por un intercesor piadoso y experimentado, finalmente, no hay nada que entusiasme más que saber que Dios nos ha hablado, y que sus palabras han provisto las claves para dejar al descubierto fortalezas de engaños en nuestra comunidad.

TRABAJO DE EQUIPO EN LA RECOLECCIÓN DE DATOS

Los investigadores individuales se enfrentan con significativas limitaciones. No pueden estar en dos lugares al mismo tiempo; solo pueden trabajar una cantidad limitada de horas antes de que el cansancio los venza, y sufren porque carecen de un segundo par de ojos para ser objetivos. El remedio lógico para estas deficiencias es, por supuesto, el trabajo en equipo.

No debe sorprendernos de que existan numerosas referencias en Las Escrituras sobre las ventajas de la colaboración (ver Éxodo 17:12; Jueces 20:11; Nehemías 4; Lucas 10:1). El escritor de Eclesiastés declara:

"Mejores son dos que uno; porque tiene mejor paga de su trabajo. Porque si cayeren, el uno levantará a su compañero; pero ¡ay del solo! Que cuando cayere, no habrá segundo que lo levante. También si dos durmieren juntos, se calentará mutuamente; mas ¿cómo se calentará uno solo? Y si alguno prevaleciere contra uno, dos le resistirán; y cordón de tres dobleces no se rompe pronto" (4:9-12).

La clave hacia un trabajo de equipo exitoso, es conseguir un grupo de individuos que operen armoniosamente, algo que es más que simplemente llevarse bien entre colegas. También es una cuestión de integrar los talentos especiales y las tareas, de tal forma que todo el potencial del grupo sea explotado. Para lograrlo, este equipo debe tener una misión claramente definida, un líder de equipo competente y personal bien entrenado con tareas complementarias.

Una de las ventajas de la operación en equipos, es la capacidad de emplear la memoria colectiva. Al asignar a los miembros individuales del equipo diferentes categorías de información para observar y recordar, el volumen de los nuevos datos que deben ser retenidos se reduce a algo manejable.

En el único momento en que la observación colectiva no funciona bien, es durante las entrevistas o en medio ambientes de investigación sensibles. En estas situaciones, un grupo grande puede ser una interferencia y llamar la atención. Para evitar producir una escena o incitar a un potencial conflicto, mantenga sus unidades de operación reducidas, no más de entre dos y cuatro personas.

Las tareas en asociación deberían estar basadas en factores como género, experiencia, personalidad y destreza lingüística. Tener conciencia de la misión también es importante, así como es la disposición de los miembros para subordinar sus intereses personales por el bien común. Si es un líder de equipo, conozca a su personal. Prepárese para reasignarles nuevas tareas, aprovechando circunstancias nuevas o cambiantes. Esto podría ser una situación que requiera una unidad de género único. Otro día puede ser necesaria una combinación especial de talentos, como sería: expertos en computación, entrevistadores o lingüistas. Otras circunstancias pueden requerir una unidad más madura y experimentada.

Los miembros del equipo deberían también estar preparados para tomar ciertas responsabilidades prácticas. Esto significa que, además de las tareas de adquisición de datos que les han sido asignadas, tendrán que registrar informes diarios, manejar temas de presupuesto, dar tutoría en computación o guiar los devocionales del equipo. Dependerá del líder del equipo confirmar que un mecanismo está en su lugar –planificar reuniones o hacer memorandos– que mantendrán a los integrantes informados al día sobre el progreso total de la campaña.

ORGANICE SUS DATOS

"Organizar –como dijo cierta vez el creador de "Winnie Pooh", A.A. Milne– es lo que uno hace antes de realizar algo, para que cuando lo haga, no esté todo mezclado."[5] Esto es de especial importancia en la tarea de mapeo espiritual. El cuerpo sustancial de la información que se genera demanda planes y habilidades de organización intensos. Tan solo en las primeras semanas de su campaña, es probable que tenga entre sus manos una amplia gama de elementos que irán desde mapas y listas de recursos, a artículos y transcripciones de entrevistas. Si no se organizan cuidadosamente estos materiales a partir del lanzamiento, su equipo puede encontrarse fácilmente paralizado –sin mencionar frustrado– cuando llegue el tiempo de sacar las conclusiones.

Para ayudarle a evitar los escollos debidos a una organización descuidada, la sección siguiente le sugerirá maneras prácticas para organizar los distintos registros de datos tales como micro-casetes y notas en el campo. Esto le enseñará cómo seleccionar sus datos para el siguiente análisis. Después de todo, no es cuánta información consiga, sino lo que haga con ella lo que cuenta.

SISTEMAS DE CONTROL DE LA INFORMACIÓN

Un manejo apropiado de los materiales del proyecto lleva bastante tiempo, atención y paciencia. Sus archivos y cintas deberán estar cuidadosamente etiquetados y registrados, las transcripciones deberán estar archivadas lógicamente, y los libros tendrán que volver a su lugar en los estantes. Más allá de lo terrenales que parezcan estas tareas, darán resultado al final para ubicar sus materiales de manera accesible y útil.

Es una buena idea destinar por lo menos dos archivos, uno para la administración del proyecto y otro para la investigación del proyecto. Los títulos del archivo administrativo podrían incluir "Planes y esbozos", "Lista de actividades y citas" y "Temas de presupuesto". El archivo de investigación debería estar subdividido de acuerdo a las categorías delineadas en el capítulo 6. Las carpetas activas deberían contener temas como mapas, registro de cintas, transcripciones de entrevistas, notas en el campo, artículos relevantes, estadísticas del gobierno o material fotocopiado de libros.

Lo más importante es organizar sus notas de acuerdo a *la intención de uso*, más que por su fuente. Sin embargo, registre el origen de cada nota, porque puede ser que quiera volver a ella para controlar su precisión o tomar información adicional. Establezca un tiempo regular, tal vez una vez al mes, para revisar, condensar y organizar sus archivos. Deshágase de cualquier exceso de papelería, para evitar el amontonamiento y la confusión.

EL DEBATE POR LA SEPARACIÓN DE DATOS

Algunos proyectos de mapeo espiritual han elegido mantener una pared de separación entre sus unidades de archivo, la móvil y la de intercesión. La intención de esta barrera ha sido habilitar una posibilidad más de control y balance en el proceso de mapeo espiritual. Mientras que este abordaje ha producido, por lo menos en una instancia, resultados impresionantes, otras campañas necesitarán pesar estos beneficios potenciales contra los de una operación unificada.

∂❦∂

EL MAPEO ESPIRITUAL EXITOSO TAMBIÉN
REQUIERE QUE LOS EQUIPOS DISCIERNAN LA
IMPORTANCIA DE LOS HECHOS QUE CONSIGUEN.
UNA INFORMACIÓN SIN ENTENDER ES COMO
UN AUTO SIN COMBUSTIBLE.

∂❦∂

Las recompensas de un programa en colaboración son significativas. Además de los claros beneficios de compartir la dirección y los logros cooperativos, también hay ventajas al mantener una sola serie de archivos de datos. No solo es caro mantener un sistema de múltiples archivos, sino que si el equipo no está en comunicación en forma rutinaria, hay grandes probabilidades de que ciertas fuentes de información sean cosechadas dos veces.

La adquisición de datos, mientras que es estimulante y provechosa en sí misma, solo es la mitad de la ecuación. El mapeo espiritual exitoso también requiere que los equipos disciernan la importancia de los hechos que consiguen. Una información sin entender es como un auto sin combustible. Puede coleccionarlo y admirarlo, pero no podrá llevarlo a ninguna parte. Para ayudarle a evitar esta difícil situación, nuestro próximo capítulo explora el absolutamente importante proceso de sacar las conclusiones a partir de los datos básicos.

Capítulo 9

SAQUEMOS CONCLUSIONES

A lgunos cristianos definen el mapeo espiritual como ir al extremo de rebuscar en los deshechos. Pero si fuera simplemente eso, un pasatiempo glorificado para coleccionistas obsesivos, sus principales practicantes serían ardillas y realizadores de censos.

Sin dudas, la adquisición de datos es una parte del proceso de mapeo espiritual. Pero la información que se reúne solamente es un medio hacia el verdadero premio: entender. Sin tener este premio vital, el mapeo espiritual es simplemente una recreación religiosa, una diversión interesante que finalmente no cambia nada.

Muchos cartógrafos espirituales están conscientes de este peligro y tratan de evitarlo. Desde un principio, sus esfuerzos de investigación están motivados por un interés genuino sobre el estado de sus comunidades. E irónicamente es justamente esta misma preocupación, que con frecuencia resulta urgente y consumidora, la que los desvía y así se compromete seriamente la verdad.

Esta situación difícil que enfrentan, puede compararse con la de los hombres urbanos que intentan vivir una experiencia a campo abierto. Luego de pasar toda la tarde juntando madera para hacer un fuego, de pronto se dan cuenta que la noche ha venido sobre ellos. Temerosos de que no tendrán el tiempo ni la habilidad para encender los montones de madera antes de que lleguen las sombras, buscan las lámparas de keroseno y las cocinas de garrafa. Luego de la cena, reconocen que la luz artificial es mejor que estar a oscuras.

Desafortunadamente, este razonamiento tiende a fracasar si lo aplicamos al ámbito espiritual. Allí la luz artificial no es una ventaja que se encuentra a mano, sino un peligro agudo. Más que alumbrar a los viajeros espirituales, los atrapa. No es otra cosa que una metáfora para el engaño[1], una ilusión que debe evitarse a toda costa.

La dificultad, como lo observé antes, es que muchos cristianos se impacientan, aún entran en pánico, cuando son confrontados con la invasión de las tinieblas espirituales. Algunos quieren una resolución de los problemas: sumergen sus comunidades de tal manera que están dispuestos a suspender el pensamiento crítico, o aún a inventar respuestas. En su apuro por identificar y atacar fortalezas específicas, abrazarán ciertas conclusiones que, en otros campos de la vida, aún ellos mismos lo considerarían una especulación alocada. Finalmente, este apresuramiento por juzgar disminuye el entusiasmo de intercesores potenciales, malgasta valiosa cantidad de tiempo y dinero, y le otorga al enemigo una cobertura mayor para que siga su trabajo.

DEDÍQUESE A LOS HECHOS RELEVANTES
Y DISCIERNA SU MENSAJE COLECTIVO SIN
RECURRIR A LOS DESEOS, DOGMAS TEOLÓGICOS
O SIMPLEMENTE LA IMAGINACIÓN.

Como expliqué en *Luz y sombras en el laberinto*:

Los guerreros de oración más disciplinados han transformado la paciencia en un aliado. Tomando tiempo para estudiar sobre áreas preocupantes, y luego esperando en el Espíritu Santo para lograr entender, han aprendido a hacer distinciones precisas entre *ataduras prevalecientes* y *ataduras enraizadas*.

Esta distinción no siempre es fácil de hacer. Las ataduras que prevalen, mientras que son visibles y activas, también pueden ser leves y transitorias. Como la capa superior del suelo en la agricultura, tienden a moverse con los inestables vientos del cambio, una característica que los transforma en indicadores nada confiables sobre la verdadera naturaleza de una fortaleza. Mientras estas ataduras no pueden ser ignoradas, tampoco deben ser confundidas con el lecho espiritual que es necesario quebrar, si es que las fortalezas territoriales van a sucumbir al Evangelio. Solamente cuando excavamos más allá de la superficie de una sociedad podemos confrontar las ataduras enraizadas que la controlan.[2]

Llegar al fondo de las cosas lleva tiempo. En primer término, dedíquese a los hechos relevantes, y luego discierna su mensaje colectivo sin recurrir a los deseos, dogmas teológicos o simplemente la imaginación. No es tarea fácil.

Aún la revelación del Espíritu Santo debe ser procesada con cuidado. Tal como señalé en el capítulo 8, es fácil confundir guías de investigación y conclusiones de investigación. La mayor parte del tiempo Dios simplemente trata de dirigir su atención hacia la gente, lugares o sucesos que guardan importantes secretos. En lugar de publicar estas impresiones subjetivas, debería validar y completarlas con evidencia objetiva, algo que seguramente encontrará si el Espíritu Santo es quien lo impulsa. Si ignora este consejo, lo único que logrará es confundir a su audiencia. La revelación que ha recibido ha sido precisa, pero también está incompleta. Admirar una sola pieza de un rompecabezas no es lo mismo que ver un cuadro completo y acabado. Como María lo demostró tan hábilmente –ver Lucas 2:19– las verdades momentáneas pueden ser guardadas, y aún atesoradas en el corazón, hasta que llega el tiempo de sacarlas a la luz.

El análisis, mientras que parece complicado, simplemente es un asunto de examinar su información a la luz de los principios bíblicos y unas pocas reglas de interpretación estándar. Agregue a eso una medida de oración y otra de sentido común al proceso, y estará en funcionamiento.

REPASEMOS LAS REGLAS DE INTERPRETACIÓN

La línea entre fe y superstición es extremadamente fina, y muchas veces se la cruza. Entre los transgresores más comunes se incluyen consejeros, evangelistas, intercesores e investigadores, personas que llevan una carga grandiosa con un mínimo de asistencia.

Un ejemplo característico de este tipo se encuentra en el Talmud judío; bajo la forma de un consejo a los dueños de casa que tienen sospechas, pero que no puede documentar, de la presencia de malos espíritus, dice:

> Si desea descubrir demonios, tome cenizas tamizadas y espolvoréelas alrededor de su cama. Por la mañana verá algo parecido a las pequeñas huellas de las patas de un gallo. Si quiere verlos (a los demonios) tome la placenta de una gata negra, de una primogénita que sea primogénita, cocínela en el fuego y ráyela hasta quede hecha polvo, y luego póngase un poco en los ojos...[3]

Un poco más reciente, el filósofo de la ciencia, Hilary Putnam, ofreció una "teoría de los demonios" en forma irónica. La hipótesis, a la cual me referí en *Luz y sombras en el laberinto,* es la siguiente: Si se pone una bolsa de harina sobre la cabeza y golpea la mesa dieciséis veces en sucesión rápida, se le aparecerá un demonio. Putnam llama a esta la Teoría de los demonios Nº 16. La Teoría Nº 17 es igual, excepto que tiene que dar diecisiete golpes, y así sucesivamente. La lista de teorías es interminable.

⚜⚜

ASÍ COMO ALGUNOS CRISTIANOS
SE DESVIAN POR TENER UN ABSOLUTO
DESCREIMIENTO EN LO SOBRENATURAL,
OTROS TAMBIÉN SE EXTRAVÍAN POR CREER
ABSOLUTAMENTE EN TODO.

⚜⚜

Lo que Putnam señala, por supuesto, es que uno debe ser selectivo de las teorías que deduce. Es posible pasarse la vida entera profundizando teorías increíbles y no llegar a ningún lado. El secreto está en entresacar de la "posible verdad" las hipótesis que no valen la pena considerar. Así como hay algunos cristianos que se desvían por tener un absoluto descreimiento en lo sobrenatural, otros también se extravían por creer absolutamente en todo. Esto es específicamente cierto con respecto a algunos "buscadores de demonios", que con demasiada frecuencia son los que definen el movimiento de guerra espiritual moderno.[4]

VERIFIQUE SIEMPRE SUS PRESUNCIONES

Hasta cierto punto, cualquier persona que llega a comprender bien una cultura particular ha aplicado las reglas de análisis para lograrlo. Observar y escuchar lleva a *inferir* un proceso que puede involucrar el razonamiento a partir de la evidencia –lo que percibimos– o desde las premisas –lo que asumimos–. Mientras nuestras percepciones y presunciones con frecuencia son correctas, es fácil confundirlas. Una presunción equivocada, como lo observé en el capítulo 3, tiene el peligroso hábito de llevarnos a conclusiones equivocadas. La única protección segura para nosotros es examinar nuestras presunciones antes de que nos apeguemos demasiado a ellas.

Por ejemplo, si queremos "probar" que Hollywood es el creador de tendencias para los Estados Unidos, entonces tendremos que comparar su influencia con la de otras ciudades como San Francisco, Nueva Orleáns y Washington D.C. Si queremos sostener que el alcoholismo que fue una plaga para los nativos de Canadá es el legado de ancestrales pactos espirituales, en primer lugar debemos examinar varios posibles contra argumentos, incluyendo la sugerencia de que el problema parte de la moderna injusticia social.[5]

Algunas presunciones parecen buenas hasta que las sometemos a un escrutinio profundo. En una carta al jefe de redacción de un diario de Carolina del Sur, un lector le escribe: "Estoy a favor de ahorrar luz usando la luz natural. He cultivado una quinta durante muchos años, y descubrí que ¡tengo mejores resultados con una hora extra de sol cada día![6] Lo que este lector –e incontables otros observadores informales– pasan por alto, es el hecho de que el ahorro de la luz del sol no produce más luz de sol. Una presunción equivocada que ha permanecido sin revisar durante años.

Los habitantes de París cometieron una equivocación parecida en 582 d.C., cuando de los cielos cayó una lluvia roja sobre la ciudad. Muchos residentes aterrorizados vieron esta "sangre" como una señal del cielo, y se postraron delante de Dios. Nadie supo que la verdadera causa de este extraño suceso era el viento siroco que algunas veces sopla desde el Sahara a través del Mediterráneo hacia Europa. Cargado del fino polvo rojo del interior del desierto, tiñó la lluvia que cayó sobre París.[7]

En tiempos más recientes he escuchado a los guerreros espirituales declarar que su comunidad es una "fortaleza de Leviatán" o que "está atada al espíritu de pitón". Otros se han tomado el trabajo personal de romper las "líneas de energía" o "cancelar las asignaturas" de los poderes demoníacos residentes. Las presunciones que existen, la mayoría de ellas sin comprobar, son tan variadas como lo es su terminología.

Para ser honesto, encuentro la veracidad detrás de muchas de estas declaraciones, un poco inquietantes. Si la experiencia nos ha enseñado algo, es que las conclusiones sobre los conflictos espirituales y los poderes es mejor anunciarlas como algo tentativo. Siempre debemos estar listos para divulgarlas, pero igualmente estar preparados para reabrir el caso "si y cuando" se presente una nueva evidencia. Las declaraciones rígidas de fortalezas que prevalecen y las declaraciones peligrosas de victoria espiritual, son precursoras comprobadas del autoengaño.

COMIENCE CON EXPLICACIONES SIMPLES

Cuando buscamos explicaciones existe la tentación de esperar, y aún desear, cierta complejidad y dramatismo agregado. Eso es especialmente cierto cuando los problemas que confronta nuestra comunidad son severos. Si estas dificultades pueden atribuirse, ya sea a fenómenos naturales, elecciones humanas o actividad demoníaca, preferimos los demonios. Cuando hay que elegir entre los perpetradores infernales, favorecemos a los arcángeles caídos por encima de una gran variedad de espíritus malvados, especialmente si tienen nombres que suenan malévolos como Beelzebú, Belial o Leviatán.

Esta misma observación se aplica a ubicaciones complicadas. Muchos cartógrafos espirituales se apuran a sacar como conclusión, que una carretera congestionada de templos y altares es la evidencia de una línea de energía. Lo que con frecuencia pasan por alto es el hecho de que tal vez pueda haber sido ese el *único* camino hacia la ciudad. En los vecindarios atestados de hoteles alojamientos y librerías para adultos, las fortalezas espirituales son vistas más como causa que resultado. Las leyes de la zona son consideradas, pero se las ve como irrelevantes.

Esto es desafortunado porque, como la mayoría de los investigadores experimentados le dirán, la simple explicación que concuerda con la evidencia, generalmente es la mejor. No debería recurrir a presunciones nuevas o hipótesis, excepto cuando sea necesario.

"Si –como escribe William Poundstone en *Laberintos de la razón*– una huella en la nieve *pudiera* explicarse como la de un oso, y *pudiera* explicarse como la de una criatura similar a los humanos jamás descubierta antes, la hipótesis del oso sería la favorecida." Esto no es un asunto de elegir la explicación menos sensacionalista. "Uno favorece los osos por encima del abominable hombre de las nieves, solamente cuando la evidencia –tal como sería una huella medio derretida– es tan deficiente que tanto la teoría del oso como la del yeti cuentan por igual."[8]

Algunas veces la mejor alternativa *es* sensacional. Los aterrizajes de OVNIS, por ejemplo, dieron en su momento una explicación más creíble para los misteriosos círculos en los cultivos, que una teoría opuesta de que una horda de cerdos los había pisoteado. Cuando las explicaciones simples no son suficientes para ciertas realidades, los investigadores deben estar listos para ir en busca de otras más extravagantes. La mente estrecha no es menos dañina que la credulidad. El escepticismo mal ubicado en el pasado, por ejemplo, desvió la atención sobre realidades como la verdadera forma de la Tierra y el rol de los microorganismos que causaban la enfermedad. Las declaraciones extraordinarias requieren pruebas extraordinarias, pero algunas veces la evidencia que buscamos está asentada justo debajo de nuestras narices. Como observó Sherlock Holmes: "No hay nada más engañoso que una evidencia obvia".[9]

NUNCA INTERPRETE LA TOTALIDAD SOBRE LA BASE DE LO PARTICULAR

Los analistas amateur violan esta norma con regularidad; la razón más común es la simple pereza. Son como esos contadores que preparan los presupuestos de la compañía a través de fórmulas sacadas de otra parte, antes que por la investigación de cada artículo de la línea. Finalmente, la velocidad es más importante que la precisión, la información es más valiosa que la verdad. Su objetivo no es cambiar algo, sino simplemente informar estadísticas o una historia. ¿Para qué reunir múltiples relatos cuando con uno es suficiente?

A través de los años he visto muchos occidentales preocupados que visitaban China, con la esperanza de contactarse con la iglesia subterránea. Amontonados en pequeñas casas, escuchan con los ojos bien abiertos mientras uno o dos creyentes despliegan los últimos cuentos de bendición y persecución. Sobre la base de estos breves encuentros, forman una conclusión general sobre la vida y la fe en la República Popular. No hacen ningún esfuerzo para determinar si sus informantes son equilibrados y conocedores, o si tienen puesto algún interés. Su percepción de los "hechos" en China está completamente teñida de los prejuicios particulares de uno o dos individuos.

Un profesor de Oxford en los años 60 se jactaba y les decía a sus estudiantes que los "hechos no significan nada". ¿Qué quería decir con esta declaración? Simplemente que un hecho, a menos que esté relacionado con algún otro, o hasta que se señale su importancia, significa sorprendentemente poco.

La importancia de los hechos relacionados no puede pasarse por alto. Cada hecho o estadística, antes de que se transforme en verdaderamente significativo, debe ser visto en contexto. Si la investigación revela que existen diez grupos de la Nueva Era en nuestra ciudad, su reacción inmediata puede ser de gran preocupación. Esta podría ser mitigada, sin embargo, por el subsiguiente informe de que nueve de estas organizaciones estaban en la comunidad desde hace treinta años. Que se agregue un grupo durante el período de treinta años, apenas es un indicador de que los cultos de la Nueva Era –por lo menos de su comunidad– se están extendiendo como fuego de incendio. Todavía vendrá más alivio por el hecho de que ahora existen doscientas iglesias cristianas activas en la ciudad, un aumento del cuarenta por ciento en las mismas tres décadas.

Un sabio cierta vez le dijo a sus estudiantes: "Cuando tiene los suficientes nadas, la suma de ellos es algo". Una pieza específica de información podría carecer de significado por sí solo, pero cuando está combinada con otros datos, emergen nuevas posibilidades. Las piezas de un rompecabezas todas juntas, que forman un cuadro, ofrecen un buen ejemplo de este proceso. Las piezas individuales puede ser que no "digan" demasiado en un comienzo, pero cuando se las alinea con sus segmentos relacionados, el "mensaje" puede ser asombroso.

El ya fallecido economista suizo, Gunnar Myrdayhl, estaba entre los primeros estudiosos modernos que atrajeron la atención sobre este fenómeno. Mientras que reconocía que los hechos no siempre hablan por sí solos, este ganador del premio Nobel en 1974, sin embargo, insistía en que tienen su medio de comunicarse. Cuando la información relevante se reúne, decía "¡golpea!"

DEJE QUE LOS HECHOS GOLPEEN

En algún momento de su investigación, cierta combinación de hechos va a confrontarlo. Esto puede ocurrir durante el curso de una entrevista, o mientras revisa una combinación específica de datos. Cada vez que suceda, sentirá como si le han golpeado en las costillas sin aviso. De pronto descubrirá propiedades en los datos y sus relaciones. Las cosas tendrán sentido, las sospechas se confirmarán, surgirán conceptos frescos y proposiciones.

Los panoramas son realmente ilimitados. En una situación es posible que perciba la conexión entre un suceso histórico traumático, y el lanzamiento de un espíritu de pacificación o filosofía humanística. En otra ocasión el conocimiento puede estar relacionado a un molde específico de engaños adaptados. Y aún en otro podría confirmar la identidad de una persona o institución que Dios está usando para preparar a la comunidad para el cambio. Lo importante es que las correlaciones no están forzadas. No hay manipulación humana ni conexiones artificiales.

Cuando los hechos comienzan a golpear, lo empujarán a conclusiones obvias y atractivas. Estas pueden ser importantes, soluciones decisivas o reacciones en cadena de nuevos moldes y enlaces. Las dos pueden considerarse como auténticos caminos analíticos que se abren. Su respuesta debería ser de agradecimiento a Dios, no solamente por su fidelidad con usted y su comunidad, sino también por su disposición para tener compañerismo como los seres humanos.

Reconocer los moldes espirituales y su continuidad, es la esencia misma del mapeo espiritual. Ningún informe está completo hasta que explique por qué y cómo la desgracia humana se perpetúa en la comunidad, y por qué hay constante resistencia al evangelio y sus mensajeros. Si no puede dilucidar estos temas, ha llegado el momento de seguir trabajando.

PESANDO Y CONFIRMANDO LOS DATOS

En el proceso para asignar el valor a ciertas piezas de información, hay por lo menos cuatro criterios que deben ser considerados. Estos incluyen:

1. La conocida importancia de la información.
2. La integridad de su fuente.
3. El nivel de confirmación.
4. Disponer de confirmación escritural.

Mientras estos estándares no le otorgan significado en forma automática a ningún dato, pueden levantar sospecha sobre alguno de ellos. Estos criterios representan un importante filtro analítico.

Importancia conocida de la información

Lo primero que debe determinar en un hecho dado o declaración, es si reúne los elementos esenciales de su misión. Dado que la meta es investigar los obstáculos para el avivamiento en su comunidad, verdaderamente no necesita reunir recetas o pronósticos del clima. Esas cosas solamente van a atestar sus archivos. Si está inseguro de la importancia de algún dato, póngalos en un archivo en espera hasta que pueda continuar con una revisión posterior. Las conclusiones deberían también ser controladas con este mismo criterio. Su informe debe tener márgenes anchos donde pueda garabatear la pregunta: "¿Esto es significativo?" al lado de cualquier párrafo que no sea claro.

Integridad de la fuente

Otra consideración básica es la honestidad y la confianza de las personas que nos proveen la información. ¿Cuál es el informe sobre esta persona y su reputación? ¿Tiene algún interés encubierto? ¿Se dedica a agradar a las personas? Si no sabe las respuestas a estas preguntas, es su responsabilidad buscarlas. Son tan importantes como los datos originales. Es tan importante como determinar si la información que ha recibido de una entrevista, es una declaración de hechos o una opinión. Las dos pueden ser útiles, pero debería reconocer y darse cuenta de la diferencia.

Nivel de confirmación

En el libro de Proverbios por lo menos existen tres pasajes que señalan la sabiduría que se encuentra en la multitud de consejeros (ver 11:14; 15:22 y 24:6). Cuando escucha lo mismo de diferentes fuentes, hay una fuerte probabilidad de que la información sea precisa. También cosechará el beneficio de disponer de diversas perspectivas –como sucede con los evangelios sinópticos–. Esto agrega enriquecedores detalles y textura a su historia. En la otra cara de esta ecuación, una reducida lista de entrevistados hará que su visión y confianza sufra. Las teorías que se construyen sobre informantes solitarios son las más riesgosas de todas. Siempre recuerde esta simple advertencia: cuanta menor cantidad de fuentes, mayor precaución.

Confirmación escritural

Este criterio final está basado en una sola pregunta: ¿existe algún hecho específico o conclusión que esté en conflicto con el relato o los principios de La Escritura? Si es así, póngalo aparte inmediatamente y siga adelante. Si no está seguro, busque el consejo teológico de su pastor u otro maestro capacitado de La Biblia.

Finalmente, siempre existe la posibilidad de que la Palabra de Dios pueda no tener nada o muy poco que decir sobre el tema. Si ese fuera el caso, es mejor presentar la información de una manera y tono que estén libres de dogmatismo. Cuando disponga de soporte escritural, asegúrese de insertar las referencias apropiadas en su informe.

SEA PRÁCTICO, MANTÉNGASE EN LA SENDA

El resultado de una campaña de mapeo espiritual está mucho más relacionado a un informe de inteligencia que a un documento erudito. Y así debería ser. Su meta, después de todo, no es aprender meramente sobre su comunidad, sino tomar la acción apropiada. Para alcanzar esta meta debe mantenerse enfocado, y ser práctico.

Las mismas preguntas que le dieron marco para la adquisición de los datos –ver el capítulo 6– deberían ahora guiar la fase de análisis de su proyecto. En caso de que se haya olvidado de estas preguntas centrales, hago una nueva enumeración:

1. ¿Qué anda mal en mi comunidad?
2. ¿De dónde vino el problema?
3. ¿Qué puede hacerse para cambiar las cosas?

Sus respuestas a estas preguntas deberían ser extensas en el aspecto de presentación de hechos y la respuesta estratégica adecuada, y muy breve en teorías interesantes pero poco relacionadas. Cuando los lectores evalúen el contenido de su informe, se preguntará dos cosas: ¿es importante? y ¿es práctico? Tal como un ingeniero electrónico observó cierta vez: "La más grande de las cataratas del mundo no hará funcionar un avión".

Mientras que las teorías especulativas pueden ser un buen entretenimiento, son motivadores menores. Si desea que las personas actúen, debe entregarles sustancia. Si quiere que sus acciones sean productivas, debe darles sustancia que ha sido probada.

El cambio no sucederá hasta que la gente esté convencida de que es necesario. Luego deben ser persuadidos de que hay una forma para hacerlo, y que ellos son capaces.

PELIGROS ESCONDIDOS

La investigación del mapeo espiritual es en sí misma peligrosa. No solamente tendrá que persistir durante muy largas horas, en vecindarios desagradables y con entrevistados hostiles, sino que también puede enfrentar una serie de obstáculos demoníacos. Las consecuencias pueden ir desde inexplicables fallas en los equipos, a depresión emocional y enfermedades físicas o ataques del enemigo. Además de tener que enfrentar el hostigamiento, debe estar en constante guardia contra engaños sutiles que pueden, y con frecuencia lo hacen, desviar las mejores intenciones.

❧❧

UNO DE LOS MÁS GRANDES PELIGROS ASOCIADOS
AL MAPEO ESPIRITUAL ES LA EXCLUSIVIDAD,
SER UNA ELITE CON LA POSTURA DE "SOMOS LOS
QUE SABEN", DONDE NADIE MÁS VE LA COSA
TAN CLARA O PROFUNDAMENTE COMO USTED.

❧❧

Tratándose de guerra, anticiparse es mejor que reaccionar. Esto también es cierto en el mapeo espiritual. No siempre puede evitar que las cosas salgan mal, pero puede estar preparado para cuando eso ocurra. Es posible también evitar ciertas trampas si sabe en qué lugar mirar, y es con ese fin que he incluido las siguientes secciones.

EL SÍNDROME EXCLUSIVISTA:
RECLAMAR TENER "UNA VISIÓN ESPECIAL"
Uno de los más grandes peligros respecto del mapeo espiritual, es el potencial para el misticismo y la exclusividad. Un síntoma común de este síndrome es una postura elitista: "somos los que sabemos", un sentido de que nadie ve las cosas con la claridad o profundidad con que usted las ve. Mientras que esta condición puede no parecer seria, es capaz de llevarlo hacia un lugar estrecho y solitario, donde fácilmente puede ser engañado.

Entonces ¿de qué manera evitar el síndrome de exclusividad? El primer y más importante paso es recordar por qué hace una investigación metódica. ¿No es bienvenida la presencia del Espíritu Santo en su comunidad? ¿Y acaso esto no requiere un corazón humilde y abierto? El apóstol Santiago se pregunta:

"¿Quién es sabio y entendido entre vosotros? Muestre por la buena conducta sus obras en sabia mansedumbre" (Santiago 3:13).

Otras medidas de protección incluyen el rendir cuentas –los controles independientes y mutuos pueden salvar su vida– y la practicidad. ¿Le molesta que otros cuestionen sus revelaciones o conclusiones? Esta puede ser una señal de que ha perdido su balance. Después de todo, nada es más irritante para un fanático que el sentido común.

LAS ARENAS MOVEDIZAS DEL DESCUIDO: IGNORAR LOS LÍMITES DE LA INVESTIGACIÓN

Otra trampa que enfrentan los cartógrafos espirituales, es la confianza excesiva. Al embarcarse en una buena causa, hay un sentido de que nada puede sucederle, que es invulnerable a los poderes y circunstancias que normalmente pueden hacerle gran daño. Por momentos este exceso de confianza lo llevará al descuido. Las actividades de la investigación se realizan cruzando límites peligrosos: hace planes para asistir, o aún participar de diversos rituales religiosos, sin controlar en el Espíritu Santo o vigilar su propio sostén de oración. En otras oportunidades revisar las técnicas sobre "cómo se hace" en libros que tratan temas ocultos prohibidos.

La forma más segura de evitar desvíos innecesarios e insanos, es mantenerse apegado a su misión y a su Maestro. La presunción humana está entre las cosas que más atraen lo demoníaco. El único antídoto es el arrepentimiento profundo, seguido de una permanente sumisión a la voluntad de Dios. Como lo observé en *Luz y sombras en el laberinto,* caminar en obediencia nos hace andar más seguros, porque limita los caminos de entrada del enemigo en nuestras vidas. También permite que Dios defienda sus propósitos. Mientras que este soporte no impide que el diablo intente hacer lo más posible –testigo de esto son Elías, Mardoqueo y Pablo– de todas maneras nos transforma en objetivos más difíciles.[10]

LA CALESITA (CARRUSEL, TÍOVIVO) DE LA INVESTIGACIÓN: SABER DETENERSE

Si el enemigo no puede impedirle comenzar un proyecto, seguramente se dedicará a evitar que lo termine. Lo hace fascinándolo, retorciendo y dando vueltas a la dimensión espiritual, y especialmente él mismo. ¡Y cómo le funciona! Como dijo León Uris en *Redención:* "Frecuentemente no tenemos tiempo para nuestros amigos, pero todo el tiempo del mundo para nuestros enemigos".[11] El diablo no nos lleva a ninguna parte, solamente hacia un interminable andar por calles cerradas y callejones sin salida. Nos atrapa en lo esotérico.

Los proyectos que están eternamente bajo revisión, pero que nunca se realizan, se parecen a un largo puente de madera que se edifica atravesando un río. En el momento que el puente está totalmente completo hasta la otra lejana orilla, las maderas que se pusieron primero comienzan a pudrirse. Luego, las que están en el medio tienen que ser reemplazadas, y así sucesivamente. Nunca se completa para usar, y nunca lo estará, a pesar de lo mucho que se ha trabajado en él.

Mientras que la investigación del mapeo espiritual, a pesar de ser una búsqueda extensa y detallada, tiene fin. Pero para tener éxito, debe amar este fin mucho más que el proceso para alcanzarlo. Si descubriera que su pasión por la evangelización se ha enfriado, pídale a Dios una fresca revelación en su corazón. ¡Y atención! Porque Él bien puede hacerlo por medio de la investigación.

UNA LISTA PARA SUPERVISAR LAS MEDIDAS DE PROTECCIÓN

Hay otras varias cosas que usted y su equipo pueden hacer para mantener al enemigo cercado. Aunque cada una de estas medidas no son complicadas, solamente darán resultado si las pone en práctica.

Manténgase rindiendo cuentas

El propósito de rendir cuentas es establecer vallados para mantenernos fuera de los problemas, y más seguros en caso de que tropecemos con el límite. Nos sometemos unos a otros por la misma razón por la cual a los que realizan caminatas se les aconseja que anoten su entrada con los cuidadores del parque, antes de entrar en las zonas salvajes. Saber que alguien estará observándonos nos da no solo protección, sino confianza (ver Gálatas 6:2; Hebreos 13:17).

Mantenga la vida devocional

Cuando va a encarar una asignatura ardua, es importante que se mantenga espiritualmente en forma. Sin embargo, el enemigo puede rugir en el campo. Es lo que Dios diga en sus momentos a solas con Él, lo que verdaderamente cuenta. Además de tener intimidad con Dios, puede evitar terminar como los espías en Canaán, que solamente veían gigantes y langostas (ver Salmos 1:2-3; 119:97-98, 105).

Consiga más sostén de oración

Algunas tareas del ministerio necesitan medidas adicionales, y con toda seguridad que el mapeo espiritual es una de estas. Por lo tanto, es una buena idea conseguir un equipo personal de intercesores que lo sostendrán delante de Dios en oración. Estos estarán aparte del equipo en la unidad intercesora. Asegúrese de mantenerlos informados (ver Efesios 6:18; 1 Timoteo 2:1).

Una vez que completó su investigación inicial, que incluye la adquisición de datos y el análisis, ha llegado el momento de entregar los resultados.

Capítulo 10

INFORMEMOS A LAS TROPAS

Ahora que ya ha evaluado las dinámicas espirituales que obran en su comunidad, ha llegado el momento de informar a otros sus hallazgos. Esto puede parecer poco importante, luego de pasar meses de fascinante trabajo en el lugar y de revelación divina, pero es decisivo para el éxito de su misión. Si nadie sabe o escucha sus conclusiones, esa cantidad de investigación y análisis habrán sido un ejercicio intrascendente. Para capitalizar sus labores, debe hacer la transición desde la investigación de los problemas escondidos, a convencer a otros de la necesidad de una acción.

Por supuesto, puede ser que a través de sus descubrimientos ya haya avivado el fuego en los motivados intercesores de la comunidad. Como lo observé en los capítulos 2 y 3, estas perlitas de inteligencia, que se ofrecen como revelación progresiva, pueden ser altamente efectivas para sostener una intercesión ferviente.

Dicho esto, llegará el tiempo cuando sea apropiado presentar estas revelaciones como parte de un paquete completo. Dios puede utilizar su informe extenso para acercar a otros a la batalla por la comunidad. La gente también puede haber escuchado partes y fragmentos de su descubrimiento, pero no se comprometerán a la acción seria hasta que vean el "cuadro completo".

Pida al Espíritu Santo que le ayude en esta tarea. La misma oración que permitió que usted completara su informe, lo capacitará para contarlo. Dios no es débil, y está especialmente motivado para hacer que los descubrimientos suyos –que son las revelaciones de Él– sean transmitidas a personas que harán algo con ellas.

La forma, el tono y tiempo adecuado de su presentación también son importantes, y es hacia estos temas que ahora volvemos nuestra atención.

ENVOLTORIO: ¡EL PAQUETE ES IMPORTANTE!

Una presentación de calidad es importante por varias razones. Entre las más obvias está la necesidad de tener conexión con su audiencia. Si su informe no es relevante o legible, si no tiene un formato estándar, práctico y atractivo, la gente simplemente no se interesará. Y si esta no es suficiente razón para dedicarse a realizar un producto prolijo y pulido, recuerde que su trabajo es una reflexión sobre quién es usted, además de que se trata de una verdadera ofrenda para el Señor Jesús.

FORMATO GENERAL

El formato general de un informe es como un programa detallado de acción. Es lo que permite que mantenga el control sobre su proyecto durante la fase de la construcción. También determina cómo será el aspecto del producto terminado.

En el capítulo 4 hemos visto varios tipos de productos del mapeo espiritual. Desde perfiles fuera de lo común, resúmenes, hasta informes altamente estructurados. Este último, que sostiene la intercesión ferviente a través de la revelación progresiva, requiere investigadores para responder ciertas preguntas en un orden apropiado. Aunque esto pueda parecer arbitrario, es en realidad un reflejo del ritmo del cielo. Dios tiene sus procedimientos, y eso puede verse en todas partes. ¿Recuerda aquel granjero que espera levantar una cosecha abundante? Sus procedimientos son simples, pero rígidos. Primero debe trabajar el suelo y luego plantar, fertilizar e irrigar sus semillas. No tiene la libertad de ignorar una tarea en particular o cambiar la secuencia en que se hacen.

❦

ES IMPORTANTE UNA PRESENTACIÓN DE CALIDAD;
SU TRABAJO ES UN REFLEJO DE QUIÉN ES USTED,
ADEMÁS DE SER UNA VERDADERA OFRENDA
PARA EL SEÑOR JESÚS.

❦

El otro beneficio de una presentación ordenada o estándar, es que los productos diseñados de manera similar se prestan a análisis comparativo. Como mencioné en el capítulo 4, esto es particularmente importante para detectar fortalezas regionales o modelos espirituales.

Una vez establecido que su informe final necesita cierta estructura, el próximo paso es revisar el curso de acción que quiere seguir, y evaluar las técnicas básicas de su construcción.

Contenido y orden de los capítulos

La configuración de su informe –o tabla de contenidos, si quiere llamarlo así– debería corresponder con las categorías de la investigación –tales como las ataduras sociales prevalecientes y el potencial existente para la apertura espiritual– que esbozamos en el capítulo 6. Deseará dedicar un capítulo a cada categoría, con el contenido de las respuestas a las preguntas de diagnóstico contenidas en el Apéndice 4 de "Otros recursos". Sus capítulos deberían también incluir un eficaz resumen o conclusión (–el Apéndice 1 provee excelentes subtítulos para capítulos–. Luego de que haya completado el cuerpo principal de su informe –la única sección que necesita ser estándar– puede agregar tantas distinciones y apéndices como quiera.

Fácil lectura

Dado que la mayoría de las personas no continuarán leyendo una publicación que no puedan leer fácilmente, es importante que su estilo de escritura sea lúcido y lógico. Mientras muchos individuos piensan que pueden producir algunas palabras, pocos en realidad tienen el talento de sostener el interés del lector. Si no es específicamente un buen escritor, es posible que entregue esa tarea a otra persona que sí lo sea. Un buen compilador puede ayudarle a transformar su informe en algo práctico y atractivo.

Mientras escribe, siempre mantenga en mente a quiénes va dirigido su trabajo. Recuerde con quiénes trata de comunicarse.

Si bien sus lectores no serán niños, tampoco es probable que se trate de científicos o profesores. Un vocabulario cargado y la sofisticación literaria serán valiosos únicamente si son apreciados por su audiencia. Su meta es comunicarse con los lectores, no impresionarlos.

Finalmente, no sea verborrágico. En el arte de escribir informes, mejor es lo poco. Si no tiene claro qué incluir, considere esta regla básica: si un incidente o detalle no contribuye con el propósito que tenía, debe dejarlo fuera, no importa lo interesante que sea.

Insertar gráficos

Los gráficos como cuadros y fotografías ampliarán mucho el impacto de su informe final, así que siéntase libre de usarlos. Simplemente recuerde que es posible que tenga demasiadas cosas buenas. Si inserta una cantidad aplastante de gráficos en el cuerpo central de su trabajo, la lectura se verá comprometida. Una buena idea es agregar diagramas con líneas de fechas y de datos en su informe. Estos pliegos de acetato pueden emplearse con propósitos ilustrativos dentro de un capítulo en particular, o incluirlos en un apéndice más grande. Sin importar donde terminen, sus lectores apreciarán la posibilidad de ver sus conclusiones, no solamente de leerlas.

CÓMO LOGRAR UNA AUDIENCIA DISPUESTA

Una vez que su informe escrito esté completo, es el momento de presentarlo formalmente a la autoridad que lo comisionó. Si ha mantenido un contacto regular a través de la campaña, este es el momento más esperado. Es como llegar al final de un buen libro. Los informes mensuales son los capítulos que dan revelación progresiva. Para el momento en que las personas han asistido a diez o quince de estas sesiones, ya están familiarizadas con el contenido. Lo único que faltará será una conclusión dramática.

Puede dejar que su pastor o líder en el ministerio decida si quiere un informe ejecutivo antes de que el informe se haga público. Si es así, puede ser que usted quiera preparar una serie de cuadros o trasparencias para mejorar la presentación. Los videos breves y las diapositivas también son algo efectivo.

Elija o no usar las ayudas visuales, asegúrese de proveer a cada miembro del equipo de liderazgo de una copia personalizada del informe final. Esta personalización debe incluir una carta de presentación que exprese su aprecio por las oraciones y –cuando sea el caso– el sostén financiero y un resumen de cualquier acción a seguir que a usted le gustaría que ellos aprobaran.

Su presentación en realidad debería ser breve y directa. Treinta a cuarenta minutos es lo mejor. Si es más largo, corre el riesgo de hacer perder a las personas. Reduzca sus aportes a lo más destacable del proyecto y a las recomendaciones. Si el equipo de liderazgo quiere hacer algunas preguntas específicas, permita que sean ellos los que extiendan la reunión.

Y por último, usted y su equipo de liderazgo debería entender que ningún informe de mapeo espiritual estará terminado jamás. Esto es así porque las comunidades son, por su misma naturaleza, dinámicas. Las personas siempre hacen nuevas elecciones. Algunas de ellas son buenas –como la respuesta de Nínive a las advertencias de Jonás– mientras otras son lamentables –como la decisión de Salomón de tomar esposas extranjeras–. Dada esta realidad, su "informe final" es mejor considerarlo un informe inicial de estado, que debe ser puesto al día y enmendado en forma anual. El mapeo espiritual no es una actividad específica, sino un constante compañero cuando buscamos alcanzar la comunidad para Cristo.

AMPLÍE SU EQUIPO DE CONTACTO

Si la investigación ha sido parte de un esfuerzo que abarcaba toda la ciudad, del que participaron muchos otros compañeros, en su momento deberá ubicar sus conclusiones en el rompecabezas mayor. Es aquí donde las cosas comienzan a ponerse interesantes, si la investigación colectiva ha estado bien coordinada y es profunda. Permita que Dios le hable durante este proceso. Él no solamente revelará sus sentimientos por la comunidad; también transplantará esos mismos sentimientos directamente dentro de su corazón. Del mismo modo, le ofrecerá estrategias para responder a los desafíos que su investigación ha traído a la superficie.

Mientras hace la transición desde la investigación hacia la respuesta, busque formas de colaborar con otros ministerios locales. El compañerismo es una de las metodologías que Dios favorece, especialmente cuando la tarea es demasiado extensa para que un solo grupo sea quien la maneje con efectividad. Aunque usted sea parte de una denominación o agencia misionera, su lealtad y responsabilidad básica es para con la comunidad donde Dios lo ha ubicado. El compañerismo no solamente tiene sentido, sino que es un testimonio poderoso para un mundo egoísta y solitario.

Si le gustaría desarrollar o expandir un compañerismo comunitario pero no está seguro cómo hacerlo, hay varias organizaciones dispuestas a ayudarle. Depende del nivel de lo que necesite, puede proveer asistencia a través de libros y videos, servicios en Internet, seminarios regionales o entrenamiento en el lugar. (Un listado más completo de estos servicios y las organizaciones que los dan pueden encontrarse en la sección "Otros recursos", página 223.)

En caso de que busque organizaciones referentes o simplemente trate de identificar a otros cartógrafos espirituales en su zona, un paso inteligente es contactar el Grupo Centinela. Como pionero del moderno movimiento de mapeo espiritual, Centinela ha desarrollado una red excelente de contactos alrededor del mundo. El ministerio también opera con una lista internacional de correos electrónicos que se llama Foro de Cartógrafos, el cual provee noticias y opciones de trabajo en conjunto para los cartógrafos espirituales. Si Centinela no tiene la respuesta que busca, probablemente pueden ponerlo en contacto con alguien que sí la tendrá. Otros grupos con alcance global son el Centro de Oración Mundial, Evangelismo de Cosecha Internacional y Ministerios Hispánicos Internacional. Si lo que busca es la transformación de comunidades en los Estados Unidos, su mejor opción será Grupo Centinela, Misión América o CitiReach Internacional, un desprendimiento de los Ministerios Amanecer que espera tener entre doce a veinte consultores a tiempo completo desplegados para enero de 2003.

DEJEMOS CAER LA CARGA

Y los oficiales hablarán al pueblo, diciendo: ¿Quién ha edificado casa nueva, y no la ha estrenado? Vaya, y vuélvase a su casa, no sea que muera en la batalla y algún otro la estrene. ¿Y quién ha plantado viña, y no ha disfrutado de ella? Vaya y vuélvase a su casa, no sea que muera en la batalla, y algún otro la disfrute (Deuteronomio 20:5-6).

Mientas que el enfoque de este libro ha sido en la transformación de la comunidad, muchos de nosotros "vamos a la batalla" fuera de nuestra propia ciudad. Con frecuencia la misión elegida está dirigida a prevenir la autodestrucción nacional o a liberar de tinieblas espirituales a pueblos remotos. Esos objetivos son no solamente admirables sino también bíblicos, pero no nos libran de la responsabilidad de en primer lugar "dedicarnos a nuestra propia tierra" y a "disfrutar de nuestra propia viña". Aunque hemos sido llamados a ser cristianos del mundo, no debemos olvidar que nuestra comunidad nacional es una parte integrante del mundo que debemos alcanzar (ver Lucas 24:47; Hechos 1:8).

Satanás con frecuencia se aprovecha de nuestros "saltos de amor" para tomar control de las calles, escuelas y negocios de nuestra localidad. Si no se desafía su obrar, las paredes espirituales y sociales de nuestra comunidad, llegado el momento, caerán destruidas. Cuando esto sucede, nuestra única esperanza es que Dios levante un moderno Nehemías que nos ayude a reclamar nuestra herencia.

El camino a la transformación de la comunidad no es fácil. Aquellos que hacen ese recorrido deben tener paciencia, concentración y compromiso. Deben estar preparados para dar mucho de su tiempo, a fin de descubrir los problemas e identificar las soluciones.

Luego, cuando hayan logrado el entendimiento, deben estar preparados para actuar o, como dicen en el ambiente militar, dejar caer la carga útil. Como lo observé en el capítulo 4, las comunidades no cambian meramente porque nos damos cuenta de la naturaleza y origen de las fortalezas espirituales; sino que pueden cambiar porque creyentes vivificados entran en oración ferviente y unida.

Entonces, ¿qué tipo de oraciones debería ofrecer? Aparte de peticionar al Señor que estimule el apetito por las cosas que atraen su presencia –como la humildad, la unidad, la santidad y la oración– La Biblia no ofrece otras estrategias. Cada situación es diferente. Dios puede dirigir a un grupo de creyentes para que tenga vigilias de oración de toda la noche –Cali, Colombia– mientras otro recibe instrucciones de predicar a los líderes de la comunidad sobre la idolatría –Umuahia, Nigeria–. Todo depende de lo que Dios evalúe sobre las circunstancias locales. No hay un abordaje "medida universal" de estrategia o metodología de guerra espiritual.

❧❧

EL PUNTO DE ENFOQUE DE NUESTRAS
ORACIONES DEBERÍA SER DIOS, NO EL DIABLO.
ANDAR EN LOS RIELES DEL ENEMIGO ES
IMPRUDENTE E INMADURO.
Y TAMBIEN PELIGROSO.

❧❧

Dicho esto, La Biblia sí nos da principios para ayudarnos a asegurar el éxito de cualquier tipo de abordaje que Dios pueda ordenar. Estos principios incluyen mantener un corazón limpio (ver Lucas 11:34-36), caminar en espíritu de humildad y dependencia (ver Lucas 12:35-36; Santiago 4:6). Y hacer nuestros pedidos con fe (ver Mateo 21:22).

Si queremos evangelizar a personas cuyas mentes han sido enceguecidas por engaños demoníacos (2 Corintios 4:4) debemos comenzar pidiendo a Dios que ate al hombre fuerte para que podamos saquear sus bienes (Marcos 3:27). No pedimos que Él salve a la comunidad entera o eche en forma permanente los poderes demoníacos, cuando esto es lo opuesto a la voluntad de ese pueblo. Él simplemente no responderá tales oraciones.

Lo que sí hará –y esto debería ser el foco de nuestra intercesión– es poner en iguales condiciones el campo de juego, quitando de manera temporal las consecuencia lógicas de las malas elecciones de las personas. Con el encantamiento espiritual neutralizado, los hombres y mujeres que están perdidos de pronto tienen la posibilidad de procesar el Evangelio a nivel de su corazón. Si aprovechan esta oportunidad de arrepentirse de su pecado, su liberación puede hacerse permanente.

El punto de enfoque de nuestras oraciones debería ser Dios, no el diablo. Si el malo debe ser atado, se necesitará la fuerza divina para hacerlo. Andar en los rieles del enemigo es imprudente e inmaduro. Y también peligroso. Nunca debemos olvidar que tratamos con un ser de una dimensión mayor, cuyas capacidades exceden en gran manera las nuestras. Las valentonadas espirituales y las fórmulas no significan nada para él.

Mientras que es verdad que se nos ha concedido el poder y autoridad en Cristo (ver Lucas 10:19), esta autoridad no es para que la usemos según nuestra propia iniciativa o discreción. Es una autoridad de embajadores, lo cual significa que debe ser ejercida únicamente bajo indicación soberana. Si la tarea que tenemos delante es simple exorcismo, la autorización para actuar ya nos ha sido dada (ver Marcos 6:7; 16:17); solamente debemos asegurarnos que nuestra relación con Dios esté intacta (ver Hechos 19:15-16). Si, por otra parte, tratamos de atar a los espíritus de influencia territorial o profetizar la transferencia (o restauración) de entidades políticas, debemos orar hasta que Dios dé el amén.[1] Cuando Jeremías fue llamado para *"arrancar y para destruir, para arruinar y para derribar, para edificar y para plantar"* su autoridad derivaba del hecho de que las propias palabras de Dios habían sido puestas en su boca (ver Jeremías 1:9-10).

Por supuesto, esta discusión entera presupone que los cartógrafos espirituales desearán, y aún necesitarán responder a lo que su investigación ha descubierto. Al mirar la realidad directamente a la cara, vemos que tiene su forma de agotar las emociones, especialmente si la observación ha sucedido mucho tiempo. Pablo estaba profundamente perturbado cuando vio a la gente de Atenas entregada completamente a la idolatría y la superstición. Jesús también se conmovió cuando vio el descreimiento obstinado de Jerusalén. Como lo demuestran los relatos, los dos respondieron a estas inquietantes visiones tomando acción práctica. Que finalmente no existe mejor terapia para un espíritu angustiado.

Por otra parte, el más seguro camino hacia la tristeza es llegar a comprender nuestra comunidad, y luego dejarla tal como está. Una vez que las verdades amargas y las imágenes atormentadoras son confrontadas, toman vida propia. Comienzan a visitar nuestro mundo interior, de modo que, a veces no hay vacaciones o vigilia en la que no estén presentes. Llamarse a sí mismo un investigador profesional no nos otorga ningún refugio. La Biblia no da legitimidad a un rol que nos permite simplemente pasar evidencias a intercesores y evangelistas. No ofrece una categoría especial que nos exima de tener que ir personalmente en busca de los perdidos.

Por supuesto, la mayoría de los cartógrafos espirituales no buscan ser eximidos. Al haber adoptado el latir del corazón del Salvador, ven a los perdidos no como una plaga de maldad sobre la comunidad, sino como objetos del grandioso e inmortal amor de Dios. Oran apasionadamente porque están apasionados (ver Ezequiel 2:9-3:4; 3:12-15).

¿ADOPTAR EL PUNTO DE VISTA DEL CIELO REALMENTE DA RESULTADO?

Pregúntele a Thomas Muthee, que ha visto a su ciudad de Kiambu, Kenia, azotada por la pobreza y dominada por la brujería, transformada en una comunidad modelo. Pregunte cómo se siente al pastorear una iglesia de más de cinco mil en un lugar donde, durante años, la gente "escuchaba el Evangelio, pero no se salvaba".

Pregúntele a Bob Beckett quien, durante las dos décadas pasadas, ha visto su comunidad de Hemet, California, quedar libre de poderosas pandillas, numerosos cultos satánicos y de la dudosa distinción de ser llamada la capital de la metanfetamina de la Costa Oeste.

Pregúntele a Mariano Riscajché que ha sido testigo en su ciudad de Almolonga, Guatemala, cómo fue arrancada la idolatría, la pobreza enfermante y un nivel de alcoholismo de casi cien por ciento. Pregúntele cómo es vivir en una ciudad donde más del noventa por ciento de la población son cristianos nacidos de nuevo.

Pídale a Emeka Nwankpa, que le describa la sensación al ver a su pueblo entero repudiar una asociación de trescientos años de antigüedad con los espíritus ancestrales.

Pídale a Ruth Rubial o Randy y Marcy MacMillan que le cuenten sobre la liberación de Cali, Colombia. Pregúntele cómo es estar libres del cartel de la cocaína, cómo es adorar en un estadio lleno con otros sesenta mil creyentes, cómo es experimentar un tiempo de crecimiento de la iglesia, sin precedentes.

El mensaje es simple y directo: ha llegado el momento de creerle a Dios para que sucedan cosas grandiosas. ¡Ha llegado el tiempo de ponerse de pie y declarar que estamos totalmente en contra de la mentalidad de la imposibilidad![2]

PREGUNTAS DE DIAGNÓSTICO

E ste Apéndice contiene una lista ampliada de las preguntas que se relacionan con las seis categorías centrales del mapeo espiritual. Aunque esta lista no es exhaustiva, sin embargo, debería ofrecer un punto de partida útil para aquellos que necesitan comenzar.

La lista de preguntas después de cada subtítulo debería responderla *cada uno* de los integrantes del equipo de mapeo espiritual. Ignorarlas es arriesgarse a tener potenciales carencias serias y errores en el informe final. Las preguntas suplementarias que se encuentran al final de algunas categorías, deberían ser investigadas únicamente si se las juzga importantes en base a las circunstancias locales.

Como muchas de estas preguntas tendrán que ser dirigidas hacia personas, incluimos una lista ayuda-memoria de los pasos básicos que deberían tomarse para preparar entrevistas:

1. Encuentre una fuente que esté informada.
2. Desarrolle una introducción explicativa.
3. Arregle la entrevista.
4. Haga una investigación del trasfondo que le permita estar familiarizado con el tema clave del asunto.
5. Haga una lista de preguntas específicas.
6. Revise la lista y borre las preguntas repetitivas o innecesarias.
7. Consiga y controle su equipo para grabar.

ESTADO DEL CRISTIANISMO

TAMAÑO Y NATURALEZA DE LA IGLESIA
- ¿Qué porcentaje de la comunidad se considera cristiana?
- ¿Qué porcentaje de la comunidad se considera evangélica?
- ¿Cómo es comparado con las zonas de alrededor?

- ¿Cuál es el número estimado de creyentes en la comunidad?
- ¿Cuáles denominaciones –si las hay– predominan en la comunidad?
- ¿Cuál es la iglesia promedio en tamaño –de asistencia– en la zona?
- ¿Existen algunas iglesias étnicas en la comunidad –por ejemplo, hispanas o coreanas–? Si es así, ¿cuántas y de qué tipo?
- ¿La iglesia es representativa de todas las clases sociales en la comunidad?

Preguntas adicionales

- ¿Están la mayoría de los cristianos afiliados a alguna denominación?
- ¿Cuál es el porcentaje de iglesias de la vieja línea –Pentecostal o Evangélica–con respecto a las más nuevas, o a las comunidades independientes?
- ¿Es muy fuerte la presencia de la iglesia católica en su zona?

SALUD DE LA IGLESIA

- ¿Existe aparentemente un lazo genuino de unidad entre las iglesias cristianas en la comunidad? ¿Cómo se manifiesta?
- ¿Hay líderes apostólicos reconocidos en el área que hayan hecho compromiso público con la tierra o comunidad?
- Si hubo fe comunitaria fuerte en el pasado, este fervor ¿ha crecido o ha dado paso a un cristianismo permisivo, tibio?
- ¿Están la mayoría de los cristianos de la comunidad familiarizados con las verdades básicas de la Escritura? Si no es así, ¿por qué?
- ¿Se reúnen los creyentes de la comunidad para hacer oración unida? Si es así, ¿con qué frecuencia se hacen estas concentraciones?

Preguntas adicionales

- ¿Cuál es la historia de separaciones de iglesias en la comunidad?
- ¿Qué porcentaje de iglesias en la zona tienen grupos de enseñanza hogareña?
- ¿De qué manera la iglesia distribuye sus finanzas? ¿Cuál es el porcentaje de dinero que se invierte en cuanto a la propiedad y los edificios en programas directos de evangelismo –tanto afuera como adentro de la comunidad–?

PERCEPCIÓN DE LA COMUNIDAD

- ¿La iglesia es visible en la comunidad? ¿Ha tenido en tiempo reciente expresiones en forma pública como la "Marcha para Jesús"?
- ¿La iglesia ha sido herida por escándalos? ¿Han sido de carácter local?

- ¿La comunidad siente que la iglesia está verdaderamente interesada en su problemática? Si es así ¿qué tipo de programas refuerzan esta idea?
- ¿La iglesia es vista como una institución importante o fuera de moda? ¿Quién la ve en la comunidad y cómo la ve?

Preguntas adicionales
- ¿Qué tipo de anuncios de la iglesia parecen atraer más la atención?

ACTIVIDADES EVANGELÍSTICAS Y SU PROGRESO

- ¿Es esta una zona en la que el Evangelio nunca echó raíces, o es parte de un "Cinturón bíblico"?
- ¿Qué porcentaje de la comunidad ha sido alcanzada con el Evangelio?
- ¿Está la proporción de crecimiento de la iglesia consistente con el de la población en general? ¿Es más alto o más bajo?
- ¿Han sido evangelizados todos los sectores geográficos de la comunidad?
- Si no es así ¿cuáles faltan y por qué?
- ¿Hay grupos sociales específicos en la comunidad que no han tenido suficiente evangelización? Si es así, ¿cuáles y por qué?
- ¿Qué tipo de programas de extensión predominan en la comunidad?
- ¿Cuáles aparentemente –si existen– son los más efectivos?¿Cuáles metodologías no son efectivas y por qué?

ATADURAS SOCIALES PREVALECIENTES

CONDICIONES DEL DOLOR
- Aparte del dolor que se autoproducen las personas (por ejemplo, alcohol y abuso de drogas), ¿cuál es la forma de sufrimiento que más prevalece en la comunidad?
- ¿Por qué esta condición específica es la que más prevalece?
- ¿Qué otro tipo de sufrimiento existe dentro de la comunidad (por ejemplo, injusticia, pobreza, discriminación, enfermedad)?
- ¿Cómo están de extendidos estos problemas?
- ¿Cuánto hace que existen estos problemas dentro de la comunidad? ¿Cuándo comenzaron y por qué?
- ¿Existe una condición de aflicción que es particular, ya sea en su especie o por su magnitud? ¿Cómo se explica esto?

Preguntas adicionales
- ¿Cómo se comparan las condiciones de dolor en su comunidad con las de las zonas cercanas?

DESINTEGRACIÓN DE LAS ESTRUCTURAS
- ¿Cuáles influencias o valores tradicionalmente han representado factores de estabilidad en la comunidad?
- ¿Estas influencias o valores han perdido potencia en años recientes? Si es así ¿cuánta y por qué?
- ¿Cuáles son las evidencias de la desintegración de la unidad familiar en la comunidad (por ejemplo, divorcio, abuso de cónyuges o hijos)?
- ¿Cuáles son las evidencias de la desintegración gubernamental en la comunidad (por ejemplo, corrupción, partidismos)?
- ¿Cuáles son las evidencias de la desintegración de los negocios de la comunidad (por ejemplo, despido de empleados, déficit de presupuesto)?
- ¿Cuáles son las evidencias de la desintegración educacional de la comunidad (por ejemplo, problemas de conducta, bajos puntajes en los exámenes)?

VICIOS DESTRUCTIVOS
- ¿Cuánto abuso de drogas y alcohol hay dentro de la comunidad?
- ¿La pornografía está desatada en la comunidad? ¿Bajo qué formas? (por ejemplo, librerías de adultos y clubes, líneas de teléfonos de sexo o cibersexo, pornografía infantil)?
- ¿Hay ofrecimiento de sexo? ¿Está aceptado? ¿Hay problemas de prostitución?
- ¿Cuál es el estado actual de la homosexualidad en la comunidad?
- ¿Hay otras formas únicas o asociadas a estas de vicio en la comunidad?

Preguntas adicionales
- ¿Está legalizado el juego? Si es así ¿bajo qué forma? ¿Cuántas personas participan?
- ¿Existe una significativa cantidad de clubes nocturnos y discotecas en la zona?

TENDENCIAS PERTURBADORAS
- ¿Qué nuevas formas está tomando el pecado en la comunidad (por ejemplo, adoración de la naturaleza, cibersexo, nuevas drogas)?

- ¿Existe una nueva disposición en la comunidad de aceptar o adoptar límites sociales más amplios (por ejemplo, estilos de vida alternativos, aborto, sexo adolescente)?
- ¿Cuál es –si lo tiene– el rol de los medios de comunicación en la promoción de las tinieblas espirituales en la comunidad?
- ¿Se están formando nuevas alianzas entre grupos o instituciones que desean promover la injusticia?
- ¿Hay una nueva militancia de parte de los pecadores? Si es así ¿cuáles son algunos de los ejemplos más recientes?
- ¿Existen algunos efectos físicos o psicológicos colaterales asociados con las nuevas formas de indulgencia de la comunidad (por ejemplo, el sida)?

VISIÓN DEL MUNDO Y ALIANZAS

FILOSOFÍAS Y RELIGIONES PREDOMINANTES

- ¿La mayoría de la comunidad cree en Dios? ¿Cómo lo definen?
- ¿La mayoría de la comunidad cree en el diablo –o los demonios–? ¿Cómo los definen?
- Además del cristianismo, ¿cuáles otras grandes religiones están representadas en la ¿comunidad (por ejemplo, Islamismo, Mormonismo, Judaísmo, Budismo)?
- ¿Cuántas personas participan de estas otras religiones?
- ¿Los inmigrantes están aumentando estas otras formas de fe? Si es así ¿de dónde provienen y qué religiones siguen?
- ¿Han adoptado algunas de estas religiones las comunidades étnicas locales (por ejemplo, africanos, americanos, chinos, coreanos, hispanos)?
- ¿Cuál es el tamaño e influencia del Movimiento de la Nueva Era?
- ¿Hay centros importantes en la zona? ¿Cuál es el propósito que declaran? ¿Existe alguna razón para pensar que son más de los que parecen?
- ¿Cuáles son las filosofías seculares predominantes en la zona (por ejemplo, humanismo, racionalismo, materialismo)? ¿Cuál es el nivel de su influencia?

Preguntas adicionales

- Además del Mormonismo, ¿qué otros cultos seudo-cristianos están activos en la comunidad (por ejemplo, los Testigos de Jehová)?

- ¿Hay una población judía importante en la comunidad? ¿Son religiosos? Si es así, ¿son ortodoxos, liberales o místicos (Kabala)?
- ¿Hay nativos en su zona? ¿Son religiosos?
- ¿Existen personas que no son nativas que son atraídas a las religiones nativas? Si es así, ¿cómo sucede?
- ¿Existen algunas religiones africanas o centroamericanas que operan en la comunidad (por ejemplo, vudú o santería)?

PRÁCTICAS Y EVENTOS SIGNIFICATIVOS

- ¿Exactamente cómo muestran las personas su devoción religiosa o filosófica (por ejemplo, servicios de adoración, peregrinajes religiosos)?
- ¿Son tan solo reflejos culturales, o la evidencia de que las personas son genuinas con referencia a sus creencias?
- Además de las asociadas con el cristianismo, ¿cuáles otras celebraciones –si las hay– se observan en la comunidad?
- ¿Ha dado la comunidad algunos pasos para reafirmar antiguos pactos o prácticas espirituales?
- ¿Existe algún sitio de rituales sagrados en la zona? Si es así ¿qué es? ¿Aún son utilizados?
- ¿Se practican o alientan rituales paganos o filosofías seculares en las escuelas de la comunidad?
- ¿Hay algunas sociedades secretas que operan en la comunidad (por ejemplo, Logias masónicas o encuentros de brujería)? ¿Qué se conoce sobre las prácticas de esos grupos?
- ¿Cuáles son las fechas y épocas significativas para los grupos religiosos locales y por qué?

Preguntas adicionales

- ¿Cuáles –si las hay– celebraciones cristiano-paganas se realizan en la comunidad? ¿Qué rituales están asociados con estos eventos?
- ¿Qué información –si hubiera– está disponible sobre los retiros de meditación de la Nueva Era o los encuentros para búsquedas de visión de los nativos en la zona?
- ¿Existen algunas revistas o diarios que describen importantes actividades religiosas o de centros de la zona?

DEIDADES INFLUYENTES Y ROLES MODELO

- ¿Cuáles son algunas de las figuras humanas más influyentes de la comunidad –vivas o muertas–?

- ¿Quiénes manejan las mentes y afectos de la juventud de la comunidad? ¿Son modelos de rol positivo? ¿Están ligados a religiones o filosofías no cristianas?
- ¿Hay algún gurú espiritual o filosófico destacado que reside o practica en la zona? ¿Qué tipo de seguidores tiene?
- ¿A cuáles dioses se adora en los círculos no cristianos? ¿Son personalidades o abstracciones?
- ¿La gente local adora o teme a algunos dioses o deidades que están asociadas con ubicaciones específicas (por ejemplo, vecindarios, hogares, montañas)?
- ¿Se infiere o adora subliminalmente a antiguas deidades a través de costumbres de la comunidad o a través de los nombres de lugares?
- ¿Existen abiertamente fortalezas de idolatría en la comunidad (por ejemplo, templos hindúes o santuarios ancestrales)?
- ¿Hay centros de idolatría más ambiguos en la comunidad (por ejemplo, estadios atléticos, shoppings, clubs de baile)? ¿Qué o quién es adorado en estos lugares?

OPOSICIÓN ESPIRITUAL

GRUPOS HUMANOS Y PERSONALIDADES

- ¿Existe una oposición tangible al Evangelio en la comunidad?
- ¿Es una oposición de larga data, o se ha desarrollado en forma reciente?
- ¿Es una oposición formal y organizada, o simplemente una actitud?
- ¿Se ha promulgado una legislación que pone tropiezo a los valores cristianos o prácticas? ¿Están proponiendo alguna?
- ¿Hay algún político, burócrata, juez o funcionario policial que se oponga al Evangelio? Si es así, ¿qué motiva su comportamiento?
- ¿Ha habido alguna burla pública del cristianismo?
- ¿Alguna persecución física de cristianos? ¿Se han dañado propiedades de cristianos?
- ¿Qué tipo de oposición –si hubiera– ha existido de parte de miembros o líderes de otros grupos religiosos? ¿Cuáles individuos o grupos están involucrados?
- ¿Qué tipo de oposición –si existe– se ha producido de parte de secularistas militantes? ¿Qué individuos o grupos participan?

- ¿Qué tipo de oposición –si existe– provino de grupos sociales militantes (por ejemplo, homosexuales o feministas radicales) ¿Quiénes participan?
- ¿Existe alguna evidencia verificable de que las brujas o shamanes de la zona hayan dirigido maldiciones sobre el grupo de cristianos, sus propiedades o actividades?
- ¿Hay oposición al evangelismo o a los nuevos movimientos del Espíritu Santo de parte de los líderes cristianos locales, ya sea en forma individual o grupal?
- ¿Existe alguna evidencia de alianzas nuevas o impiadosas que se hayan formado contra la causa de Cristo?

PODERES DEMONÍACOS
- ¿Existe alguna deidad territorial o regional conocida que estaría obstruyendo el avance del Evangelio?
- ¿Existen algunas áreas en la comunidad en las que el ocultismo u otras ataduras espirituales hayan truncado el crecimiento de la iglesia?
- ¿Existe evidencia de un aumento de la oposición espiritual durante o inmediatamente después de festivales o ceremonias religiosas?
- ¿Existen algunos vecindarios, grupos religiosos o comunidades étnicas que aparentemente tengan un número desproporcionado de gente endemoniada?

Preguntas adicionales
- ¿Han sucedido instancias donde los obreros cristianos han sufrido enfermedades inexplicables, reveses financieros o accidentes luego de predicar contra una forma particular de idolatría?
- ¿Han sufrido los intercesores o evangelistas ataques de depresión luego de testificar o al hacer oración de guerra espiritual contra fortalezas espirituales conocidas?
- ¿Existen ciertos sitios naturales o edificios sobre los que existe una creencia generalizada de que están embrujados o endemoniados? ¿Ha impedido esto que el Evangelio eche raíces en la zona?

EVOLUCIÓN DE LAS CIRCUNSTANCIAS ACTUALES

FACTORES Y SUCESOS DE LOS ORÍGENES
- ¿Quiénes fueron los primitivos pobladores de esta región?
- ¿De dónde vinieron y cuándo?

- ¿Cuál era su visión religiosa básica del mundo? ¿A quién adoraban?
- ¿Qué se conoce sobre los motivos que tuvieron para llegar a la región?
- ¿Experimentaron los pioneros de la región alguna experiencia traumática que haya quedado registrada? Si es así, ¿cuál fue la naturaleza de estas experiencias?
- ¿Intentaron resolver alguno de estos traumas entrando en pacto con espíritus? Si es así, ¿cómo y cuándo sucedió?
- ¿Hay alguna evidencia histórica de que su alianza con estos espíritus o deidades quedó formalizada?
- ¿Estos mismos pioneros primitivos también fundaron la comunidad? Si fue así, ¿cuándo lo hicieron? Si no ¿quiénes fueron sus fundadores?

Preguntas adicionales

- ¿Cuál fue el nombre original que se le dio a la comunidad? ¿Tiene algún significado o connotación especial?
- ¿Existen diseños o símbolos visibles en medio de los planos originales o en la forma de disposición de la comunidad? Si es así, ¿tiene este un significado especial? ¿Fueron los francmasones que pusieron la piedra fundamental?
- ¿Expresaron los habitantes originales maldiciones, ya sea sobre la tierra o contra la gente que viniera después?

FACTORES O SUCESOS CONFLUYENTES

- ¿Cuáles fuerzas externas o sucesos han impactado de manera significativa la vida y el carácter de la comunidad (por ejemplo, invasiones, desastres naturales, migraciones)?
- ¿Se impuso alguna vez un idioma o cultura nueva sobre toda la comunidad? ¿Quedó incorporado? ¿Existen ciertos estratos socioeconómicos o grupos étnicos que se adapten mejor a los cambios que otros? ¿Por qué?
- Si la herencia original de la comunidad fue piadosa, ¿cuándo entraron por primera vez en una forma sustancial las religiones alternativas o sus influencias en la ciudad ?
- ¿Mantuvieron los inmigrantes de larga data y/o invasores sus ligaduras devocionales con la religión o sistema filosófico de sus naciones de origen?
- ¿Qué sucesos específicos, coincidencias o conexiones sugieren con mayor claridad la existencia de un plan demoníaco maestro que opera en la historia de la comunidad?

Preguntas adicionales

- ¿Han existido alguna vez cambios significativos o repentinos en la vida económica de la comunidad (por ejemplo, a través de hambrunas, fallas tecnológicas o desastres naturales)?

FACTORES Y SUCESOS DE CONSENSO

- ¿Qué decisiones significativas se han logrado a través de elecciones, reuniones del Consejo u otras formas de tomas de decisiones públicas? ¿Cómo han afectado estas la vida y el carácter espiritual de la comunidad?
- ¿Ha sido la esclavitud o los contratos de servicio de por vida una parte de la historia de la zona?
- ¿Los líderes de la comunidad han roto tratados, contratos o acuerdos?
- ¿Cuáles engaños que se han transformado a través del tiempo han jugado un rol para mantener la atadura espiritual dentro de la comunidad (por ejemplo, Islamismo folclórico, sincretismo cristiano)?

POTENCIAL PARA LAS APERTURAS ESPIRITUALES

OCUPAR UN LUGAR PARA ACCIONAR

- ¿Está desesperada la iglesia de la comunidad para que venga un avivamiento? ¿Se ha expresado públicamente este sentimiento?
- ¿Sabe la iglesia sobre la verdadera condición de la comunidad? (¿Hay, por ejemplo, una conciencia de los hechos y desafíos que han quedado al descubierto a través de su investigación?)
- ¿Es posible saber en qué medida ha crecido el número de intercesores con enfoque claro y comprometidos dentro de la comunidad?
- ¿Hay líderes cuyo compromiso con la tierra o la comunidad, es tal que están dispuestos a perseverar contra cualquier oposición para ver concretadas las aperturas espirituales?
- ¿Han comenzado las iglesias y denominaciones a bajar sus barreras hacia una verdadera unidad cristiana? ¿Cuáles son las evidencias específicas de esto?
- ¿Ha sucedido la reconciliación social dentro del cuerpo de Cristo en forma más general?
- ¿Existen esfuerzos unidos de oración a gran escala dentro de la comunidad (por ejemplo, vigilias de toda la noche, caminatas de oración por el vecindario)? ¿Refleja esto un interés renovado por los perdidos?

- ¿Se han lanzado campañas de mapeo espiritual para enfocar y sostener los esfuerzos unidos de oración?
- ¿Han existido algunas iniciativas de reconciliación entre la iglesia y la comunidad? Si es así, ¿ha dado fruto? ¿Cómo?
- ¿Existe un sentido de expectativa esperanzada entre todos los creyentes?

Preguntas adicionales

- ¿Existe alguna evidencia de que las políticas financieras de la iglesia han comenzado a reflejar una nueva serie de prioridades en el ministerio?
- ¿Los pastores líderes de la comunidad toman seriamente la guerra espiritual?
- ¿Se han comenzado nuevos programas de extensión en forma cooperativa? ¿Tienen algún fruto?

INICIATIVAS DIVINAS RECIENTES

- ¿Ha quitado Dios la carga que presentaban en oración los intercesores fieles?
- ¿Ha revelado Dios planes específicos de acción a los líderes cristianos?
- ¿Ha tomado la iglesia una acción decidida como respuesta a estas instrucciones que han sido reveladas?
- ¿Se ha realizado algún encuentro público de poder o se informaron sobre aperturas con señales divinas y maravillas? ¿Han sido confirmadas?
- ¿Se ha convertido alguna personalidad clave de la comunidad?
- ¿Existe alguna evidencia de que un crecimiento a gran escala de la iglesia haya comenzado en alguna parte en la comunidad?
- ¿Han renunciado formalmente los líderes de la comunidad –políticos o espirituales– a ataduras históricas del mundo espiritual?
- ¿Ha ocurrido algún cambio dramático en los vientos políticos o sociales?
- ¿Existe algún tipo de indicación de juicio, ya sea en lo económico o en otro aspecto?
- ¿Han hablado los medios de comunicación secular sobre la actividad divina o los cambios en actitudes/valores/alianzas dentro de la comunidad?

ESCALA DE VALORES DE LA COMUNIDAD

Nivel	Descripción
CPE-1	Reconocimiento de las ataduras manifiestas
CPE-2	Oración inicial para que venga hambre por el avivamiento dentro del Cuerpo de Cristo local.
CPE-3	Surgimiento del tema central de oración de los intercesores
CPE-4	Contraataque inicial del enemigo –es típico que involucre el ataque a intercesores y sus familias–.
CPE-5	Surgimiento de liderazgo que perseverará con el compromiso hacia la tierra y la comunidad.
CPE-6	Crisis externas o convicción interna que lleva a un más amplio reconocimiento de las ataduras prevalecientes.
CPE-7	Unidad de los pastores desarrollada a través de humildad y arrepentimiento.
CPE-8	Sucede la reconciliación social a lo largo de todo el Cuerpo de Cristo.
CPE-9	El mapeo espiritual preliminar provee detalles adicionales sobre ataduras prevalecientes dentro de la comunidad.
CPE-10	La oración unida a gran escala da comienzo.
CPE-11	El mapeo espiritual a gran escala revelas los pactos originales y ataduras, y es la base de la una oración ferviente
CPE-12	Segundo contraataque del enemigo –es típico que involucre a líderes clave–.
CPE-13	Los líderes públicamente renuevan el compromiso con la tierra y la comunidad.
CPE-14	Tienen lugar las caminatas de oración estratégicas por el vecindario.
CPE-15	Se produce la reconciliación entre la iglesia y la comunidad.

CPE : Cabeza de Playa Espiritual AE: Apertura Espiritual TE: Transformación Espiritual

Nivel	Descripción
AE-1	La carga de oración es levantada.
AE-2	Se revelan los planes de acción divina.
AE-3	Los cristianos toman acción decidida en respuesta a las revelaciones o instrucciones divinas.
AE-4	Suceden desarrollos especiales –como encuentros de poder públicos o conversiones clave–.
AE-5	Tercer contraataque: es típico que involucre ataques a la congregación entera y a los ministerios.
AE-6	Reuniones cristianas de la comunidad luego de intensa guerra espiritual.
AE-7	Se producen conversiones a gran escala.
AE-8	Crecimiento de la iglesia y discipulado sistemáticos suceden a lo largo de toda la comunidad.

Nivel	Descripción
TE-1	Líderes políticos y espirituales convertidos renuncian formalmente a ataduras históricas con el mundo espiritual.
TE-2	La renovación socio-política barre la comunidad.
TE-3	La transformación de la comunidad y los milagros divinos son reconocidos por los medios de prensa secular.
TE-4	La comunidad comienza a exportar luz espiritual a otros lugares.
TE-5	Los creyentes mantienen su victoria a través de una entrega al compañerismo, la oración y la Palabra de Dios.

CPE: Cabeza de Playa Espiritual AE: Apertura Espiritual TE: Transformación Espiritual

---

Notas

1. Este cuadro se hizo a través de un cuidadoso análisis de más de una docena de comunidades transformadas alrededor del mundo.
2. Aunque los desarrollos en las listas de este cuadro representan una secuencia típica de los eventos, las experiencias individuales pueden diferir.
3. Un liderazgo perseverante y la oración unida estuvieron siempre presentes en cada caso de estudio de comunidades transformadas que hemos observado.
4. Otros factores comunes fueron los encuentros públicos de poder; la reconciliación social y la investigación para hacer un diagnóstico –mapeo espiritual–.
5. La Biblia ofrece varios ejemplos de líderes que atrajeron el favor divino a través de la acción intencional (por ejemplo, Josías, Esdras).

MAPEO ESPIRITUAL Y TRANSFORMACIÓN DE LA COMUNIDAD

GLOSARIO DE TÉRMINOS RELACIONADOS

Actividades participativas – La participación directa en rituales espirituales cuestionables o con objetos, y/o exposición deliberada a técnicas de "cómo se hace" en libros que tratan temas del ocultismo. Todo eso está prohibido a los cristianos aún en nombre de la investigación.

Animismo – La creencia de que todos los elementos naturales –como las montañas, ríos, árboles, tormentas, fuego, estrellas, animales y seres humanos– están dotados con y vinculados a una persuasiva y consciente fuerza espiritual.

Apertura espiritual – Es el segundo nivel en el camino hacia la transformación de la comunidad; las aperturas están caracterizadas por un crecimiento rápido y substancial de la iglesia. Abastecido por la oración ferviente y focalizada, genuinas aperturas evangelísticas tienden a extenderse espontáneamente a través de las fronteras geográficas, étnicas y denominacionales.

Arrepentimiento de identificación – Una acción intercesora en dos niveles que involucra (1) reconocimiento de que el grupo de afinidad –clan, ciudad, nación u organización– es culpable de pecado corporativo específico delante de Dios y del hombre; y (2) una oración que pide a Dios que utilice el repudio personal de este pecado como una cabecera de playa redentora, desde la cual pueda continuar hacia el interior de toda la comunidad.

Atar al hombre fuerte – Neutralizar el engaño que detiene o el encantamiento que los poderes demoníacos han logrado sobre ciertos sujetos humanos, de modo que no pueden procesar la verdad a nivel de su corazón.

Cabeza de playa espiritual – El primer nivel en el camino hacia la transformación de la comunidad. El proceso comienza cuando un manojo de intercesores dedicados buscan estimular un hambre renovada por la unidad, santidad, y oración, especialmente entre los pastores de la comunidad. Finaliza cuando intensos movimientos de arrepentimiento corporativo, reconciliación social y oración unidad dan nacimiento a las aperturas espirituales. En muchas instancias estos desarrollos se sostienen por la inteligencia adquirida a través de campañas cooperativas de mapeo espiritual.

Caminatas de oración – La práctica de la intercesión en el lugar, a nivel de la calle. Las oraciones ofrecidas por los participantes son respuesta a las observaciones recientes y los objetivos investigados.

Centro de exportación ideológica – Una ubicación específica, por lo general una ciudad, que sirve como punto reconocido de distribución para la moral adversa, y las influencias filosóficas y espirituales.

Compromiso con la Tierra – La propuesta de que una devoción total hacia una comunidad específica necesariamente va a preceder a un entendimiento espiritual del interior de esa comunidad.

Condiciones de dolor – Sufrimiento social que le producen partes o circunstancias exteriores. Ejemplos comunes incluyen: injusticia, pobreza, violencia y enfermedad.

Cronologías temáticas – Líneas en el tiempo en las que se reflejan costumbres, y que ayudan a seguirle el rastro a temas tales como respuesta de la comunidad a los traumas o engaños adaptados que han sostenido dinastías de tinieblas espirituales. Estas potentes herramientas actúan como filtros especiales que le permiten a los que las usan, tener una mirada despejada o focalizada de las fuerzas que obran en su zona.

Contrato *Quid pro quo* – Un acuerdo por el que individuos o comunidades enteras ofrecen una alianza a largo plazo a los poderes espirituales, a cambio de la liberación de circunstancias dramáticas inmediatas.

Cubierta de datos – Grupos de muestrarios de la información que se superponen a los mapas base de la ciudad, con el propósito del análisis.

Don redentor (o propósito redentor) – Una faceta o característica distintiva de la vida y/o historia de cada ciudad, que puede ser tomada por Dios para demostrar su bendición y verdad divina.

Elementos esenciales – Un término que utiliza la comunidad de inteligencia, cuando se refiere a lo central de una determinada asignatura de investigación que se le ha dado. Para los obreros de campo, los elementos esenciales representan aquellas perlas de información que deben ser buscadas, a fin de que su misión sea considerada un éxito.

El medio excluido – Un término que deriva de la observación de que la visión del mundo de la mayoría de los no occidentales tiene tres aspectos: (1) el cósmico, en primer lugar, el mundo trascendente; (2) un medio que considera las fuerzas sobrenaturales sobre la Tierra; y (3) el mundo empírico de nuestros sentidos que descansa cómodamente en la base. La única tendencia de la sociedad occidental ha sido ignorar la realidad de la zona media.

Encuentros de poder – Una demostración visible, práctica, de que Jesucristo es más poderoso que los espíritus, poderes o dioses falsos adorados o temidos por lo miembros de una sociedad dada o grupos de personas.

Engaños adaptados – Esquemas de engaño adoptados por el enemigo, para reemplazar estrategias previas cuyos poderes de seducción han disminuido. Estos nuevos engaños pueden verse como correcciones de curso necesarias, o la sustitución de un producto de menor calidad por otro superior en la línea de productos del adversario.

Espíritus territoriales – Poderes demoníacos a quienes se les ha dado influencias para controlar sobre sitios específicos, personas y zonas. La creencia de tales arreglos jerárquicos está ampliamente extendida en lo cultural, y con frecuencia involucra deidades protectoras ligadas a hogares, templos, clanes, ciudades, valles y naciones.

Expediciones de oración – Caminatas de larga distancia, transterritoriales, junto con rutas estratégicamente desarrolladas. La intercesión ofrecida a través de países y regiones enteras.

Factores centrales – Dos elementos: liderazgo perseverante y oración ferviente, unida; estos aparentemente inician la participación divina en el proceso de la transformación de la comunidad.

Factores contextuales – Medidas de transformación ordenadas por Dios sobre la base de la historia de una comunidad, sus hábitos e ideología. Ejemplos básicos incluyen reconciliación social, milagros públicos, e investigación de diagnóstico (mapeo espiritual).

Fortalezas espirituales – Fortalezas ideológicas que existen tanto en la mente humana como en ubicaciones territoriales objetivas. Se manifiestan tanto con características defensivas como ofensivas; estas fortalezas simultáneamente repelen la luz y exportan tinieblas.

Fuentes básicas – Fuentes de información sin interpretar tales como artefactos, informes de censos y sujetos humanos a través de entrevistas directas.

Fuentes secundarias – Fuentes de información como libros, artículos y disertaciones que son generalmente interpretativas por naturaleza.

Geomancia – Un ancestral sistema de filosofía y adivinación, que busca armonizar la actividad humana con modelos naturales. Integra temas como la ecología, búsqueda de agua con varas, arquitectura, astronomía, astrología, mitología y cosmología. (Ver también Líneas de energía.)

Gobernadores terrenales de las tinieblas – Fuerzas demoníacas que participan en el engaño y la manipulación destructiva de los elementos y sistemas naturales.

Grupo de datos – Un grupo de información relacionada. Los grupos de datos representan una parte específica de, o en perspectiva, de un problema o entidad mayor. En el mapeo espiritual de investigación, los grupos de datos útiles pueden incluir estadísticas de delincuencia en la comunidad y/o sitios de búsqueda espiritual.

Guerra espiritual – Conflictos con fortalezas demoníacas y engaños morales que requieren armas no carnales y armadura espiritual (ver Efesios 6).

Guerra espiritual a nivel del terreno – Actividad ministerial que está asociada con la atadura individual y/o endemoniados.

Guerra espiritual a nivel de lo oculto – Un término que pertenece a las confrontaciones intercesoras con las fuerzas demoníacas que operan a través del satanismo, brujería, shamanismo, esoterismo, filosofías –tales como francmasonería y budismo tibetano– y cualquier otro tipo similar de vehículos de lo oculto.

Guerra espiritual a nivel estratégico – Un término que pertenece a las confrontaciones intercesoras con los poderes demoníacos concentrados sobre ciertas ciudades, culturas y personas.

Informes del vecindario – Un producto estándar del mapeo espiritual diseñado para mantener una intercesión corporativa ferviente, hasta que la transformación de la comunidad llega a ser una realidad. Es el rasgo más común del informe: una ciudad específica o vecindario, aunque la definición es lo suficientemente flexible para abarcar universidades, grandes compañías, bases militares, lugares de albergue y reservas de americanos nativos. Los informes pueden hacerlos una congregación sola o una coalición de ministerios. Su contenido, organizado en seis secciones discretas, cubre temas que abarcan desde las ataduras sociales prevalecientes al potencial para las aperturas espirituales.

Informes especiales – Paquetes de investigación diseñados para alertar a iglesias locales, equipos de ministerio y grupos de oración sobre temas y circunstancias que requieren atención especial. El tema puede tratar con tendencias peligrosas –como sería la renovación de prácticas espirituales ancestrales– problemas crónicos –como falta de crecimiento de la iglesia en cierto vecindario– o circunstancias únicas –como una nueva apertura al Evangelio que se produce por sucesos traumáticos–.

Informes regionales – Un producto del mapeo que permite a los cristianos que disciernan la líneas espirituales de la Tierra en grandes ciudad, condados, estados o regiones. Aunque son parecidas en estructura a los informes sobre vecindario, son demasiado extensas para que un solo ministerio los complete, y debe ser hecho con tiempo, juntos a través de un compañerismo múltiple de iglesias.

Instantáneas del carácter – Revaloración del estatus espiritual de una comunidad frente a los resultados por importantes decisiones y/o suceso; históricos.

Islas en la ciudad – Comunidades cuyas conexiones espirituales o filosóficas se dan con culturas fuera de su zona geográfica inmediata. Las redes globales de Internet en expansión y las migraciones a gran escala, han transformado esto en algo más común que nunca antes.

Jornadas de oración – Caminatas de oración intencional en ciudades fuera de las propias. Estos sitios con frecuencia incluyen capitales y centros de exportación de ideología.

Líneas de energía – Continuidad geográfica del poder espiritual –algunos la llaman energía física– que la establecen y/o reconocen ciertas personas. Depende de la cultura en la cual se encuentran, las líneas de energía pueden ser consideradas como conductoras a través de las cuales el poder espiritual se transmite, o como líneas demarcatorias de autoridad espiritual. Aún hay otros que comparan las líneas de energía con los alineamientos simbólicos que se observan en la francmasonería de la práctica asiática del *feng sui*. (Vea también geomancia.)

Líneas de tiempo – Herramientas que permiten a los investigadores registrar sucesos y momentos concretos importantes. Desarrolladas con propiedad, las líneas de tiempo revelan cómo las distintas influencias están entretejidas para formar culturas y comunidades distintivas. Destacan la continuidad que liga el pasado al presente, y demuestra cómo las actitudes y acciones de generaciones anteriores pueden tener un efecto profundo en nuestros días.

Lugares altos – Ubicaciones específicas donde una comunidad o sus líderes les prestan obediencia a deidades tutelares y/o filosofías idolátricas. En los contextos bíblicos, el término se aplica literalmente a montañas o torres que estaban elevadas sobre los terrenos circundantes.

Mantenimiento espiritual – Las acciones tomadas por comunidades liberadas para preservar las victorias logradas tras intensas luchas. Primero y principal, esto significa permanecer en las actitudes y acciones –como unidad, oración, humildad y santidad– que atraen la presencia de Dios. Para los recién nacidos políticos, periodistas, hombres de negocios y educadores, también significa perpetuar los valores del Reino a través de las instituciones a las que sirven.

Mapeo de carácter – El proceso de identificar o reidentificar a una comunidad sobre la base de su alianza espiritual, reputación social, y el modelo de comportamiento que mantiene. Los mapas resultantes presentan a las ciudades y vecindarios con nuevos nombres descriptivos y más significativas fronteras. (Ejemplos bíblicos incluyen a Babilonia como "La madre de las rameras" y Nínive como "Maestra de la hechicería".

Mapeo espiritual – La disciplina de diagnosticar los obstáculos hacia el avivamiento en una comunidad dada. A través de la oración ferviente y la investigación diligente, los practicantes pueden medir el panorama de la dimensión espiritual y discernir las puertas morales entre sí y el mundo material.

Mapeo por cuadrículas – La identificación sistemática de ubicaciones importantes, habitualmente sitios de búsqueda espiritual y de atadura social, dentro de una determinada comunidad.

Nidos de cabecera – Lugares de influencia psíquica que consisten en modelos centrales que se crean debido a elecciones pecaminosas –estas pueden tomar la forma de mitos, objetos o hábitos–. Es desde estas potentes plataformas –que el apóstol Pablo llama "fortalezas"– que los espíritus engañadores se dedican a manipular nuestro mundo interior.

Oración de guerra – La aplicación de la guerra espiritual a nivel estratégico para los esfuerzos evangelísticos. Descubre las fortalezas espirituales prevalecientes que obstruyen el Evangelio.

Oración intercesora – Peticiones, suplicas y agradecimientos hechos a nombre de otro. La intercesión también involucra el acto de ponerse entre el objeto de oración y las fuerzas espirituales. En lo que concierne a Dios, esa ubicación se toma para poder someter las búsquedas; en el caso del diablo, es para desviar sus ataques.

Oración unida – La oración unida es una declaración a los cielos de que una comunidad de creyentes está preparada para el compañerismo divino. Cuando esta bienvenida intercesión se une al conocimiento tiene un enfoque, lo que lleva y sostiene el tipo de oración ferviente que produce resultados.

Pecado colectivo – Rebelión grupal contra la ley de Dios y sus propósitos, que típicamente da como resultado natural daños a una persona o grupo específico. El grupo colectivo ofensor puede ser una familia, clan, tribu, vecindario, ciudad, nación o iglesia.

Peregrinajes de arrepentimiento – Salidas que se hacen con la intención de enfrentar el pecado pasado y el subsiguiente sufrimiento a través del arrepentimiento de identificación. Estos peregrinajes son con frecuencia públicos y trazan nuevos movimientos para volver a poner a las personas en su punto de origen.

Perfiles de caminata de oración – Guías breves, no estándar que sirven como ayuda a la caminata de oración. La mayoría incluye por lo menos alguna consideración sobre la historia local, ataduras sociales y competencia espiritual. También presenta una visión general breve de los problemas actuales que enfrenta el Cuerpo de Cristo –apatía, persecución o desunión– y un recorrido del itinerario completo con descripciones de sitios relevantes.

Portadores de tradición – Un término desarrollado por eruditos sobre vida nativa, para describir a los individuos cuyas buenas memorias, roles únicos, habilidades para conseguir logros y/o largas vidas, los vuelven especialmente calificados para dar información sobre cierta comunidad.

Preguntas de diagnóstico – Un grupo inicial de preguntas utilizadas por los equipos de mapeo espiritual, para darle un enfoque a su investigación. Estas preguntas están subdivididas bajo subtítulos relacionadas al estatus del cristianismo, ataduras sociales prevalecientes, visión del mundo y alianzas, oposición espiritual, evolución de las circunstancias actuales y su potencial para las aperturas espirituales.

Preguntas de recorrido – Preguntas que están diseñadas para alentar a los que responden para que provean al entrevistador con descripciones completas de lugares y experiencias específicas.

Principados y poderes – Agentes demoníacos y estructuras que ejercen control de engaño sobre reinos políticos y sistemas humanos, y que conspiran en forma conjunta.

Puertas de la ciudad – Centros de influencia política y autoridad, o portales a través de los cuales entran nuevas o importantes influencias en una comunidad

Puntos de poder (o lugares de poder) – Lugares naturales o construidos por la mano del hombre, que muchos ven como puentes o puntos de cruce hacia el mundo sobrenatural. Tales lugares con frecuencia son espiritualizados por la inversión de fe, que ofrece con el tiempo un gran número de personas.

Reglas de interpretación – Los principios fundamentales para determinar la exactitud e importancia de la investigación de datos. Importantes guías que incluyen análisis contextual, integridad de la fuente, nivel de confirmación y validación escritural.

Renovación de alianzas – Pasos que toman las generaciones y comunidades contemporáneas, para confirmar pactos y prácticas espirituales que tenían sus predecesores. En un número considerable de instancias, estos pasos están ligados a tradiciones que involucran rituales específicos, festivales y peregrinajes.

Revelación progresiva – Revelación de la inteligencia en la comunidad, que se va incrementando y ayuda a sostener la intercesión corporativa ferviente. La psicología es la misma que atrapa a los lectores a través de una buena novela de misterio, o a los que eligen pasatiempos como un rompecabezas desafiante.

Sistemas de control de información – Estos medios son utilizados para guardar y reproducir materiales del proyecto. Los sistemas de control efectivo con frecuencia utilizan herramientas que guardan registros tales como calendarios con citas, ayuda-memoria, diarios, grabaciones y bases de datos de computación.

Sitios de atadura social – Fortalezas de sufrimiento de la comunidad, valores de desestabilización social y/o vicios destructivos. Los ejemplos específicos pueden incluir casas donde se venda cocaína, clubes nocturnos, escondites de pandillas, clínicas de aborto y teatros porno.

Sitios de búsqueda espiritual – Cualquier ubicación natural o hecha por los hombres que facilite la investigación espiritual, ritual o la adoración. Los ejemplos incluyen todo, desde templos y mezquitas a montañas sagradas y librerías metafísicas.

Sucesos concluyentes – Influencias externas que fluyen en la vida de una comunidad, y ayudan a dar forma a su carácter. Estos pueden incluir guerras, migraciones, desastres naturales o nuevas leyes del Estado. Pueden también incluir la llegada del Evangelio o una ideología que compita.

Sucesos de perfil – Elecciones y/o acciones que toma la comunidad, que alteran el paisaje histórico como un río que se desliza dentro de su banco y forma un lecho en la tierra. Estos eventos pueden incluir elecciones locales, elecciones morales –como la decisión de recibir o rechazar el Evangelio– o las acciones tomadas para preservar una tradición engañosa.

Supraestados – Una zona de tamaño extenso y rasgos o intereses comunes –ejemplos incluyen la Nación Navajo, la Península Arábiga y el Altiplano de los Andes–. Ver a una comunidad en su contexto ayuda a identificar realidades históricas y culturales más amplias, que son las que forman el lecho espiritual de una región.

Territorialidad espiritual – Un concepto que reconoce que los poderes espirituales forjan en forma rutinaria estrategias que están absolutamente ligadas a culturas y geografías específicas. (Un claro ejemplo de esto puede verse en los distintos medios engañoso que emplea el enemigo en ciudades como La Meca y Hollywood.)

Transformación de la comunidad – Una condición de renovación socio-política dramática que resulta porque el pueblo de Dios entra en visión, arrepentimiento y oración corporativa. Durante estos tiempos extraordinarios el Reino de Dios penetra virtualmente cada institución humana. La confirmación de este nuevo orden celestial la provee en forma típica los medios de comunicación secular.

Transformación espiritual – (Ver Transformación de la comunidad.)

Tres campos de batalla – Un término que refiere a los tres terrenos básicos de guerra espiritual –la mente, la iglesia y los lugares celestiales–. El término también ha sido empleado con referencia a la mente, el corazón y la boca.

Unidad de archivo – Una célula del equipo de mapeo espiritual, compuesta de individuos capacitados para recoger información de fuentes secundarias. Una unidad de archivo es la que dedicará tiempo significativo para investigar en las bibliotecas y archivos de la comunidad.

Unidad en el campo – Una célula del equipo de mapeo espiritual que extrae información útil de las fuentes de investigación básicas dentro de una comunidad. Una unidad móvil en forma típica reunirá esta información por vía de observación y entrevistas.

Unidad intercesora – Una célula del mapeo espiritual que está dedicada a peticionar la guía de Dios, su favor y protección. Se espera que los miembros registren detalladamente y revisen toda advertencia, orden y confirmación que se recoja en el lugar de oración.

Unidad móvil – (Ver Unidad de campo).

Visión corporativa – Una situación en la cual los ministerios locales subordinan o abandonan sus planes personales para poder participar en una causa colectiva que abarca toda la ciudad.

Visión del mundo – Un paradigma filosófico. La perspectiva adoptada por cierto individuo o cultura sobre el mundo que lo rodea.

OTROS RECURSOS

La siguiente lista de recursos incluye una serie de organizaciones, individuos y libros que ofrecen ayuda práctica para realizar el mapeo espiritual y de iglesias interesadas en la transformación de la comunidad. Estas son opciones de "ayuda al cliente", y si las aprovecha ganará mucho tiempo y se evitará pesares.

ORGANIZACIONES ÚTILES

•

The Sentinel Group
P. O. Box 6334. Lynwood, WA 98036
Tel: (425) 672-2989 /Fax (425) 672-3028
Línea Gratis para Pedidos (800) 668-5657
E-mail: info@SentinelGroup.org /Web: www.SentinelGroup.org

"The Sentinel Group" (N. del T.: Grupo Centinela) tal vez sea el que ofrece el más amplio surtido de recursos para los que están interesados en el mapeo espiritual y la transformación de la comunidad. Esto incluye seminarios regionales presenciales, una lista de envíos por correo electrónico llamada *The Mappers Forum*, un video documental dramático sobre comunidades transformadas llamado *Transformaciones*, y una variedad de videos de entrenamiento, libros, grabaciones y transparencias.

Otros desearán aprovechar el servicio de revisión de los proyectos del ministerio. Por una modesta suma (alrededor de US$ 15) miembros de equipos experimentados evaluarán su investigación ya sea la interina o la "definitiva", y le harán sugerencias sobre temas que puedan haber sido pasados por alto. Sentinel luego utilizará esos informes –con su permiso– para crear una evaluación nacional y continental.

The Sentinel Group también coordina actividades de mapeo espiritual internacionales a través de *Ancient Paths Project,* (N. del T.: Proyecto Sendas Antiguas), un esfuerzo a gran escala que tiene la intención de identificar y repudiar altares y pactos espirituales antiguos. Si está interesado en obtener más información sobre esta iniciativa, utilice los números de contacto que aparecen a continuación:

•

Citi-Reach International
5775 N.Union Blvd. Colorado Springs, CO 80918, EE.UU.
Tel: (719) 548-7460 /Fax: (719) 548-7475 /E-mail: Jdennison@compuserve.com

Jack Dennison dirige este brazo de los Ministerios DAWN. Básicamente una agencia consultora, CitiReach espera emplear veinte consultores a tiempo completo para enero de 2003. Estos individuos entrenados sistemáticamente llevarán a las iglesias de Estados Unidos a través del proceso de toma de las ciudades.

Frontline Ministries
P.O. Box 786. Corvallis, OR 97339-0786, EE.UU.
Tel: (541)754-1345 /Fax (541)754-4140 /E-mail:1031112.312@comppuserve.com

Tom White, El director consultante de Frontline, da seminarios sobresalientes sobre guerra espiritual estratégica, intercesión y oración para la evangelización. Trabaja en forma cercana con CitiReach Internacional e International Renewal Ministries.

•

Generales de Intercesión
P. O. Box 49788, Colorado Springs, CO.80949
Tel: (719)535-0977 /Fax (719)535-0884 /E-mail:GENINT@aol.com

Mike y Cindy Jacobs están dispuestos para dar entrenamiento y asistencia en conjunto para las iglesias y equipos de oración interesados en el mapeo espiritual y la transformación de la comunidad. Su oficina de Colorado Springs también sirve como sede central para la Red de Guerra Espiritual de Estados Unidos.

•

Evangelismo de Cosecha, Inc.
6155 Almaden Expressway, Suite 400. San José, CA 95120, EE.UU.
Tel: (408)927-9052 /Fax (408)927-9830
E-mail:abrevan@aol.com Web: www.harvestevan.org

Ed Silvoso y su equipo están activamente comprometidos para ayudar a las iglesias a alcanzar sus comunidades a través de la oración de evangelismo. Sus servicios abarcan desde seminarios de entrenamiento y materiales, hasta la consulta activa.

•

Hispanic International Ministries
P. O. Box 25472. Colorado Springs, CO. 80918, EE.UU.
Teléfono (719) 262-9922 Fax (719) 260-7277
E-mail: 74114.2104@compuserve.com

Héctor Torres es uno de los cartógrafos espirituales más experimentados de América Latina. Además de ser el autor de varios libros sobre cartografía espiritual y transformación de la comunidad, es un activo conferencista y consultor de proyectos.

•

Interdev
P. O. Box 3883. Seattle, WA 98124, EE.UU.
Teléfono: (425) 775-8330 Fax (425) 775-8326
E-mail: interdev-us@xxc.org interdev-uk@xc.org

Interdev es un ministerio con sede en Seattle, encabezado por Phill Butler, que se especializa en enseñar a las organizaciones cristianas a formar y mantener un compañerismo exitoso. Los servicios incluyen una variedad de opciones de entrenamiento, así como consultoría práctica.

•

Misión América
5666 Lincoln Drive. Edina, Mike Nave 55436, EE.UU.
Teléfono: (612) 912-0001 Fax (612) 912-0002
E-mail: misionamerica@compuserve.com

Misión América es un consorcio de ministerios ampliamente extendidos que ofrece una amplia variedad de entrenamiento, trabajo en conjunto y servicios de consultoría. Bajo el liderazgo del Dr. Paul Cedar, la organización tiene un interés activo por la toma de ciudades y transformación de la comunidad.

•

World Prayer Center
P. O. Box 63060. Colorado Springs, CO. 80962, EE.UU.
Tel: (719)536-9100 /E-mail: info@wpccs.org Web: www.wpccs.org

El Centro de Oración Mundial basado en Colorado Springs está dirigido por Peter y Doris Wagner y Chuck Pierce; ofrece una biblioteca especial de investigación y útiles bases de datos para la computadora. También aquí funciona la sede del Instituto Wagner, que provee una amplia gama de opciones de entrenamiento.

CONTACTOS INTERNACIONALES
•

Víctor Lorenzo
Agaces 274/84. 1437 Buenos Aires. ARGENTINA /Fax: 54-21-52-9615
•

Neuza Itioka
Ágape Reconciliation.
Caixa Postal 2029 CEP 01060-970. Sao Paulo, SP. BRASIL
Tel: 011-523-2544 Fax:011-523-2201 /E-mail:neuza97@ibm.net
•

Allistair Petrie/Helen Thornton
Joshua Connection/Sentinel Minsitries
4888 First Avenue. Delta, BC. CANADA, V4 1B3
Tel: 604.943-6572 /Fax: 604-943-6532 /E-mail: joshconn@bc.sympatico.ca
•

Randy & Marcy MacMillan
Misión Sur América
Apartados, Aéreos 25-500. Cali. COLOMBIA, SA
Teléfono: 011-572-332-0099 /Fax:011-572-556-0063
www.telesat.com.co/comunife
•

Francesca Fleming
P. O. Box 11905. Harlesden, London, NW10 4RH. ENGLAND
Tel: 0181-357-0233 /E-Mail: gateway@dircon.oo.uk
•

Harold Caballeros
El Shaddai Ministries
Section 98, P. O. Box 02-5289. Miami, Fl. 33102-5289
Tel: 011-502-337-4777 /Fax:011-502-337-0316 /E-Mail. Shaddai@ns.guate.net

Raju Abraham
Emmanuel Hospital Association
808/9922, Nehru Place. New Delhi, 110 019. INDIA
E-Mail: 106347.3175@compuserve.com

•

Nozumu Takimoto/Doria Ransom
Strategic Intercession & Research Network
39-10 Higashichoda Iría Shinshiro. Shi Aichi Ken 441-1361 JAPAN
Tel: 81-5362-3-4547 /Fax:81-5362-3-6786 /E-Mail: Nozoshi@quartz.ocn.ne.jp

•

Thomas Muthee
Word Faith Church
P. O. Box 1039. Kiambu KENYA
Tel: 254-154-20158 /Fax.: 254-2-21-6692

•

Dexter Low
Gerega Latter Rain Malaysia
2, Jalan 12/3. 46200 Petaling Jay, Selangor. MALAYSIA
Tel: 603-7555345 /Fax: 603-7551270

•

Emeka Nwankpa
P.O.Box 4930, 28 Faulks Road. ABA. NIGERIA
Tel: 46-19-24-70-00 /Fax.: 46-19-24-70-01 /E-Mail: emekan@aol.com

•

Gerdda Leithgob/Elizabeth Jordaan
Herald Ministry
P. O. Box 72163. Lynwood Ridge. 0040 Pretoria REPUBLIC of SOUTH AFRICA
Tel: 27-12-348-8312 Fax.:27-12-348-1377 /E-Mail: Herald@mweb.com.za

•

Dominick Yeo
Trinity Christian Centre Farrer Road
P. O. Box 90 SINGAPORE 912803
Tel: 65-468-4444 /Fax.: 65-467-6005
E-mail: tccnet@trinity.org.sg /www.trinity.net

•

Bob Beckett
The Dwelling Place
27100 Girard. Hemet , CA 92544. UNITED STATES
Tel: 909-658-0717 /Fax: 909-766-1080
E-mail: dwelling@bigfoot.com

•

John Robb
800 West Chestnut. Monrovia, CA 91016. UNITED STATES
Tel: (626) 301-7713 /Fax.: (626) 301-7786
E-mail: john_robb@wvi.org

LECTURAS RECOMENDADAS

Beckett, Bob;Wagner-Sytsema, Rebecca. Compromiso para la Conquista. Grand Rapids: Chosen, 1997.

Dawson, John. La reconquista de tu ciudad. Lake Mary, Fl.: Creation House, 1989.

Hawthorne, Steve, y Kendrick, Graham. Caminata en oración., Lake Mary, FL.:Creation House, 1993.

Otis, Jr., George. *The Last of the Giants* (El último de los gigantes), Grand Rapids: Chosen, 1991.

__ Luz y sombras en el laberinto, Grand Rapids,:Chosen,1997.

Silvoso, Ed. *That None Should Perish* (Que nadie perezca). Ventura, Ca., Regal, 1994.

Torres, Héctor. Comunidades transformadas por la oración. Nashville, TN.:Betania, 1999.

Wagner, Peter C. ed. *Breaking Stronhgolds in Your City* (Rompiendo fortalezas en su ciudad). Ventura, CA. Regal, 1993.

__Oremos con Poder. Ventura, CA.: Regal, 1997.

White, Tom. Breaking Strongholds: *How Spiritual Warfare Sets Captives Free* (Rompiendo fortalezas: cómo la guerra espiritual libera a los cautivos). Ann Arbor, MI: Vine Books, 1993.

NOTAS

Capítulo 1

1 La mayoría de las iglesias son Bautistas o Presbiterianas. Pero también hay Católicas, Adventistas del Séptimo Día, Salvacionistas y Pentecostales.

2 Aunque ya estas cofradías no son bien recibidas en Almolonga, aún pueden encontrarse en las comunidades cercanas de Zunil y Olintepeque.

3 En los campos de Almolonga también se cultiva coliflor, brócoli, radicheta, tomates, calabazas, espárragos, puerros y berros. Sus mercados de flores venden hermosas margaritas, crisantemos y estaditas.

4 Ver 1 Tesalonicenses 2:8 RVR

5 Las cifras de los asistentes fueron provistas por Mariano Riscajché basado en los más de diez mil asientos, los creyentes y la capacidad de los edificios circundantes. El evento también fue transmitido por la televisión de cable local.

6 Mario Roberto Morales, "La Quiebra de Maximón", Crónica Semanal, junio 24-30, 1994, pp. 17, 19-20. En Inglés el título es,"The Defeat of Maximón".

7 En la jerarquía social africana, los pueblos están situados entre familias nucleares y tribus. Con frecuencia pueden distribuirse en varias ciudades o aldeas.

8 Esta es una expresión local que significa "Me retiro de vuestras iglesias".

9 George Otis, Jr. Luz y Sombras en el Laberinto, (Grand Rapids, Choseen Books, 1997).

10 El famoso Art Linketter hizo famosa el área, proponiéndola como centro para campings.

11 Esto comenzó aproximadamente en 1976.

12 Bob cree que los pastores de una comunidad deben estar dispuestos a hacer un compromiso con final abierto que únicamente Dios pueda cerrar.

13 Esto basado en estimativas desarrolladas por la Administración de Cumplimiento de la Ley de Drogas de los Estados Unidos. Colombia es, además, un enorme productor de marihuana y heroína. Vea "Colombia, la policía captura en una granja ocho toneladas de cocaína pura", Seattle Time, 16 de octubre, 1994, n.p.

14 Esta declaración se atribuye a la Agencia de Control de Drogas de los Estados Unidos. Vea también Pollard, Peter. "Colombia", Enciclopedia Británica Online [database online]. Libro del Año: World Affairs, 1995 [citado el 11 de marzo de 1997]. Disponible En www.eb.com/.

15 Para seguir con atención sus operaciones, los fundadores del Cartel Gilberto y Miguel Rodríguez Orejuela instalaron no menos de treinta y siete líneas telefónicas en su casa palaciega.

16 Al documentar las dimensiones de la crueldad colombiana a nivel nacional, el importante diario de Bogotá, El Tiempo, citó quince mil asesinatos durante los primeros seis meses de 1993. Esto le dio a Colombia, considerando una población de treinta y dos millones de personas, la dudosa distinción de tener el porcentaje más alto de homicidios en el mundo. Ver Tom Boswell, "Entre muchos fuegos", Christian Century, Vol. III, No.18, junio 1-8, 1994.

17 Dos años antes, como "regalo" de Navidad los hermanos Rodríguez habían provisto a la policía de Cali con ciento veinte motocicletas y camionetas.

18 Otis, Jr. Luz y Sombras en el Laberinto.

19 Íbid. Este grupo policial único comprendía a la policía de Colombia, personal de la armada y las guerrillas Contra. Nota: La campaña de junio de 1995 también incluía investigación sistemática del vecindario. Para asegurar la máxima sorpresa, los allanamientos sin anunciar sucedían típicamente a las cuatro de la

mañana. "Considerando todo", relataba MacMillan., "El Cartel tenía doce mil propiedades en la ciudad. Esto incluía edificios de departamentos que habían construido con las ganancias de la droga. Los dos primeros pisos con frecuencia tenían departamentos ocupados y guardias de seguridad para que parecieran más normales, mientras que las habitaciones de los niveles más altos estaban llenas de obras de arte únicas, oro y otros valores. Algunos de los cuartos del departamento estaban llenos de pilas de billetes de cien dólares que habían sido envueltos en bolsas de plástico y cubiertos con naftalina. Recién arrancado de las calles americanas, este dinero estaba esperando ser contado, depositado o embarcado al exterior.

Las autoridades también encontraron bóvedas subterráneas en los campos detrás de algunas haciendas. Levantando bloques de concreto, descubrieron escaleras descendentes hacia cuartos secretos que contenían hasta nueve millones de dólares en efectivo. Este era el llamado "dinero para descartar". Los fondos serios eran lavados a través de bancos o insertado en negocios "legítimos". Para facilitar sus transferencias, el Cartel había comprado una cadena de instituciones financieras en Colombia, llamada el Workers Bank.

20 Dean Latimer, "¿medidas enérgicas contra el Cartel de Cali?" *High Time* [database online][Citado el 8 de agosto de 1995].Disponible en www.hightimes.com.

21 Las vigilias se han realizado en el Estadio Pascual Guerrero desde agosto de 1995.

22 Luego de cumplir seis meses de su sentencia, Santacruz engañó a oficiales saliendo por el portón principal de la prisión de máxima seguridad, en un auto que parecía llevar a alguien a juicio.

23 Cuando las autoridades investigaron los papeles que habían confiscado durante las pesquisas del gobierno, descubrieron por lo menos dos "capos" más del Cartel de Cali. El más conocido de estos, Helmer "Pacho"Herrera, se hizo policía al terminar agosto de 1996. A otro, Justo Perafán, no se lo relacionó con las operaciones de Cali hasta noviembre de 1996, por su previa conexión con el Cartel del Valle.

24 Para apreciar los cambios de esta ciudad, uno solamente tiene que caminar pasando las haciendas vacantes de los barones de la droga. Además de servir como monumentos de la locura humana, estas ciudades fantasmas permanecen como testimonios elocuentes del poder de la oración.

25 "Gracias a Dios no explotó". El País, Cali, 6 de noviembre, 1996; "En Cali desactivan un 'Carrobomba'", El País, Cali, 6 de noviembre de 1996, n.p.

26 Para una versión más completa de la historia de Kiambu, vea Luz y Sombras en el Laberinto.

27 Los pastores finalizaron este período con una estrategia de cinco aspectos para cambiar radicalmente a la comunidad circundante (1) apartar un día para ayunar y confesar los pecados; (2) pedir a los hombres cristianos que mejoren el trato con sus esposas y familias; (3) promover la reconciliación entre las iglesias; (4) levantar intercesores entrenados para la ciudad, y (5) conducir un mapeo espiritual.

Capítulo 2

1 La práctica de tratar en forma distintiva con diferentes ciudades puede verse en los mensajes específicos que Dios habló a las siete iglesias descriptas en Apocalipsis capítulos 2 y 3.

2 Leer Génesis 32:26; 1 Crónicas 16:11; Daniel 6:10; Lucas 11:5-10; Hebreos 11:6; Santiago 5:16.

3 A comienzos de 1990 un grupo de intercesores japoneses alquilaron seis vagones de un tren, al que llamaron el "tren de la gloria", y viajaron en la plataforma de oración móvil a través de todas las prefecturas de Japón.

4   La hechicería está ampliamente extendida en Pakistan. Los iniciados aprenden a controlar sus emociones –particularmente el temor– durante el curso de intensos encuentros con poderes demoníacos. Durante la finalización del nivel de iniciación los demonios aparecen en una variedad de formas aterrorizantes. Si el iniciado se atemoriza los demonios lo matarán. Si el iniciado controla su temor, los demonios serán su "gobierno". El único requerimiento es que el iniciado "reciba" a los demonios todos los jueves por la noche. Este agasajo toma la forma de un ritual, conocido como *chowky*, que consiste en danza y/o violentos sacudimientos de la cabeza y el cuello (casi como ataques). Muchas brujas mueren porque envejecen y ya no pueden cumplir con sus votos de los jueves por la noche.

5   Este tiempo es una estimación derivada por el Dr. C. Peter Wagner.

6   Robert Bakke, *"Prayer: God's Catalyst for Revival"* (Oración: Catalizador de Dios para el avivamiento) ¡Pray! Primer número 1997, p. 16. El Sr. Bakke dirige el Avance Nacional de Oración para la Iglesia Evangélica Libre de América.

7   Harold Caballeros, *"Derrotando al enemigo a través del mapeo espiritual"*, en el libro de C. Peter Wagner, *Breaking Strongholds in Your City* (Quebrando las fortalezas de su ciudad), Ventura, CA., Regal, 1993.

8   Como escribí en mi reciente libro *Luz y Sombras en el Laberinto* (Grand Rapids, Chosen,1997), pp. 281-282: Al pedir a los intercesores que rueguen a Dios por una "puerta abierta", Pablo reconoce tres importantes verdades: (1) La gente no salva está atada en una prisión de engaño; (2) Dios debe quebrar esta fortaleza si es que el evangelio va a entrar: y (3) La oración es un importante medio para persuadir a Dios a hacer esto. Si queremos atar con efectividad los hechizos y liberar las mentes cegadas para que puedan entender y responder al evangelio, primero debemos neutralizar la influencia cegadora de los hombres fuertes demoníacos. Jesús habla de este proceso en Marcos 3:27 cuando dice: *"Ninguno puede entrar en la casa de un hombre fuerte (la mente humana) y saquear sus bienes, si antes no le ata, y entonces podrá saquear su casa"* (énfasis agregado). No le estamos pidiendo a Dios que "haga"cristiana a la gente, o que expulse poderes demoníacos que se han transformado en objetos de adoración. Esos pedidos violan la libre voluntad del hombre y Dios no va a responder a ellos. Lo que estamos pidiendo es un campo de acción igualitaria, un cese temporal de la ceguera espiritual que impide a los hombres procesar la verdad (el Evangelio) a nivel de sus corazones.

9   Íbid.

10 Leer Apocalipsis 3:17.

Capítulo 3

1   *"Charlie Rose"* PBS, 2 de mayo de 1997.

2   Salman Rushdie, *Midnight's Children* (Chicos de Medianoche), (New York; A.A.Knopf, 1981) n.p. tal como se escuchó en *"All India- Radio"*.

3   George Otis Jr., *Luz y Sombras en el Laberinto* (Grand Rapids, Chosen, 1997).

4   Citado por Lance Morrow en *"El problema con el tiempo presente"*, Time, (30 de marzo de 1998) n.p.

5   George Otis Jr., *The Last of the Giants* (El último de los gigantes), (Grand Rapids:Chosen,1991).

6   Harold Caballeros, pastor principal de la Iglesia El Shaddai, de la ciudad de Guatemala, fue el primero en presentar esta analogía.

7   Tal como lo mencioné en el capítulo 2, la revelación es un estímulo potente para la intercesión fervorosa. Solo la oración respondida puede generar un nivel comparable de intensidad y entusiasmo.

8   *"Canal Discovery* , domingos Discovery", Blast Force (Fuerza de Ráfaga), 11 de mayo de 1997.

9   Leslie *White, The Pueblo of Zía, New Mexico* (El pueblo de Zía, Nueva México), (Washington, D.C.: Oficina de publicaciones del Gobierno, 1962) reimpreso en 1995, n.p.

10 Los constructores de Río Rancho con frecuencia desentierran ruinas indias y artefactos. Muchos contratados rápidamente cubren esto para evitar costosos retrasos en la construcción. Incluso un individuo con el que hablé me informó haber visto un antiguo kiva (cámara ritual subterránea hecha de piedra o barro) repleta de cenizas de un fuego ceremonial. Unas pocas semanas después el sitio fue rellenado.

11 Correspondencia confidencial entre un pastor de la zona y un americano nativo, fuente fechada el 1 de diciembre de 1994.

12 Zeb Bradford Long y Douglas McMurry, *The Collapse of the Brass Heaven* (El colapso de los cielos de bronce), (Grand Rapids: Chosen, 1994).

13 Íbid.

14 Para leer más sobre este tema ver Otis, *Luz y sombras en el laberinto.*

15 Leer también Daniel 9:20-22; Hechos 11:27, 28; 19:1-7.

16 Leer también Salmos 48:14; 73:24; Eclesiastés 2:26a; Isaías 42:16.

17 2 Reyes 20 presenta un ejemplo desagradable de reconocimiento de un enemigo. En este relato el rey Ezequías recibió emisarios del monarca babilónico Merodac–Baladán. Mientras los mensajeros estaban en Jerusalén. Ezequias despreocupadamente los llevó a recorrer la totalidad de su tesoro, palacio y depósito de armas. Observando esto Isaías le pregunta al rey: "*¿Qué vieron ellos [los mensajeros] en su palacio?*" (versículo 15).
    Cuando Ezequias contesta que no había escondido nada a los emisarios babilónicos, Isaías declara: "*Oye palabra de Jehová; he aquí vienen días en que todo lo que está en tu casa, y todo lo que tus padres han atesorado hasta hoy, será llevado a Babilonia, sin quedar nada, dijo Jehová*" (vv. 16-17).

18 Art Moore, "*El mapeo espiritual gana credibilidad entre los líderes*", *Christianity Today,* (12 de enero de 1998), n.p.; Robert Zend mostró una actitud similar en el ejemplar de agosto de 1994 del *Reader's Digest.* "Al ser yo un filósofo –escribió– tengo un problema para cada solución."

19 En mi libro de 1991, *The Last of the Giants* (El último de los gigantes), escribí: La historia no está establecida: y como apuntó un escritor muy astuto, "ni el heroísmo ni la invención emergió de hacer las cosas tal como se hacían en el pasado". Para lograr el progreso en lo espiritual o cualquier otro aspecto de la vida, las cosas presupuestas sobre lo que es necesario o posible deben ser desafiadas periódicamente, no desde un deseo juvenil por ser deliberadamente provocativo, sino más bien por entender que los tiempos cambian y que muchas cosas asumidas ampliamente en el pasado han probado ser imperfectas o inexactas.

20 La historia, debería recordarse, es un río, no un estanque. Cada era representa una única extensión de la autopista de la vida. Por esta razón, el andar y el escenario que observaron nuestros antepasados espirituales no puede compararse a las experiencias del día presente. Estamos navegando en un lugar diferente.

21 Philip Foxwell, Missionary Magician (Misionero Mago), (Pasadena, California, Biblioteca William Carey 1989).

Capítulo 4

1   Este recuento está tomado del capítulo 3 de Nehemías, aunque una lista en el capítulo 7 sugiere que podría muy bien haber participantes adicionales.

2   Esto no es para decir que las acciones individuales no se enfrentan con las de la comunidad. Lo hacen, y algunas veces de manera profunda. Ejemplo de esto lo encontramos en la vida de Acán, cuya posesión de un manto babilónico ilícito

que había robado hizo que el favor de Dios se apartara de los ejércitos de Israel (ver Josué 7) y Daniel, cuya fidelidad en oración llevó al rey Darío a extender un decreto para todo el reino de que *"el pueblo debía temer y reverenciar al Dios de Daniel"* (Daniel 6:26).

3   George Otis, Jr., *Luz y sombras en el laberinto* (Grand Rapids; Chosen, 1997).

4   Íbid.

5   William Robertson Smith, *The Religion of the Semites:* The Fundamental *Institutions* (La religión de los semitas: La institución fundamental), (Nueva York: Schocken Books, 1889, 1972).

6   Este suburbio de la ciudad de Guatemala está ubicado en un área donde la Autopista Panamericana lleva a los pasajeros hasta las montañas. Entre esta agitada comunidad al pie de la montaña y San Lucas Sacaatepequez, hay un significativo agrupamiento de lugares de entrenamientos religiosos y centros de adoración. Además de los grupos islámico e hindú, existe también el culto a Guillermo Soto Santiago, un falso sanador que proclama ser el hijo de Dios.

7   Conocidas como líneas ley, estos corredores se cree comúnmente que conectan fuentes de poder espiritual y ataduras humanas. Mientras que las asociaciones citadas por los cartógrafos espirituales en formación, con frecuencia son forzadas o creadas, la doctrina tiene peso en una serie de culturas animistas.

8   No todos los mapas extraños están hechos a mano. Alistair Petrie, un vicario anglicano de la Columbia Británica, cuenta de un grupo de Vancouver que, según se dice, discierne las fortalezas espirituales ¡tirando dados sobre el mapa de una ciudad!

9   Citado en *The Mapmakers* (Los cartógrafos) de John Noble Wilford, (Nueva York: Vintage Books,1981).

Capítulo 5

1   George Otis, Jr., *Luz y sombras en el laberinto* (Grand Rapids: Chosen, 1997).

2   Este recuento está extraído del capítulo 3 de Nehemías, aunque una lista en el capítulo 7 sugiere que bien podrían haber participado muchos más.

3   Bob Beckett, *Compromiso para la conquista* (Grand Rapids: Chosen, 1997).

4   Sam Ewing, *Reader's Digest, "Citas citables"* (noviembre de 1996).

Capítulo 6

1   Bill Glauber, *"Buscando 'el conocimiento' en Londres".* The Baltimore Sun (El Sol de Baltimore), (19 de noviembre de 1997).

2   Muchos cristianos, particularmente en el atareado Occidente, eligen ignorar todo lo que tiene que ver con el ámbito espiritual (cielo, infierno, Dios, el diablo), mientras otros tienden a proyectar figuras que surgen de sus imaginaciones. Ambas tendencias son serios errores. Mientras que el primero ignora lo que existe, el último está fascinado con lo que no existe. En los dos casos, las obras del diablo permanecen encubiertas y el reino de las tinieblas florece.

3   Luis Pasteur, de su conferencia durante la inauguración de la Facultad de Ciencias, de la Universidad de Lille (7 de diciembre de 1854).

Capítulo 7

1   Scott Russell Sanders, Staying Put: *Making a Home in a Restless World* (Quedarse quieto: Formando un Hogar en un Mundo Inquieto), (Boston, MA:Beacon Press, 1994).

2   Citado en *The Mapmakers* (Los Cartógrafos) de John Noble Wilford, (Nueva York, Vintage Books, 1981).

3   Sin embargo es posible llevar esto a extremos. Como el autor Ptolemy Tompkins observó. "Muchas de las áreas de la mente que ahora llamamos

subconsciente era, para los cartógrafos espirituales de la América Antigua algo subterráneo. Al permitir al panorama alucinatorio del sueño un estatus a la par del mundo físico, estas personas crearon para sí mismos del mundo conocido de rocas, ríos y cielo, un lugar de habitación precario, y empezaron a abrirse paso hacia el interior del mundo de los espíritus descarnados." (*Este árbol brota del infierno*) [San Francisco, HarperSan Francisco, 1990].

Los cartógrafos pueden, sin no son cuidadosos, encontrarse haciendo algo bastante parecido. El peligro de mezclar el subjetivo ámbito de la imaginación con el mundo externo, es que quedamos con una visión de la realidad que o es distorsionada o privada. La primera es peligrosa, mientras que la última tiene un valor limitado para los demás. Para evitar la superstición y/o irrelevancia, es importante concentrarse en los objetivos de su misión y mantenerse aferrado a la Palabra de Dios.

4   Sanders, Staying Put: *Making a Home in a Restless World* (Quedarse quieto: Formando un Hogar en un Mundo Inquieto).

5   Íbid.

6   H. W. F. Saggs, *The Greatness That Was Babylon* (Lo grandiosa que fue Babilonia) (Londres, Sidgwick &Jackson, 1962).

7   T. K. Whipple, *Study Out the Land* (Estudie la tierra). Citado en el *Reader's Digest*, "Ideas destacables" (setiembre de 1994).

8   Un ejemplo de relación entre el pasado y el presente se ve en el diálogo histórico entre Mansa Musa, Emperador de Mali (1312-1332 a.C.), y el rey de Yatenga. Cuando a este último se le pidió que se convirtiera al Islam, respondió que primero tenía que consultar con sus ancestros ofreciendo sacrificios. Ver J. Ki-Zerbo, ed., *A General History of Africa: Methodology and African Prehistory* (Una historia general de África: Metodología y Pre-historia Africana), (Berkeley. Editorial de la Universidad de California UNESCO, 1990).

9   Edward Albert Shils, *Tradition* (Tradición), (Chicago. Editorial de la Universidad de Chicago, 1981).

10   Gary Synder, *The Old Ways* (Las sendas antigüas), (San Francisco: City Lights, 1977).

11   Sanders, Staying Put: *Making a Home in a Restless World* (Quedarse quieto: Formando un hogar en un mundo inquieto).

12   Ki-Zerbo, *A General History of Africa: Methodology and African Prehistory* (Una historia general de África: metodología y pre-historia africana).

13   Si existen estadísticas de violencia doméstica en su comunidad, posiblemente estén ligadas a distritos o vecindarios antes que a direcciones individuales. Esto es así porque de ese modo se protege la privacidad tanto de las víctimas como de los perpetradores.

14   La medida de su papel dependerá también del período de tiempo que quiere representar.

15   Howard Rheingold, *The Virtual Community: Homesteading on the Electronic Frontier* (La comunidad virtual: residiendo en la frontera de la electrónica), (Reading, Mass.:Addison-Wesley, 1993).

16   Íbid, p.3, Rheingold informa que "los más adictos al Minitel en Francia o a los MUD (juegos de múltiples participantes) en la red internacional, pasan ocho horas o más por semana simulando ser otra persona distinta, viviendo una vida que no existe, excepto en una computadora.

17   Las líneas huella se piensan que derivan, o son responsables por la alineación de ciertos sitios sagrados. El investigador John Mitchell (de Cornwall, Inglaterra) ha identificado veintidós alineaciones entre cincuenta y tres altares de piedras en distancias de hasta once kilómetros. Ver en Harper's Encyclopedia of Mystical Paranormal Experience (Enciclopedia Harpers de Experiencia

Mística y Paranormal), (Nueva York; Casstle Books,1991), de Rosemary Ellen Guiley.

18 Paul Devereux, *Earth Memory* (Memoria de la tierra), (St.Paul: Ediciones Llewellyn, 1982). De acuerdo con el investigador británico Paul Devereux, se observaron y estudiaron "luces terrenales" en todos los continentes. Durante el avivamiento metodista galés, por ejemplo, las personas que vivían en los alrededores de Barmouth y Harlech vieron formas iluminadas de toda clase de figuras y medidas recorrer la tierra y colgar de los techos, un suceso que crea la pregunta si se trataba de distracciones siniestras o de un éxodo demoníaco. En los años 80, noruegos que vivían en el valle de Hessdalen tomaron cientos de fotografías de extrañas luces durante un período de varios años. Así lo hicieron policías ingleses que estaban conduciendo sus recorridos de rutina nocturnos en la zona deshabitada de Skipton y Grassington. Otros avistamientos se registraron alrededor del lago escocés Leven, y en los lagos Erne y Beg en Irlanda del Norte.

Las sociedades tradicionales hace mucho tiempo que conocen sobre estas luces y las han incorporado en su visión del mundo. Los primitivos budistas chinos, por ejemplo, determinaron que los globos de luz movibles observados por Wu-t'all Shan no era otro que el Bodhisartva de la sabiduría, Manjushri (Edwin Bernbaum, *Sacred Mountains of the World* (Montañas sagradas del mundo) [San Francisco, Sierra Club de libros, 1990]. Los indios yakima del Estado de Washington tradicionalmente relacionaron las luces que titilaban a ritos de adivinación, mientras que la vecina tribu de snohomish consideraban que eran "puertas de acceso" al otro mundo.

Otros han mantenido una perspectiva menos apelativa sobre el tema. Michael Psellus, un escritor bizantino del siglo XI, insistía que el fenómeno era la evidencia de espíritus demoníacos llamados lucifugi o "luces voladoras". La tribu Wintun de California del Norte veía las luces como malévolos "comedores de espíritus", y advirtieron que era peligroso acercarse. De la misma forma, las tribus que viven al pie de los Himalayas al noroeste de la India creen que las luces son linternas que lleva un hombre que, si uno se acerca, propagarán la enfermedad o la muerte. Los nativos malasios los ven como cabezas espectrales de mujeres que han muerto al dar a luz, mientras que el pueblo Ewe, de África, sostiene que las produce la magia de los hombres ju-ju. Para otras tribus son simplemente aku o "el diablo" [Devereux, *Earth Memory* (Memoria de la tierra)].

En América, cuando se refieren a este fenómeno comúnmente se los llama "espíritus" o "luces fantasmales". Los investigadores han registrado más de cien lugares donde han sido avistados. De estos, el más prolífico es la zona de las Montañas Chianti, una zona cercana a Marfa, Texas. Se ha informado el avistamiento de luces durante más de un siglo. Los apaches primitivos pensaban que eran espíritus. A pesar de que en la actualidad hay un sitio oficial donde avistarlos en la Carretera 90, en 1990 dos irreverentes geólogos persiguieron las luces –del tamaño de una pelota de básket– sin éxito, en una persecución fuera del camino.

"Sabemos que las luces pueden producirse durante la actividad de terremotos y de poderosas tormentas eléctricas –dice Devereux– pero también se han visto luces similares sin que estén presentes esas condiciones. Devereux continúa agregando que las luces habitualmente miden de 30 a 60 centímetros de largo, y que definitivamente están en una determinada geografía. "Habitualmente andan por localidades específicas, ya sea en forma intensiva durante semanas, meses o aún años, o esporádicamente por décadas o siglos." (Paul Devereux, *Places of Power* (Lugares de poder), [Londres, Blandford, 1990].

Los lugares sagrados, incluyendo templos, sierras y montañas, son típicos albergues para el fenómeno de luces de la tierra. Las órbitas resplandecientes han sido vistas recorriendo las Líneas de Nazca, la Gran Pirámide de Gizeh y alrededor de los templos en Luxor y Darjeeling. El psicólogo estadounidense Alberto Villoldo y varios compañeros informaron haber visto una luz "espeluznante del tamaño de una persona" en Macchu Picchu, mientras otros han encontrado extrañas luces y apariciones móviles sobre las colinas del Monte Shasta, en el Norte de California y en la Colina Pendle, en Lancashire, Inglaterra. La última, como dato bastante interesante, era el lugar de reunión de las Brujas de Pendle del siglo XVII, y el lugar donde el fundador del movimiento quáquero, George Fox, recibió su visión espiritual. Aparte de la enorme evidencia de que existen las luces en la Tierra, la pregunta sobre qué son ha quedado largo tiempo sin responder. Devereux prefiere buscar explicaciones geológicas y electromagnéticas para el fenómeno de luces en la Tierra; sin embargo, admite que "el mecanismo exacto de sus manifestaciones aún queda por entenderse, y que la energía que forma parte es exótica... pareciera que titila hacia adentro y afuera, como si estuviera en el mismo límite de la manifestación física" (Devereux, *Places of Power* (Lugares de poder)).

En un esfuerzo para llegar hasta el fondo de este misterio, Devereux, a principios de noviembre de 1977, reunió un equipo de veinte investigadores –con disciplinas que abarcaban desde física y química a electrónica y arqueología– para estudiar efectos de energía inusual en los sitios sagrados antiguos a través de toda Gran Bretaña. Las pruebas incluían mapas de fallas, mediciones de ultrasonido y magnético, electro fotografía Kirlian, propagación radial y fotografía infrarroja. Luego de hacer miles de lecturas y recorrer más de treinta lugares, el equipo concluyó que había circuitos definidos de energía en el centro y alrededor de estos sitios. Los vínculos de evidencias incluían patrones cíclicos de emisiones radiales interferidas, llamaradas geiger, y fuertes rastros de radiación beta (Devereux, *Places of Power* (Lugares de poder); ver también a James Swan, The *Power of Place* (El Poder del lugar), [Wheaton, III. Libros Quest, 1991].

19   Guiley, *Harper's Encyclopedia of Mystical Paranormal Experience* (Enciclopedia Harpers de experiencia mística y paranormal).

20   Los masones no solamente participaron en el equipo de medición que diseñó el Distrito Federal de Estados Unidos (incluyendo la ceremonia de ubicación de la piedra fundamental en Jones Point en el río Potomac), sino que también dedicaron las piedras fundamentales del Capitolio de los Estados Unidos y de la Casa Blanca con maíz, vino y aceite. Ver S. Brent Morris, *Cornerstones of Freedom: A Masonic Tradition* (Piedras fundamentales de la libertad: Una tradición masónica), (Washington D.C., El Concejo Supremo, 33°. S. J, 1993).

21   Ver Nigel Pennick, *The Ancient Art of Geomancy* (El antiguo arte de la Geomancia), (Sebastopol, CA., Publicaciones CRCS 1979); Albert Mackey, An Encyclopedia of Freemasonry, Volume I (Una enciclopedia para ser libre de la Masonería, Volumen I), (New York: Compañía de Historia Masónica, 1915).

22   Los campos relacionados de peregrinología se mezclan con los estudios de peregrinaje con la geografía sagrada. Ver Rana Sirigh, "*El peregrinaje Mandala de Varanasi*", en Trends in the Geography of Pilgrimages (Tendencias en la geografía de los peregrinajes), (Varanasi, India: Sociedad Nacional Geographic de la India, 1987).

23   Patrick Tierney, Altar Supremo (New York: Viking Books, 1989).

24   Íbid.

25   El Cerro Blanco, la mayor deidad de la montaña en Nazca, está "casado" con otros tres picos, uno ubicado en la costa, otro en una cordillera que le da vida a los ríos de Nazca, y otro en una cresta nevada a 139 kilómetros de distancia.

Desde el Templo del Sol en el centro de la antigua capital Inca, Cuzco, en Perú, 41 líneas llamadas *ceques* se extienden a todo el país. Muchas de estas líneas invisibles de fuerza están eslabonadas con altares rituales de la costa y santuarios en la cima de volcanes sagrados.

26 Los Qollahuayas son adivinadores bolivianos que alguna vez sirvieron como especialistas religiosos para la realeza inca. Dicen que su poder viene de las ancestrales tumbas del cercano Monte Kaata. Ver Joseph Bastien, Mountain of the Condor (Montaña del Cóndor), (Prospect Heights, Ill., Imprenta Wavelanda, 1978).

27 Íbid.

28 Richard Anderson, *"Geomancia"*, en Swan, The Power of the Place (El poder del lugar.

29 Medicien Grizzlybeear Lake, *"Centros de poder"* En Swan, The Power of the Place (El poder del lugar). Lake se apresura a agregar que "Algunos de los centros de poder son fuentes de poder negativo, donde residen malos espíritus, fuerzas y energías".

30 Íbid.

31 Íbid.

32 George Otis, Jr., Luz y sombras en el laberinto (Grand Rapids, Chosen, 1997).

33 Íbid.

34 Alistar Petrie sostiene que la gente contaminada es atraída a las áreas contaminadas porque los iguales tienden a atraerse. Con los años sus propias actividades idolátricas refuerzan el efecto de contaminaciones anteriores. Antes de que los israelitas entraran en la tierra prometida, los poderes demoníacos ya habían establecido una presencia en la región. Fue por esta razón, cree Petrie, que Dios le dijo a sus hijos hebreos que "destruyeran completamente todos los lugares altos en los montes y en las colinas y debajo de todos los árboles donde las naciones que ahora estaban expulsando adoraban a sus dioses. Que quebraran los altares, aplastaran sus piedras sagradas, quemaran los altares de Asera en el fuego, derribaran los ídolos de sus dioses y limpiaran los nombres de esos lugares" (Deuteronomio 12:2-3).

35 Sanders, Staying Put: *Making a Home in a Restless World* (Quedarse quieto: formando un hogar en un mundo inquieto).

36 Íbid.

37 Bob Beckett, *Compromiso para conquistar* (Grand Rapids: Chosen, 1997).

38 Íbid.

39 Íbid.

40 Sanders, Staying Put: *Making a Home in a Restless World* (Quedarse quieto: formando un hogar en un mundo inquieto).

41 Íbid.

42 Íbid.

43 Íbid.

Capítulo 8

1 Para una explicación detallada de estos conceptos vea George Otis, Jr., *Luz y sombras en el laberinto* (Grand Rapids: Chosen, 1997), (la naturaleza y rol de los recuerdos).

2 Vea Apéndice 3 "Mapeo espiritual y transformación de la comunidad" para encontrar definiciones más completas sobre sitios "de búsqueda espiritual" y "de atadura social".

3 Stanley Payne, *The Art of Asking Questions* (El arte de hacer preguntas), (Princeton, NJ, Princeton University Press, 1980) n.p.

4 Robert Newton Peck, *A Day No Pigs Would Die* (El día que ningún cerdo

muera), (New York :A.A.Knopf, 1994) citado en el *Reader's Digest,* "Citas citables" (diciembre 1996).

5   A. A. Milne citado en Reader's Digest (junio de 1994), n.p.

Capítulo 9

1   George Otis, Jr., *Luz y sombras en el laberinto,*(Grand Rapids: Chosen, 1997).

2   Íbid.

3   *El Talmud*, Berachot 6ª.

4   Otis Jr., *Luz y sombras en el laberinto.*

5   En este caso la verdad abarca las dos explicaciones.

6   Contribución de Frederick Gales, *Reader's Digest*, (diciembre de 1996).

7   Mientras que algunos sostendrán que Dios puede utilizar los fenómenos naturales que ocurren para lograr sus propósitos, este no es mi punto. El tema aquí es la presunción equivocada de los parisinos, y que sin dudas no tardaron en formar rápidamente, de que la lluvia que caía sobre la ciudad era sangre.

8   William Poundstone, *Labyrinths of Reason* (Laberintos de la razón), (Nueva York, Doubleday, 1988).

9   Otis Jr., *Luz y sombras en el laberinto.*

10   Íbid.

11   León Uris, Redención (New York, Publicaciones Harper Collins, 1996), n.p., citado en el *Reader's Digest* (junio de 1997), n.p.

Capítulo 10

1   Este "Amén" es algo que con frecuencia nos viene bajo la forma de instrucciones apropiadas.

2   Esta declaración fue hecha por primera vez por el pastor guatemalteco Harold Caballeros en el Congreso Internacional de Oración, Guerra Espiritual y Evangelismo en la capital de Guatemala, en octubre de 1998.

Esperamos que este libro haya
sido de su agrado.
Para información o comentarios,
escríbanos a la dirección
que aparece debajo.
Muchas gracias.

Libros para siempre

i n f o @ p e n i e l . c o m
w w w . e d i t o r i a l p e n i e l . c o m